LETTRES
ANGLOISES

TOME SIXIÉME.

SECONDE PARTIE.

HISTOIRE
DE
CLARISSE
HARLOVE.
TOME SIXIEME.
SECONDE PARTIE.

LETTRE CCCII.

M. BELFORD, à M. LOVELACE.

Jeudi, 3 d'Août, après-midi.

UELLE surprise ! je viens de recevoir la lettre que je t'envoie. J'ai renvoié, sur le champ, celle dont tu verras qu'elle étoit accompagnée : sans en prendre de copie, parce que je m'imagine qu'elle te sera

bientôt communiquée par une autre voi...
Elle contient un renoncement abfolu...
toutes tes offres ! Pauvre Lovelace !

A Monfieur B E L F O R D.

3 *d'Août.*

M O N S I E U R ,

VOus m'avez offert plus d'une fois d...
m'obliger ; & j'ai fi bonne opinic...
de vous , que je ne regarde point cet...
offre comme un fimple complimen...
Ainfi , je ne fais pas difficulté de vous d...
mander deux fervices : l'un , que je va...
expliquer ; l'autre , dont je ne vous pa...
lerai qu'après avoir obtenu le premier...
Il eft important , pour mon honneu...
de laiffer après moi quelques éclairciff...
mens , qui foient capables de juftifier n...
conduite , aux yeux de plufieurs perfo...
nes dont l'inquiétude n'eft pas fort vi...
aujourd'hui pour ma fituation. Mi...
Howe & fa mere me preffent ardemme...
de prendre ce foin. Je crains de n'...
avoir pas le tems ; & vous ne ferez p...
furpris que mon inclination m'y por...
peu , lorfque je n'ai pas même la force...
me rappeller patiemment ce que j'ai fo...

LETTRES ANGLOISES,

OU

HISTOIRE

DE MISS

CLARISSE HARLOVE,

TOME SIXIÉME.

SECONDE PARTIE

A LONDRES,

Chez NOURSE, Libraire, dans le Strand.

M. DCC. LI.

fert, & que le trouble neceffaire d'une fi
penible entreprife m'oteroit infailliblement la tranquillité d'efprit dont j'ai befoin, pour des occupations beaucoup
plus importantes.

Il eft évident pour moi que votre mi-
ferable ami vous a quelquefois rendu
compte de la conduite qu'il a tenue avec
moi, & des inventions qu'il a fait fervir à
ma ruine. Vous m'avez même affuré
que de bouche & par écrit, il avoit rendu
à mon caractère toute la juftice que je
pouvois fouhaiter.

Ce que je vous demande, Monfieur,
c'eft de me donner, par un exemple tiré
de fes recits, dans quelqu'une des plus
intéreffantes occafions, le moien de juger s'il eft néceffaire, en effet, pour mon
honneur, que j'execute ce qui m'eft propofé. Vous ferez affuré, par ma reponfe
à Mifs Montaigu, que je joins à cette
lettre, & que vous aurez la bonté de me
renvoier après l'avoir lue, qu'il m'eft
impoffible de penfer jamais à devenir la
femme de votre ami ; & que par confequent, la communication que je vous
demande ne peut lui faire aucun tort.
D'ailleurs je m'engage, devant le Ciel, à
n'en faire jamais aucun ufage dont il
puiffe fe plaindre ; & pour aller au de-

vant de toutes les défiances , je vous af
fure que fuivant une partie de mes vûes
les details que vous me communiquere
doivent tomber dans vos mains apré
ma mort , & ne pafferont dans celles d'au
cun autre.

Si vous jugez à propos , Monfieur , d
m'accorder cette demande , les endroi
que vous me feriez plaifir de tranfcrire
font ceux qui regardent le 7 & 8 de Juin
c'eft-à-dire,ce qu'il peut vous avoir écri
à l'occafion de l'incendie dont je fus a
larmée ; & ce qu'il vous écrivit enfuite
le 11 & le 19 du même mois. Vous obli
gerez fenfiblement votre très - humbl
fervante ,

CL. HARLOVE.

A préfent , Lovelace , puifqu'il fau
perdre tout efpoir de te retablir dans fo
cœur ; puifque tu as quelque avantag
à tirer de ton ingenuité , n'aiant jama
cherché , comme d'autres libertins ,
déguifer tes excés par des recriminatior
contre elle ou contre fon fexe;puis qu'ell
peut en recevoir quelque foulagement
puifque tu feras mieux traité par t
propre plume que par la fienne , car t
actions ont fait affez connoître que t
écrits ne peuvent étre la plus criminell

partie de l'avanture ; je ne vois aucune raison qui m'empêche de l'obliger ; surtout avec les restrictions qu'elle s'impose, avec les raisons qu'elle apporte , & lorsqu'elle s'engage à ne pas violer le secret qu'on doit toujours aux communications de l'amitié : sur tout , devrois-je dire plutôt, losque tu fais également gloire de ta plume & de ta mechanceté , & lorsqu'en verité je ne connois rien qui soit capable de te faire rougir.

Mais de quelque manière que tu le prennes , elle sera satisfaite avant que tes représentations ou tes clameurs puissent arriver. Ainsi , je te prie de prendre patience & de ne pas faire l'extravagant ; à moins que tu ne cherches un prétexte pour t'emporter contre moi, & l'occasion d'exercer ton talent pour les exécrations. A ces deux titres, extravague, mon ami, extravague tant que tu voudras.

J'ai une extrême impatience d'apprendre sa seconde demande. Ce que je sais deja, c'est qu'à moins qu'il ne soit question de te couper la gorge , ou de m'exposer à l'échaffaut , je la satisferai sans menagement, & je serai fier d'avoir eu le pouvoir de l'obliger.

Je te quitte , pour travailler aux extraits.

LETTRE CCCIII.

M. BELFORD, à Miss CLARISSE HARLOVE.

3 d'Août.

MADAME,

VOus m'avez engagé, sur votre parole d'honneur, à vous confier quelque extraits des lettres de M. Lovelace, & vous m'assurez que votre unique vûe est d'examiner si l'intérêt de votre reputation vous oblige absolument de traiter un sujet douloureux, sur lequel on vous demande des éclaircissemens. Vos ordres, Madame, sont d'une nature si delicate, qu'ils paroissent blesser directement les droits de l'amitié. Cependant, comme vous êtes incapable d'aucune vûe, dont vous ne puissiez pas avouer les motifs, & que cette communication peut faire du moins quelque honneur à l'ingenuité de mon malheureux ami, quoique sa conduite à l'égard de la plus excellente de toutes les femmes lui ait fait perdre

tout droit à des qualités plus honorables,
je vous obeïs avec autant de joie que
d'empreſſement.

(*M. Belford fait entrer ici les extraits*).

A préſent, Madame, que j'ai eu le
bonheur d'exécuter vos ordres, je me
flatte de n'avoir fait aucun tort à mon
ami, puiſque vous voiez à chaque ligne
quelle juſtice il rend à votre vertu. C'eſt
le langage qu'il tient dans toutes ſes
lettres, quoiqu'à ſa propre condamna-
tion. Je prendrai la liberté d'ajouter,
que ſi vous pouviez obtenir de vous-
même, après avoir bien verifié ſon repentir, de recevoir ſes vœux à l'Autel,
je ne doute pas le moins du monde que
vous n'en fiſſiez le plus tendre & le meilleur des maris. Quelle joie ne repandriez
vous point dans une noble famille, qui
vous regarde avec admiration; & j'oſe
dire, dans la votre, auſſitôt qu'une
averſion mal conçue, & pouſſée trop loin
contre lui, auroit fait place à la réconciliation? En effet, ſi l'on retranche l'objection des mœurs, qui ne croira pas
que deux perſonnes ſi admirables ſont
faites uniquement l'une pour l'autre?

A quelque reſolution que vous jugiez
à propos de vous attacher, permetttez,

Madame, que je vous laiſſe a décider, à préſent que vous tenez de moi les confidences les plus délicates de mon ami, ſi l'honneur ne vous oblige pas de n'en relever aucune, & de ne pas laiſſer paroître que vous en aiez la moindre connoiſſance ; enfin de n'en prendre aucun avantage, pas même pour ſoutenir, comme vous pouvez en avoir l'occaſion, qu'il avoit un deſſein prémédité, non contre vous préciſement, mais, dans votre perſonne, contre votre ſexe entier; ſur lequel, je ſuis fâché de pouvoir rendre témoignage que tous les libertins cherchent à remporter quelque triomphe. Je ne voudrois pas, ſi j'avois jamais quelque démêlé avec lui, qu'il pût me reprocher que le malheur qu'il auroit eu de vous perdre, & peut-être de perdre avec vous tous ſes amis, fût venu de ce qu'il ne manqueroit pas de nommer une trahiſon contre l'amitié ; du moins s'il en jugeoit par les évenemens que je ſuppoſe, plutôt que par mon intention.

J'ai l'honneur, Madame, d'être avec la plus profonde vénération, votre, &c.

BELFORD.

LETTRE CCCIV.

Miss CLARISSE HARLOVE, à
M. BELFORD.

Vendredi, 4 d'Août.

JE vous dois, Monsieur, une reconnoissance extrême pour vos communications. Je n'en ferai jamais d'usage dont vous puissiez me faire un reproche, ni que vous aiez sujet de vous reprocher à vous même. Je n'avois pas besoin de nouvelles lumiéres, pour me convaincre du dessein prémédité de votre ami, & ma lettre à Miss Montaigu en fait foi. J'avouerai, en sa faveur, qu'il a observé quelque décence dans le recit qu'il vous a fait de ses indignités les plus chocquantes. Si toutes ses étranges confidences sont aussi mesurées dans les termes, je n'y vois rien de plus criminel que son infame cœur, qui a pû s'occuper de tant de ruses barbares, où l'inhumanité n'est pas du tout sur le compte de son esprit. Les hommes du sens le plus borné peuvent reussir dans les plus horribles entreprifes, lorfqu'ils fe mettent au-deſſus de toutes les loix ; & plus facilement encore, contre un cœur innocent, qui fe repoſant fur fa propre droiture en eſt moins porté à fe défier de celle d'autrui.

Je trouve, Monſieur, que j'ai beaucoup à me louer de vos intentions dans tout le cours de mes fouffrances. Il eſt impoſſible de n'en pas tirer la conſequence qui fe préſente d'elle même contre fa baſſeſſe préméditée. Mais je m'arrête, pour ne pas vous donner lieu de croire que je me prévaux de vos communications.

Comme rien n'eſt plus inutile que les nouveaux argumens que vous pourriez emploier en fa faveur, je dois vous dire, Monſieur, pour vous en épargner la peine, que j'ai tout peſé avec une juſte attention ; tout, c'eſt-à-dire, tous les avantages que la vanité humaine peut me faire enviſager ; tous les agrémens que je puis me promettre dans une parfaite reconciliation avec mes amis ; les douceurs mêmes que je fuis fur de trouver dans l'amitié de Miſs Howe, & qui font, n'en doutez pas, la plus parfaite conſolation que je puiſſe eſpérer dans la vie : en un mot j'ai tout peſé ; &, fans attendre la lecture de vos extraits, j'ai préféré l'espérance d'une mort que je crois peu éloignée, à tout ce qui pourroit m'arriver d'agréable dans l'alliance de M. Lovelace ; quand je serois sure d'y trouver le plus tendre & le meilleur des maris. A l'égard du reste, s'il veut se borner aux maux qu'il m'a causés, & ne pas pousser plus loin ses persecutions, je demanderai pour lui les faveurs du Ciel jusqu'au dernier moment de ma vie. J'oublierai qu'il a jetté dans l'abime une malheureuse orpheline, & creusé le tombeau d'une amie. A qui le nom d'orpheline convient-il mieux qu'à moi, qui me vois abandonnée de mon pere, & sans aucune espérance de pardon du côté de ma mere !

Après la faveur que vous m'avez accordée, je passe volontiers, Monsieur, à la seconde partie de ma demande. J'ai besoin de courage, pour vous l'expliquer ; &, ce qui vous étonnera, le courage dont j'ai besoin ne peut me venir que de l'excès de mon infortune & du miserable état de ma santé. Mais, s'il me rend indiferete, vous en serez quitte pour un refus ; & je suis sure même que vous me pardonnerez.

Vous me voiez, Monſieur, abſolument livrée à des étrangers; gens pi-
toiables, à la verité, & d'un zéle dont
je dois me louer beaucoup, mais de qui
je ne puis attendre que de la compaſſion
& des vœux obligeans. Pour ma memoire, comme pour ma perſonne, quel
fecours puis-je eſpérer d'eux, ſi j'en
avois beſoin pour l'une ou pour l'autre?

Mais ſi je me repoſois, de la juſtice
que je crois due à mon caractère, ſur la
ſeule perſonne qui poſſede les materiaux
qu'on y peut employer, & qui a le courage, l'independance & l'habileté néceſſai-
res pour me rendre cet important ſervice;
ſi je lui propoſois de ſe faire le protecteur
de ma memoire, d'être mon Exécuteur
teſtamentaire, & de veiller à l'obſervation
de quelques uns de mes derniers deſirs;
ſi j'abandonnois des intérêts ſi précieux
à ſa propre diſcretion, à ſa methode, à
ſa commodité, ſans autre reſtriction,
que de conſulter ma chere Miſs Howe
ſur quelques points qui peuvent la toucher; il me ſemble que cette partie de
ma demande pourroit être accordée; &
ſi j'étois aſſez heureuſe pour l'obtenir,
les conſolations que j'eſpère croitroient
encore, par la bonté de l'homme généreux
à qui j'en aurois l'obligation.

Il seroit honorable pour ma memoire ,
que n'aiant point eu le tems d'écrire ma
propre histoire , je me sois crue assez sure
de mon innocence pour me fier , de ma
justification au recit même du destructeur
de ma reputation & de ma fortune. Je
ne craindrois point de susciter des qué-
relles entre ma famille & votre ami ; sur-
tout méditant quelques dispositions dont
mes Parens ne seront peut être pas aussi
satisfaits que je le desire , car mon dessein n'est pas de blesser la justice ni la
raison : mais vous savez , Monsieur ,
que dans les plus honnêtes gens , l'amour
propre est toujours partial pour ses intérêts. Je serois délivrée aussi du chagrin de rappeller quantité de circonstances , qui me causeroient un nouveau
trouble ; & dans un tems , où je ne dois
penser qu'à retablir la paix de mon esprit,
pour le rendre propre à de plus importantes préparations. Qui sait , si le généreux Bienfaicteur , qui est deja touché de
mes infortunes par un mouvement d'humanité, s'occupant de mon histoire, dont
il ne sera peut être pas longtems sans
avoir la catastrophe devant les yeux,
& s'y trouvant même intéressé , ne sera
pas remué plus fortement encore par des
principes superieurs , qui lui feront trou-

ver la recompenfe de fa générofité dans
un attachement inviolable à la vertu.
C'eft le fouhait de fa fervante très-hum
ble & très-obligée,

CL. HARLOVE.

M. Belford accepte, dans une lettre fort
civile, la qualité d'exécuteur teftamentaire
de Mifs Clariffe; s'il lui furvit, contre fes
defirs & fon efperance.

LETTRE CCCV.

M. BELFORD, à M. LOVELACE.

Vendredi au foir, 4 d'Août.

LEs extraits, que Mifs Harlove m'a
demandés, font actuellement entre
fes mains. Tu peux t'affurer que j'ai eu
tous les égards poffibles, je ne dirai pas
à la confcience, mais à l'amitié. J'ai
changé ou fupprimé plufieurs expreffions.
J'ai retranché abfolument la defcription
de fa perfonne, dans la fcéne de l'incendie. Je lui ai dit, que dans toutes vos
lettres, vous n'aviez jamais ceffé de rendre juftice à fa vertu, & j'ai fini par une

peroraifon fort vive , dont j'ai confervé la copie. Je vous l'envoie fous cette enveloppe , fans y changer un mot.

Cette incomparable fille eft vivement allarmée du deſſein que vous avez formé de la voir. Au nom du Ciel , fouvenez-vous que vous êtes engagé d'honneur avec moi ; & par pitié pour elle , car elle eft d'une extrème foibleſſe , renoncez à ce miférable projet. Elle reçut , hier après - midi , une lettre cruelle , que Madame Lowick juge de fa fœur , par l'effet qu'elle a produit fur elle. C'eft apparemment une reponfe à celle qu'elle lui avoit écrite Samedi dernier , pour demander le pardon & la bénédiction de fon père.

Elle reconnoît que fi toutes les tiennes font auffi décentes , & lui rendent autant de juftice que je n'ai pas fait difficulté de l'en aſſurer, elle pourra fe croire difpenfée de la néceffité qu'on lui impofe d'écrire fon hiftoire. C'eft un avantage de plus , qui te reviendra des extraits que je lui ai communiqués ; quoique peut - être tu ne croies pas m'en avoir beaucoup d'obligation.

Mais que t'imagines-tu qu'elle m'ait propofé pour feconde demande ? Elle me prie , Lovelace , d'accepter l'office de son Exécuteur testamentaire. Tu seras informé de ses motifs, lorsqu'il conviendra que tu le sois, & je te garantis d'avance que tu les approuveras.

Vous ne sauriez vous figurer combien je suis fier de sa confiance. Ma crainte est que le tems d'y répondre n'arrive trop tot. Elle écrit sans cesse. Quel triste plaisir ne prendrai-je pas à lire toutes ses idées & ses dispositions ! Une femme d'un naturel si doux, si patient, si resigné, qui exerce sa plume sur ses propres disgraces, & dans le sentiment actuel de sa douleur ! Combien son stile ne sera-t'il pas plus touchant que toutes ces relations seches, inanimées, qui nous représentent les dangers ou les infortunes d'autruï, & dont les Historiens n'étant agités, ni par les horreurs de la crainte, ni par les tourmens de l'incertitude, pour des évenemens cachés encore sous le voile du destin, tranquilles au contraire dans les revolutions dont ils font la peinture, ne peuvent causer une émotion qu'ils ne ressentent point eux-mêmes ?

Samedi matin, 5 d'Août.

Je viens de quitter Miss Harlove, que j'étois allé remercier, de l'honneur qu'elle m'a

m'a fait , & que j'ai aſſurée d'autant de
fidelité que d'exactitude , ſi je ſuis appellé par le Ciel au devoir ſacré qu'elle
m'impoſe. Je l'ai trouvée fort mal. Sur
l'inquiétude que je lui en ai témoignée ,
elle m'a dit, qu'elle avoit reçu de ſa ſœur
une ſeconde lettre , auſſi dure que la
première ; qu'avec un courage qu'elle
n'avoit point eu juſqu'à préſent, elle
avoit pris le parti d'en écrire une à ſa
mere ; qu'elle s'étoit miſe à genoux pour
l'écrire , & qu'elle lui avoit demandé
pardon, pour unique grace. Il n'étoit pas
ſurprenant , a-t'elle ajouté , que je la
trouvaſſe un peu emue. A préſent , que
j'avois accepté le dernier office qu'elle
pût eſpérer de moi , je devois m'attendre à me voir quelque jour toutes ces
lettres entre les mains : & ſi celle qu'elle
venoit d'écrire à ſa mere lui attiroit une
réponſe un peu favorable, pour contre-
balancer celle de ſa ſœur , peut - être
conſentiroit-elle d'avance à me les faire
lire toutes deux.

Comme j'étois ſur de lui déplaire en
blâmant la cruauté de ſa famille , je me
ſuis contenté de répondre qu'elle avoit
aſſurément des ennemis , qui croioient
trouver leur avantage à nourrir contre-
elle le reſſentiment de ſes amis.

Tome VI. Part. II.　　　　B

C'eſt ce qui n'eſt pas impoſſible, m'a-
t'elle dit. Les malheureux, M. Belford,
ne manquent jamais d'ennemis. Une
faute réelle autoriſe d'autres imputa-
tions. Il ſe trouve toujours des accuſa-
teurs, lorſqu'il ſe trouve des oreilles ouvertes aux accuſations. Je n'avois pas
beſoin de ma propre expérience, pour
étre convaincue d'une verité dont on voit
des exemples continuels. Les outrages
de M. Lovelace, l'inflexibilité de mon
pere, & les duretés de ma ſœur, ſont
les conſequences naturelles de ma propre
témérité. Ainſi, je dois me ſoumettre à
mon ſort. Mais ces conſequences ſe ſuc-
cédent de ſi près, qu'il me ſeroit bien
difficile de n'y étre pas ſenſible à meſure
qu'elles arrivent.

Je lui ai demandé ſi l'on ne pouvoit
pas eſperer qu'une lettre de ſon Medecin
ou de moi, écrite avec beaucoup de
ſoumiſſion, pour informer quelqu'un de
ſes parens du mauvais état de ſa ſanté,
fût reçue favorablement ? Ou ſi vous jugiez, lui ai-je dit, qu'une explication
de bouche produiſit un meilleur effet,
j'entreprendrois le voiage avec joie, &
je me conformerois ſcrupuleuſement à
vos ordres.

Elle m'a prié très-inſtamment de ne

former aucune entreprise de cette nature, sur tout sans sa participation & sans son consentement. Miss Howe, m'a-t'elle dit, avoit augmenté ses peines par un zéle excessif: & s'il y avoit quelque chose à se promettre de la médiation, elle avoit une tendre amie, Madame Norton, dont la prudence étoit égale à sa piété, & qui ne laisseroit échapper aucune occasion de la servir.

Je lui ai fait connoître que mes affaires m'obligeoient d'être absent de Londres jusqu'à Lundi prochain. Elle m'a dit, qu'elle me verroit volontiers à mon retour.

(On supprime ici la lettre injurieuse de Miss Arabelle Harlove, du Samedi 29 de Juillet, & une autre lettre de Miss Clarisse à Miss Montaigu, écrite à la sollicitation de Miss Howe, pour déclarer honnêtement sa derniére resolution. Mais la reponse de Miss Montaigu, & la lettre de Miss Clarisse à sa mere, demandent d'être conservées, par le rapport qu'elles ont dans la suite à d'autres evenemens).

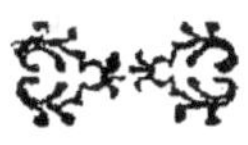

LETTRE CCCVI.

Miss Clarisse Harlove, à sa Mere.

Samedi, 5 d'Août.

Madame & ma très-honorée mere,

UN criminel convaincu n'approcha jamais de son juge, avec plus de terreur & de repentir, que j'en apporte à vos pieds. Je puis dire, avec la plus parfaite verité, que si ma très-humble priére ne regardoit pas l'intérêt d'une autre vie, jamais je n'aurois eu cette audace. Mais, après le pardon du Ciel, la grace que j'ai à vous demander est ce qu'il y a de plus nécessaire pour le salut de votre malheureuse fille. Si ma sœur avoit connu toutes mes peines, elle n'auroit pas pris plaisir à me déchirer le cœur, par une rigueur qui me paroît excessive. Il me convient peu de me plaindre de sa dureté. Cependant, comme elle m'écrit que c'est à moi de faire connoître que mon repentir vient d'une veritable conviction, plus

que du renverfement de mes efpérances ,
permettez-moi , Madame , de vous affurer que je fuis dans la difpofition convenable pour demander la bénédiction
que je follicite , puifque ma priére eft
fondée fur le plus fincére & le plus intime
repentir : & vous vous le perfuaderez
plus aifément , fi celle qui n'a jamais eu
pour fa mere le moindre déguifement
volontaire , merite d'être crue , lorfqu'elle déclare folemnellement qu'en
confentant à voir fon feducteur , elle
étoit déterminée à ne pas partir avec lui ;
que fa témeraire demarche eft moins
venue de fon aveuglement , que d'une
odieufe contrainte ; & qu'elle y étoit fi
peu portée d'inclination , qu'au moment
qu'elle eft tombée au pouvoir d'autrui ,
elle s'eft livrée à des regrets amers , qui
ne fe font pas relachés un moment, avant
même qu'elle eût fujet de craindre le
traitement qu'elle a malheureufement
effuié.

Je vous conjure donc , ma très-chere
mere , je vous conjure à genoux , car
c'eft dans cette pofture que j'écris , de
m'accorder votre bénédiction. Dites feulement en deux mots , (je ne demande
point que vous m'honoriez du nom de
vôtre fille) dites feulement; Malheureufe

créature je vous pardonne , & que le
Ciel ait pitié de vous ! Voila mon unique
prétention. Que je voie , de votre chere
main , quelque chose d'approchant , sur
le plus misérable morceau de papier. Je
l'appliquerai sur mon cœur. Je le presse-
rai contre mes levres , dans mes plus
mortelles agitations. Je le regarderai
comme un passeport pour le Ciel. Et
s'il n'y avoit pas trop de présomption à
demander , qu'il fut au nom des deux
personnes à qui je dois le plus de respect
& d'amour , il ne me resteroit rien à desirer. C'est alors que je m'écrierois ,
>> grand Dieu ! Dieu de miséricorde ! tu
>> vois, dans ce papier, l'absolution d'un
>> pere & d'une mere justement irrités.
>> Oh ! Joins y la tienne , & reçois une
>> Penitente dans les bras de ta bonté !
Je n'emploie pas , Madame , les motifs
de la tendresse maternelle ; dans la crainte
de paroître encore plus coupable aux
yeux de mes rigides censeurs. Mais , au
nom de Dieu , daignez prononcer que
vous m'avez pardonnée ; si vous ne
voulez pas que le désespoir accompagne
jusqu'à sa dernière heure ,

Votre CL. HARLOVE.

LETTRE CCCVII.

Miss CHARLOTTE MONTAIGU, *à*
Miss CLARISSE HARLOVE.

Lundi , 7 d'Août.

Très - chere Miss ,

NOus n'avons pas attendu la lettre
que vous me faites l'honneur de
m'écrire , pour juger que M. Lovelace
est absolument indigne de vous , & qu'il
meriteroit bien plus un rigoureux châtiment , que le bonheur auquel nous ne
cessons pas d'aspirer pour lui. Aussi l'es-
perions nous moins de votre consideration
tion pour un si vil offenseur , que des
sentimens d'amitié que nous souhaite-
rions de vous inspirer pour nous ; car nous
étions tous determinés à vous aimer , à
vous admirer , à vous donner les plus
tendres marques de notre tendresse & de
notre admiration , quelque conduite
qu'il pût tenir avec vous.

Mais , après votre lettre , qu'oserons-
nous dire de plus ? Cependant je reçois

ordre de vous écrire, au nom de toutes les perſonnes qui vont ſigner la mienne, pour vous faire connoître à quel point nous ſommes touchés de vos peines ; pour vous dire que Milord a defendu pour jamais à M. Lovelace, d'entrer dans ſon appartement : & comme les malheureux effets du mecontentement de votre famille peuvent vous expoſer à quelque incommodité dans votre ſituation, Milord, Milady Lawrance & Milady Sadleir, vous ſupplient d'accepter, pour toute votre vie, ou du moins juſqu'à ce que vous ſoiez entrée en poſſeſſion de votre propre bien, cent guinées par quartier, qui vous ſeront portées reguliérement par une perſonne de confiance : & ne croiez pas, ma chere Miſs, nous vous en conjurons tous, que vous aiez obligation de cette offre aux amis du vil perſonnage, car il n'a plus un ami parmi nous.

Nous vous demandons tous votre eſtime, & les mêmes ſentimens que vous auriez pris pour nous, ſi nous avions obtenu le bonheur dont nous faiſions notre plus douce eſpérance. Nos vœux ſe réuniront ſans ceſſe, pour obtenir du Ciel le retabliſſement de vos forces, & la plus longue vie : & puiſque vous ne voulez plus recevoir nos sollicitations en faveur de ce Misérable , permettez du moins , lorsqu'il sera parti pour les païs étrangers comme il s'y prépare , que nous cherchions à nous procurer l'honneur d'une liaison personnelle avec une personne incomparable. C'est la plus ardente priére de vos très-humbles , &c.

M. . . . . . .
SARA SADDLEIR.
ELIS LAWRANCE.
CHARL. MONTAIGU.
MARTHE MONTAIGU.

P. S. Vous nous causeriez un mortel chagrin , si vous refusiez nos justes offres. Chere Miss ! ne nous punissez pas des crimes d'autrui. Nous faisons partir cette lettre par un Exprès, qui nous rapportera sans doute une reponse aussi favorable que nous le désirons. M. Lovelace se sert de la même occasion pour écrire ; mais nous ne savons pas à qui, comme il ignore lui-même à qui nous écrivons ; car nous nous fuions de part & d'autre , & nous habitons les deux extrémités du Château.

LETTRE CCCVIII.

M. LOVELACE, à M. BELFORD.

Samedi, 5 d'Août.

JE suis si désesperé de la lettre de Miss Harlove à ma cousine Montaigu, que je suis incapable d'attention pour tout ce que tu m'écris. Qu'il lui convient mal de *crier merci* pour elle-même, lorsqu'elle en marque si peu pour autrui! c'est une veritable Harlove. Crois-moi, Belford, c'est une veritable fille des Harloves. Cependant elle possede tant de charmes & de perfections, que je me sens forcé de l'adorer, & que mes adorations (insensé que je suis!) croissent par sa haine & ses dédains.

Tu reviens sans cesse, & sans doute avec aussi peu de verité que de bon sens, à tes maudites idées de langueur, de foiblesse & de mort; & lorsque tu saisis une fois quelqu'un de ces mots, tu prens un détestable plaisir à le repêter vingt fois dans une phrase. Que je sois damné si je ne crois que tu l'empoisonnerois plutôt de tes propres mains, que de souffrir qu'elle en revienne, & qu'elle te derobbe l'honneur d'avoir deviné juste ! Mais reforme, je te prie, cet insuportable stile. Tu ne seras qu'un mauvais Prophète. Elle vivra pour m'enterrer ; j'en suis plus sûr que toi, car le diable m'emporte si je puis manger, boire, dormir, &, ce qui est mille fois pis, si je puis aimer au monde d'autre femme qu'elle. Il n'y en a pas une à présent, sur laquelle je puisse jetter les yeux. Au contraire, je détourne la vûe de toutes celles que je rencontre ; à moins que le hazard ne m'y fasse remarquer un air, un trait, qui tienne un peu d'elle. Je ne puis me défendre alors de regarder une seconde fois : mais le second regard confirme tous mes dégoûts, parce qu'il n'y a personne en effet qui lui ressemble.

Il faut, Belford, que cette divine personne soit possedée de quelque mauvais genie. Plus je considére son extravagance & son obstination, moins je suis capable de patience. A-t'elle donc un meilleur moien pour se faire justice à elle-même, à sa famille, à tous ses amis, que celui de m'épouser ? N'eût-elle qu'un jour à vivre, elle doit mourir ma femme. Si

ſes reſſentimens chrêtiens ne lui permet-
tent pas d'y conſentir pour elle-même,
ne le doit-elle pas pour ſa famille & pour
ſon ſexe , dont elle prétend quelquefois
que l'honneur la touche ſi fort? & s'il n'y a
point d'intérêt aſſez cher pour émouvoir
en ma faveur ce caractère d'Harlove, quel
droit à t'elle à cette pitié que tu ne ceſſes
pas de demander ſi pitoyablement pour
elle ?

A l'égard de la mauvaiſe intelligence
que ſa lettre repand entre ma ſtupide famille & moi (car je t'apprens que nous
ſommes prêts ici à nous entre-déchirer),
c'eſt ce qui me touche le moins. Tous
mes honnêtes parens ont la folie de me
maudire , moi qui peux leur rendre dix
maledictions pour une , & leur tenir tête,
s'ils le veulent , du matin au ſoir. J'occupe une moitié du Château , & graces
au Ciel c'eſt la meilleure ; car les avantages dont les Grands jouiſſent le moins
ſont ceux qui leur coutent le plus. La
grandeur & l'uſage ſont des choſes différentes. Leur demeure eſt la partie la
plus ſimple. La mienne eſt l'appartement
de repréſentation. J'y regne , & je continuerai d'y regner auſſi longtems qu'il
me plaira ; tandis que les deux tantes
pouſſives , le vieux *Podagre* de frere &
les deux précieuſes niéces , ſont reſſerrés

dans l'autre partie, d'où la crainte de me
rencontrer ne leur permet pas de fortir.
Mais le comique de l'avanture, c'eſt
qu'ils m'ont défendu l'entrée de leurs ap‑
partemens. Je leur ai fait la même dé‑
fenſe pour le mien. Ainſi je les tiens tous
priſonniers, pendant que je ſuis le Maître
dans la maiſon. Plaiſans viſages, d'oſer
quereller avec moi, lorſqu'il me ſuffit de
paroître pour leur faire tourner le dos &
pour les faire rentrer dans leur taniére,
les yeux & les oreilles baiſſés.

Toi, dans le tems que je ſoutiens ainſi
la guerre contre des frelons & des gue‑
pes, & que la rage de l'amour mepriſé
fait bouillir mon ſang dans mes veines,
tu te plais dans ton phlegme, & tu bâ‑
tis des ſiſtêmes de reformation, au me‑
pris de mes infortunes, dont tu as la
cruauté de te faire un triomphe. Que le
diable t'emporte, inſenſible & fade
complaiſant que tu es ! Tu me cauſes
autant d'impatience que la Belle ; car tu
ne connois ni l'amour ni l'amitié. Tu
n'es pas capable de l'un, ni digne de l'au‑
tre. Autrement, te rejouirois-tu de mes
peines ſous les fauſſes grimaces de la
pitié ? Mais parle ; n'es tu pas un joli
perſonnage, de t'être engagé à tranſcrire

une partie des lettres que j’ai eu la fim-
plicité de t’écrire dans la confiance de l’a-
mitié? Des lettres! Tu aurois du laiſſer
couper ta maudite langue, plutôt que
d’avouer jamais que tu les euſſes reçues.
Cependant, peut-être les as-tu deja re-
miſes entre ſes mains. Prens garde, &
malheur à toi ſi l’avis arrive trop tard!
prens garde, te dis-je, de lui abandonner une ſeule ligne de moi. Si tu t’es deja
rendu coupable d’une infidelité ſi noire,
je te declare que la moindre vangeance
que j’en veux tirer eſt de retraĉter la parole que je t’ai donnée de ne pas la voir,
comme tu as violé la tienne en communiquant ce que tu n’avois reçu que
ſous le ſceau de l’amitié.

Je ſuis trop malheureuſement convaincu, par ſa lettre à Charlotte, qu’elle
eſt déterminée à ne me revoir jamais.
Elle nomme ma conduite avec elle, *une
méchanceté ſans exemple.* Mais comment
fait-elle ſi bien ce qui merite ce nom? Où
a-t’elle appris à faire des diſtinĉtions dans
ce genre? Penſer le pire, être capable
de former des comparaiſons ſur des ſitua-
tions ſi délicates, eſt-ce marquer autant de délicateſſe que je lui en attri-
buois? Ce que je me figure à ſon avan-

tage, c'est que n'ignorant pas que le diable est noir, & voulant faire un diable de moi, elle broie, dans son imagination, elle paitrit ensemble tout ce qu'il y a de noir au monde, pour faire sortir de cette sale masse le plus horrible de tous les monstres.

Mais quelle tempête son mepris n'excite-t'il pas dans mon ame ? Jamais, jamais l'orgueil d'un homme ne fut plus mortifié. Qu'elle me rabbaisse, jusqu'à mes propres yeux ! Comment est il possible que l'admiration & l'amour resistent dans mon cœur à cette épreuve ? De la haine ! Du mepris ! Un refus solemnel ! Si le succès avoit repondu à tous mes desseins, je trouverois peut-être de la justice dans une partie de ces ressentimens. Mais être sortie victorieuse, triomphante sous toutes sortes de faces..... ah ! c'est pour l'avoir souffert qu'elle me doit du mepris. Elle m'a laissé si humilié, si méprisable en effet, que l'impression lui en demeure encore. Je me poignarderois volontiers, de ne lui avoir pas donné sujet... en un mot, de n'avoir pas sû l'humilier elle-même ; ou plutôt, cher ami, de n'avoir pas profité de son retour à la Ville pour me relever de mon humiliation & pour m'exalter jusqu'au sommet du bonheur &

de la gloire, en me donnant une femme
supérieure à toutes fortes d'épreuves &
de tentations.

Cependant je veux hazarder encore
une lettre. Si je n'en tire aucun fruit, ou
si je n'obtiens pas de réponse, je m'ef-
forcerai de la voir, quelles qu'en puissent
être les suites. Si son obstination lui fait
trouver le moien de m'éviter, je signale-
rai ma vangeance par quelque attentat
éclatant contre sa Miss Howe, & je
quitterai pour jamais l'Angleterre.

A présent, Belford, puisque tu es
dans le goût de lui communiquer mes
lettres, fais lui cette déclaration si tu
veux. Ajoûte que s'il est certain qu'elle
m'abandonne, il ne l'est pas moins, que
je serai abandonné du Ciel; & qu'importe
alors ce que peut devenir

son LOVELACE?

LETTRE CCCIX.

M. LOVELACE, à M. BELFORD.

Lundi, 7 d'Août.

IL est donc vrai que tu as remis, à la belle Implacable, un extrait des lettres que tu as reçues de moi dans la confiance de l'amitié! Belford, prens y garde. Je t'aime assurément plus qu'aucun homme du monde : mais le point où nous sommes est plus délicat que tu ne penses. Cette affaire est devenue très - serieuse pour moi. Je suis resolu d'épouser Miss Harlove ; & je l'épouserai, fut-ce au dernier soupir de sa vie.

Elle compte, dis-tu, sur la parole que je t'ai donnée de ne pas la chagriner. Tu peux lui déclarer de ma part, que c'est un point qui dépend absolument d'elle-même ; c'est-à-dire, du parti qu'elle prendra, de faire reponse à ma lettre, ou de la paier du meprisant silence dont il lui a deja plû d'honorer mes derniéres. J'écrirai d'un ton si humble, & dans des termes si raisonnables, qu'elle me pardonnera , fi fon caractère n'eft pas celui d'une veritable Harlove. Mais pour l'exécution teftamentaire dont elle penſe à te charger , compte qu'il n'en fera rien. Tu ne feras pas fon Exécuteur. Que je periſſe fi tu l'es. Premiérement, elle ne mourra point. En ſecond lieu , nul autre que moi ne lui fera rien, n'oſera lui rien être. Ton bonheur eft deja trop grand , d'être admis tous les jours à ſa préſence , de la voir , de lui parler, de l'entendre , pendant qu'il m'eſt defendu d'approcher à la vûe de fa fenêtre. Quelle damnation eft-ce donc ici , pour un homme qui lui étoit autrefois plus cher que tous les hommes du monde ? Etre capable de jetter fur moi , de la region des étoiles où fa tête m'eſt cachée , tantôt un œil de mépris , tantôt un œil de pitié encore plus offenfant , c'eſt ce qu'il m'eft impoffible de foutenir.

Je t'apprens que fi ma lettre eft fans ſuccès , je faurai furmonter la rampante folie qui a trouvé le moien de s'infinuer dans mon cœur ; ou bien je l'arracherai, ce cœur, & je l'offrirai à fes yeux , pour lui faire voir combien il eft plus tendre que le fien, quoiqu'elle, & toi , & tout le monde ait pris la liberté de le traiter de rocher. Si je fuis rejetté , avertis d'a-

vance les voisins de la maudite Sinclair
de transporter leurs meilleurs effets ; car
ma premiere demarche sera de mettre le
feu à ce repaire de serpens : & comme il
n'est point à craindre que je les prenne
dans un moment, où, suivant le langage
de Shakespear, *ces furies aient le goût du
salut*, ma vangeance sera complête,
pour ce monde & pour l'autre.

LETTRE CCCX.

*M. LOVELACE, à Miss CLARISSE
HARLOVE.*

Lundi, 7 d'Août.

MAlgré les raisons, qui doivent me
faire craindre autant de difficulté
à faire entendre mes priéres qu'à mériter
ma grace, je ne puis me defendre de
vous écrire encore une fois, pour vous
supplier de me donner le pouvoir d'ex-
pier, autant qu'il est possible, les injures
dont je me reconnois coupable ; & j'espére que cette hardiesse vous offensera
moins qu'une visite. Votre pureté Angelique & le reveil de ma conscience

font des témoignages qui déposent hautement contre moi. Mais la bonté, qui
vous porteroit à me pardonner, vous
donneroit des droits éternels sur ma reconnoissance & ma soumission. Pardonnez-moi donc, ma très chere vie, ma
divinité sur la terre, fondement visi-
ble de toutes mes espérances futures!
Comme vous espérez le pardon pour
vous-même, vous qui croiez avoir besoin
de le demander aussi à la bonté du Ciel,
daignez me l'accorder, & consentir à vous
trouver au pied de l'autel avec moi, devant les personnes qu'il vous plaira de
nommer; pour vous assurer des droits
inalterables sur le plus repentant & le
plus affectioné de tous les cœurs.

Mais peut-être souhaiteriez vous un
tems d'épreuve. Peut-être une juste défiance & de vifs mécontentemens vous
font-ils trouver trop de difficulté à me rendre votre faveur aussitôt que mon cœur
la desire. Dans cette supposition, je me
soumets à toutes vos volontés. Vous ne
m'imposerez point de conditions que je
n'embrasse avec ardeur, si vous me donnez la moindre espérance qu'après une
expiation dont vous reglerez la durée,
après des preuves éclatantes d'une reformation telle que vous m'en tracerez les

loix, vous confentirez enfin d'être à moi.

Honorez - moi donc de quelques mots de reponfe, pour m'encourager dans cet efpoir conditionel; fi ce n'eft pas pour me donner des efpérances plus prochaines & des encouragemens encore plus généreux.

Me refufer une grace fi chere & fi précieufe, c'eft me jetter dans le dernier défefpoir. Mais, alors même, je dois à toutes fortes de rifques, chercher l'occafion de me jetter à vos pieds, pour n'avoir point à me reprocher d'avoir omis quelque chofe, qui m'ait paru propre à vous attendrir; car c'eft de vous, Madame, c'eft du pardon de votre cœur, que je fais dépendre tout mon bonheur pour ce monde & pour l'autre. Rejetté de vous, je n'attens plus rien de la miféricorde du Tout-puiffant. Je fuis affez réveillé, pour comprendre que le pardon de l'innocence injuriée eft une condition qui doit précéder celui du Ciel, & que dès ici bas fans doute, l'auteur de notre Etre donne ce pouvoir à l'innocence, fur les miférables qui ofent l'offenfer fans raifon; & qui feroit autorifé à ce pouvoir fi vous ne l'étiez pas? En un mot, votre caufe, Madame, eft celle de la vertu, & par

consequent celle de Dieu même : ne
dois-je pas m'attendre qu'il la fera triompher , par la perte d'un homme qui s'est
rendu aussi coupable que moi, si vous
marquez , en me rejettant , que vous
me jugez indigne de pardon ?

Je vous assure, Madame, qu'il n'entre
dans mes instances aucune vûe tempo-
relle ou mondaine. Je reconnois que je
ne merite point le pardon que je vous demande. Milord M..... & ses sœurs ne
meritent pas non plus le mien. Je les
méprise du fond du cœur, pour avoir eu
la présomption de s'imaginer que je puisse
être conduit par la vûe d'aucun avantage
qu'ils aient le pouvoir de m'accorder. De
tout ce qui respire , il n'y a que vous
dont je veuille recevoir des Loix. Toute
votre conduite m'a paru fondée sur des
principes si nobles , & vos ressentimens
ont été si justes , que je ne vois rien en
vous que sous un air divin ; infiniment
plus aimable aussi qu'il n'auroit jamais
pû l'être , si vous n'aviez pas souffert les
barbares injustices, dont le souvenir rem-
plit aujourd'hui mon ame de tristesse &
d'horreur.

Mais je le repête; tous mes desirs
se reduisent actuellement à quelques lignes , qui puissent guider mes pas incer-

cains, & me faire efperer (fi vous portez fi loin la condefcendance) qu'après avoir verifié mes promeffes par ma conduite, il me fera permis d'afpirer à l'honneur d'être éternellement à vous.

LOVELACE.

(Clariffe repond à Mifs Montaigu par une lettre du 7 d'Août. Elle repond tendrement à fes civilités, elle refufe fes offres avec reconnoiffance, elle fouhaite toutes fortes de biens à M. Lovelace, & qu'une bonne conduite le faffe rentrer en grace avec fa famille.

M. Belford repond à M. Lovelace. Après quelque détail fur la foible fanté de Clariffe, & fur le chagrin quelle a reçu de quelques lettres fort dures de fa famille, il lui dit :

Ta fituation commence à me faire pitié, depuis que je te crois de bonne foi dans la peinture que tu fais de ton amour & de tes peines; d'autant plus que quelque jugement qu'il te plaife d'en porter, il me paroît fort difficile que la fanté de Mifs Harlove fe retabliffe. Je me flatte qu'au fond tu n'es pas faché que je lui aie communiqué les extraits de tes lettres. La juftice, que tu n'as pas ceffé de rendre à fa vertu, fait tant d'honneur à

ton ingenuité, que j'ai cru te rendre u
important fervice ; du moins dans l'e
prit d'une femme qui te connoit par de
traits moins honorables ; car, avec tout
autre, je conviens que j'aurois eu tor
Cependant fi vous trouvez mauvais qu
j'aie pris le parti de l'obliger, dans u
point que je reconnois delicat, nou
nous expliquerons à notre première entre
vûe. Je vous ferai voir, non feulemen
les extraits, mais les liaifons que je leu
ai données en votre faveur.

A l'égard de l'exécution teftamentaire
n'entreprens pas, je te prie, de regler m
conduite & mes idées. Je ne dépens d
perfonne, apparemment. Il me fembl
qu'au contraire tu devrois te rejouir qu
la juftification de fa memoire foit entr
les mains d'un homme, qui te traitera
toi & tes actions, comme tu n'en fau
rois douter, avec toute la douceur qu
l'honneur lui permettra.

Tu me parois toujours furprenant! Qu
veux tu dire, lorfque tu as le front d'ol
ferver » qu'il lui convient peu de crie
» merci pour elle-même, elle qui n'e
» a point pour autrui ? Ofes-tu préten
dre que les deux cas fe reffemblent ? C
qu'elle demande uniquement, c'eft l
dernière bénédiction d'un pere & d'un
mere

mere, leur dernier pardon pour une faute qu'on peut nommer involontaire ; s'il eſt vrai même qu'elle merite le nom de faute. Elle n'a d'ailleurs aucune eſpérance d'être reçue de ſa famille. Toi, tu demandes le pardon d'une injure préméditée: on te l'accorde, à condition que tu ne donneras pas de nouveaux ſujets de chagrin ; & ce pardon te laiſſe l'eſpérance de rentrer en grace, peut-être même de te voir un jour le maître abſolu du plus riche tréſor du monde. Que je te trouve injuſte ! la raiſon commenceroit-elle à t'abandonner ?

LETTRE CCCX.

Miſs CLARISSE HARLOVE, à M. LOVELACE.

Vendredi, 11 d'Août.

C'Eſt une alternative bien cruelle, que d'être forcée de vous voir ou de vous écrire. Mais j'ai perdu depuis longtems le pouvoir de ſuivre mes propres inclinations. Ainſi, pour éviter un plus grand mal, & je puis dire aujourd'hui le plus grand de tous les maux, je me détermine à vous écrire.

Si j'étois capable de déguiſer mes ſentimens réels, je pourrois vous donner les
eſpérances que vous me demandez &
n'en pas demeurer moins attachéé à toutes mes réſolutions : mais je dois vous
déclarer, Monſieur, & mon caractère
m'y oblige, que ma vie dût-elle durer
plus d'années qu'il ne me reſte peut-être
de jours, & fuſſiez-vous le ſeul homme
au monde, je ne pourrois & je ne
voudrois pas être à vous.

Il n'y a point de merite à remplir un
devoir. La religion m'ordonne, non-
ſeulement de pardonner les injures, mais
encore de rendre le bien pour le mal.
Toute ma conſolation, c'eſt que par la
grace du Ciel, je ſuis à votre égard dans
une diſpoſition qui me fait trouver la
ſoumiſſion facile à cette loi. Je vous aſſure
donc que dans quelque lieu que vous al-
liez, je ſouhaite que vous y ſoiez heureux ; & dans ce ſouhait, je renferme
toute ſorte de bonheur.

A préſent que j'ai ſatisfait (avec beaucoup de repugnance, je l'avoue) à l'un
des deux points que vous avez exigés,
j'en attens le fruit.

CL. HARLOVE.

LETTRE CCCXI.

M. LOVELACE, à M. BELFORD.

Dimanche, 13 d'Août.

JE ne fais quel diable me tourmente. De ma vie je ne me fuis senti fi mal. J'ai penfé d'abord que quelqu'un de mes honnêtes parens m'avoit adminiftré une dofe, de leur préparation, pour fe retablir dans l'entiére poffeffion du Château. Mais comme je fuis l'unique efpérance de la famille, je veux croire qu'ils ne font pas capables de cette méchanceté.

Il faut que je quitte ma plume. Je n'ai pas la force d'écrire. Que dois-je penfer de ma fituation !

Milord M..... fort de ma chambre. Il m'a rendu une fombre vifite, pour favoir comment je me trouve de ma faignée. Ses deux fœurs partirent hier ; le Ciel en foit loué ! Mais elles ne m'ont pas fait l'honneur de me confulter fur leur départ : à peine m'ont-elles dit adieu, Milord est plus tendre & plus *respectueux* que je ne m'y attendois. Les hommes ont moins de peine à pardonner que les femmes. J'ai mes raisons pour le dire ; car outre l'implacable Miss Harlove & les deux vieilles sœurs, mes deux guenons de cousines n'ont pas encore approché de moi.

Ni manger, ni boire, ni dormir ! Le cas est assez triste, Belford. Si j'avois la folie de me laisser mourir à présent, on diroit que Miss Harlove m'a fait crever de chagrin. Que sa cruauté me pénétre jusqu'au fond du cœur, c'est ce que je ne puis désavouer.

Au diable l'insomnie & le dégoût. Ecrivons : je veux m'en delivrer à force d'écrire. Mais c'est envain. La vigueur me manque. Pauvre Lovelace ! Que diable as-tu donc ?

Essaions encore, malgré les frissons & les baillemens qui me désolent. Par où commencer ? Parlerons-nous de ton office d'Exécuteur testamentaire ? Tu es menacé d'une double fonction. Je crois réellement que tu peux m'envoier un cercueil & un drap mortuaire. Je serai prêt pour l'usage, lorsqu'ils arriveront.

Quelle petite folle que cette Miss Harlove ! Je te garantis qu'elle se repentira de m'avoir refusé. Une jeune veuve si charmante ! Qu'elle regretera d'avoir manqué l'occasion ! Quel éclat n'auroit-elle pas repandu sur sa parure funebre ? Quelles lumières ! Quelles ombres ! Devenir veuve au premier des douze mois, c'est un des plus grands bonheurs qui puissent arriver à une belle femme. ...

Laissez - moi. Je veux écrire. Que faire, si je n'écris point ? On m'arrache la plume, Belford. On ne veut pas que j'écrive. Je suis donc bien mal, puisqu'on m'interdit toute espéce d'application.

Tu parois picqué, mon cher. Est-ce pour m'avoir mordu ? Je te trouve fort plaisant à mon tour. Crois-tu que deux amis n'aient pas quelquefois le privilége de quereller, comme l'homme & la femme ? Et quelles peuvent être ici les consequences ? Je ne suis pas en humeur

de me battre à préfent. Tu peux m[e]
croire auffi patient, que le poulet qu'o[n]
me préfente avec mon bouillon : car j[e]
fuis deja reduit à ce point.

Mais, tout indépendant que tu es pou[r]
l'exécution teftatamentaire, je ne t'e[n]
déclare pas moins que jamais je ne fouf[-]
frirai que tu expofes mes lettres. Elle[s]
font trop ingenues de la moitié, pou[r]
être vûes. J'infifte abfolument que tu le[s]
jettes au feu fans exception, après avoi[r]
reçu celle-ci.

Ne laiffe pas de m'écrire ; & tache[,]
s'il eft poffible, de m'envoier la copie d[e]
tout ce qui s'eft paffé entre Mifs Harlove
& Charlotte. Je te promets de ne pas ou[-]
vrir la bouche fur les communications d[e]
cette nature. Mais crois-moi, les généreu[-]
fes offres que mes parens font à ma Charmante, ne changent rien au dégoût que
j'ai pour eux. Vois feulement qu'elle eft
auffi fiere qu'implacable. Il eft impoffible
de l'obliger. Elle aimeroit mieux vendre
jufqu'au dernier de fes habits, que d'a-
voir la moindre obligation à perfonne ;
quoiqu'elle foit fure de faire plus de plaifir qu'elle n'en recevroit.

Oh Dieu ! Dieu ! .... Par ma foi,
je me crois mourant. Adieu Belford.

Je me suis trouvé si mal, dans l'endroit
où la douleur m'a interrompu, que j'ai
été forcé de quitter ma plume. Que
penses-tu de cet accident ? Mon oncle,
averti par mes gens, s'est hâté de faire
appeller le Ministre de la Paroisse, car
l'Aumônier du Château est absent. Ils
m'ont trouvé sur mon lit, dans ma robbe
de chambre, & tout-à-fait sans connoissance. En ouvrant les yeux, qu'ai-je vû
autour de moi ? Le Ministre à genoux
d'un côté, & Milord de l'autre. Madame Greme, qu'on a fait venir pour me
servir de ce qu'ils appellent une garde,
étoit dans la même posture au pied du
lit. Je remercie le Ciel, ai-je dit à Milord, dans une espèce d'extase : où est
Miss Harlove ? . . . . . J'ai cru de bonne
foi qu'ils étoient prêts à me marier.

Ils ont pris mon discours pour un dé-
lire, & leurs prières ont redoublé à plus
haute voix. Ce bruit m'a reveillé les sens.
J'ai sauté de mon lit à terre, j'ai mis mes
pieds dans mes mules, j'ai ouvert une de
mes poches, & j'en ai tiré ta dernière
lettre, avec les méditations de ma Char-
C iv

mante (*). Milord, M. le Docteur, Madame Greme, leur ai-je dit, vous m'avez cru jusqu'aujourd'hui un fort mauvais garnement. Mais voiez ; je puis vous faire une lecture aussi pieuse que vos prières. Ils se sont regardés avec étonnement. J'ai baillé & j'ai lu : ils m'ont prodigué leurs louanges & leur admiration, ils ont levé les mains & les yeux au Ciel ; & le Docteur a dit qu'il avoit toujours regardé comme une chose impossible, qu'un homme d'esprit tel que moi fût aussi méchant qu'on le publioit. Milord, begaiant de joie, m'a felicité de ma conversion ; & graces à ma chere Miss Harlove, je me suis fait une excellente reputation à peu de frais. En un mot, me voilà bien établi dans le Château & dans toute la Paroisse. Mais que vois-je ? Je n'en suis pas quitte encore.

C'est une visite des deux sœurs Montaigu, conduites par mon oncle, pour

(*) On n'a pas fait remarquer que M. Belford envoioit avec sa dernière lettre, une copie de quelques passages de l'Ecriture-Sainte, de la main de Clarisse, & dont elle faisoit quelquefois le sujet de sa méditation. Il l'avoit obtenue de Madame Lovick.

me feliciter , tout à la fois , de mon retabliſſement & de ma reformation. Quel
heureux évenement que cette maladie ,
& les méditations qui ſe ſont trouvées
dans ma poche ! C'eſt ainſi , qu'étant
Ecolier , je me joignois à ceux qui ſor-
toient de l'Egliſe , pour faire croire que
j'y avois été moi-même.

Ma Charmante ſe trompe , lorſqu'elle
s'imagine que je lui ai propoſé de m'écrire , comme une alternative qui la garan-
tiroit de ma viſite. C'eſt *un mal* qu'elle
n'évitera point , & dont je n'ai penſé à
l'exempter qu'autant qu'elle m'auroit fait
une réponſe conforme à mes eſpérances.
Fais lui relire ma lettre. Je ne lui ai
pas fait cette promeſſe. En dépit d'elle
& de toi , je ſerois à ſes pieds , demain
au plus tard , ſi je n'étois pas retenu par
les talons , comme un miſérable qui n'a
point de ſecours à tirer de lui-même.
Mais je commence à me trouver mieux
d'heure en heure. Tu me verras bientôt à
Londres , n'en doute pas. Cependant
n'en dis rien à ma chere , à ma cruelle &
implacable Miſs Harlove.

Adieu , Belford. Je baille encore.
Qu'elle étrange figure tu verrois faire à
ton Lovelace !

LETTRE CCCXII.

M. BELFORD, à M. LOVELACE.

Lundi, 14 d'Août.

TA maladie me cause la plus vive inquiétude. Je serois au desespoir de te perdre. Cependant, si tu dois mourir sitôt, je souhaiterois de toute mon ame que ta mort fut arrivée avant le mois d'Avril; & cela pour ton intérêt, autant que pour celui de la plus excellente de toutes les femmes, puisque ta conscience n'auroit pas été chargée du crime le plus noir de ta vie !

On me dit avant hier que tu étois fort mal; & cette nouvelle m'a fait remettre à t'écrire jusqu'à d'autres éclaircissemens. Mon laquais me confirme, en arrivant, que tu es dans un état facheux. Tu feins de l'ignorer. Est ce à moi de te l'apprendre? C'est une fiévre violente, me dit-on; accompagnée des simptômes les plus dangereux.

Dans la situation où tu es, je ne te troublerai point par le recit de ce qui se passe ici avec Miss Harlove. Puissent tes repentirs être aussi prompts que ta maladie, & n'être pas moins efficaces, si tu meurs ; car il est à craindre qu'elle & toi, vous ne vous rencontriez jamais dans le même lieu.

Je lui ai dit que vous étiez fort malade. Pauvre homme ! a-t'elle interrompu. Dangereusement malade, dites-vous ?

Très-dangereusement, Madame. Milord M . . . m'en donne avis lui-même.

Que le Ciel ait pitié de lui ! a repris cette admirable fille. Ensuite, après un moment de réflexion ; pauvre misérable ! a-t'elle dit avec un soupir. Puisse-t'il trouver la miséricorde qu'il n'a pas eue !

Je t'écris par un Exprès ; car je suis impatient d'apprendre ta situation. J'ai reçu ta dernière lettre. Quelles tristes reflexions n'a-t'elle pas dû faire naître, par les legeretés chocquantes dont elle est remplie, à ton veritable ami

BELFORD !

LETTRE CCCXIII.

M. LOVELACE, à M. BELFORD.

Mardi, 15 d'Août.

JE te remercie, Belford, & du fond du cœur, de la conclusion moderée de ta dernière lettre. Il me prend envie, par cette considération, de te pardonner tes extraits, que je n'avois pas cessé, jusqu'à ce moment, de trouver impardonnables. Mais t'entre-t'il dans l'esprit que je puisse jamais consentir à perdre cette divine créature ? Jamais, jamais, tant qu'un reste de chaleur aura la force de m'animer. Implorer la miséricorde du Ciel pour un ingrat tel que moi ! Adorable Clarisse ! Que l'excès de ta générosité me perce l'ame ! Mais c'est d'elle que j'attens les premiéres marques de miséricorde & de pitié. Elle doit m'apprendre, par son exemple, à me reposer avec confiance sur la miséricorde qu'elle implore pour moi.

Hâte-toi, cher ami, de m'apprendre l'état de sa santé ; ses occupations, ses entretiens. Que ta diligence reponde à mes transports. Je n'ai pas d'autre maladie que l'amour. Ah ! que ne puis-je penser qu'elle est à moi ! C'est alors que la maladie même auroit des charmes. Envoier à la Ville, pour la faire prier de revenir près de moi ! Savoir qu'elle est en chemin, sur les aîles de l'amour, pour m'apporter de la consolation ! L'entendre prier pour moi, par devoir, par inclination, & recevoir de sa bouche l'ordre de vivre pour elle ! Dieu tout puissant ! Quel trésor j'ai laissé sortir de mes mains ! Mais il n'est pas perdu pour moi. Non, je ne la perdrai point. Je suis beaucoup mieux ; je serois tout-à-fait bien, sans ces odieux Charlatans, qui ne mettent pas de fin à leurs ordonnances, & qui pour faire honneur à leur art, veulent que toutes les maladies soient importantes. Je prétens qu'elle soit à moi. J'en ferai ma femme ; & je retomberai malade aussitôt, pour acquérir des droits à sa tendresse, à son inquiétude, à sa pitié.

Que le Ciel la comble à jamais de toutes ses bénédictions ! Hâte, hâte-toi, Belford, de me donner des nouvelles de sa santé. Mon mal n'est que de l'amour. Une bonté si généreuse ! par tout ce qu'il

y a de grand & de bon , je ne la perdrai
pas. Voilà ce que tu dois lui declarer.
Elle ne feroit pas capable de cette pitié , dit - elle , s'il lui reftoit encore
quelque deffein d'être à moi. C'eft ce
que Mifs Howe écrit à Charlotte. Mais
permets lui de me haïr , pourvû qu'elle
me reçoive. Ma conduite changera bientôt fa haîne en amour. Corps & ame ,
je ferai tout à elle.

L E T T R E   CCCXIV.

M. BELFORD, à M. LOVELACE.

Jeudi , 17 d'Août.

MA joie eft extrême , de te favoir
deja auffi bien que ton Meffager
m'en affure. Ta lettre femble marquer
que tes principes fe reparent avec ta
fanté. C'eft une lettre que j'ai pû faire
voir à Mifs Harlove , & je n'y ai pas
manqué.

Cette divine perfonne eft plus mal que
jamais. Je n'attribue ces inegalités qu'aux
lettres qu'elle reçoit de fon implacable
famille. Je n'ai pû me procurer un long

entretien avec elle : mais ce qu'elle m'a dit, dans une visite fort courte, va te la faire adorer plus que jamais.

Elle a donné beaucoup d'attention à ma lecture : & lorsque je l'ai finie ; il est à plaindre, m'a-t'elle dit. Que je le plains en effet, si cette lettre est sincére ! Il a connu, dans plus d'une occasion, que je n'étois pas incapable de générosité, s'il y avoit été sensible. Mais son repentir est toute la punition que je lui souhaite ; & cela pour son propre intérêt .... Cependant, je dois être plus reservée, si vous lui écrivez tout ce que je dis.

J'ai marqué de l'admiration pour sa bonté. Comment pouvois je m'en defendre, quoique dans sa présence ?

Ce n'est pas bonté, m'a-t'elle dit ; c'est une situation d'ame dans laquelle je me suis établie, pour mon propre avantage. Je souffre trop de ne pas trouver la pitié que je demande, pour ne pas souhaiter que tous les cœurs penitens puissent l'obtenir. Il paroît pénétré de repentir, a-t'elle ajoûté ; je ne dois point aller au-delà des apparences. S'il ne l'est pas, c'est lui même qu'il trompe uniquement.

Elle étoit si mal, que cet entretien n'a pas duré davantage.

Quel sujet, entre le mains d'un grand

Maître, pour une excellente Tragedie
Tant d'outrages, accumulés sur l'inno
cence! Sa conduite, au milieu de ses pe
nes, également soûtenue à l'égard d
ses implacables parens & de son perse
cuteur! Les mœurs, néanmoins, sou
friroient une grande objection; ca
jufqu'à préfent, c'est ici la vertu qui p
roît punie : à moins qu'on ne jette le
yeux fur les recompenfes futures, q
font moralement certaines pour elle, o
qui ne doivent jamais l'être pour perfor
ne. Cependant, corrompu comme t
es, & capable de faire un très-mauva
mari, je ne fais, après-tout, fi ce n'e
pas une recompenfe pour fa vertu
d'être delivrée de toi.

Elle a recu avis, par une lettre d
Madame Norton, que le Colonel Mo
den eft arrivé en Angleterre. C'eft le feu
homme qu'elle fouhaite de voir. J'en a
témoigné quelque jaloufie, dans la craint
qu'il ne foit préferé à moi pour l'offic
dont elle m'a honoré. Elle m'a repond
que ce n'étoit pas fon deffein ; parc
qu'en fuppofant même qu'il voulut ac
cepter cet emploi, elle craindroit qu
divers papiers, qui pafferoient néceffai
rement par fes mains, ne devinffent l'oc
cafion de quelque défaftre entre-vous &

lui ; malheur qu'elle redouteroit plus que la mort.

Tourville m'apprend que tu te retablis à vûe d'œil. Ce que je te demande, à mains jointes, c'est de ne pas chagriner cette incomparable fille. Je t'en conjure pour l'amour de toi - même , pour l'amour d'elle , & par le respect que tu dois à ta parole. Si la mort nous l'enlevoit bientôt, comme je n'ai que trop de raisons de le craindre , on diroit, & peut-être avec justice, que ta visite a précipité sa fin. Dans l'espérance que tu ne feras pas capable de cette cruelle indiscrétion, je te souhaite un parfait rétablissement ; sans quoi, puisses-tu retomber, & te voir longtems enchaîné dans ton lit !

Belton approche de sa dernière heure. Il me fait dire , qu'il ne peut mourir sans me voir.

LETTRE CCCV.

M. BELFORD, à Miſs CLARISSE HARLOVE.

Samedi, 19 d'Août.

MADAME,

JE crois que l'honneur m'oblige de vous communiquer la crainte où je ſuis, que M. Lovelace ne ſe determine à tenter ſon ſort par une viſite qu'il penſe à vous rendre. J'aſſe le Ciel que vous puiſſiez conſentir à larecevoir! Je vous garantis que vous verrez, dans ſa conduite, un reſpect porté juſqu'à la vénération, & toutes les marques d'un veritable repentir. Mais comme je ſuis forcé de partir pour Epſom, où je crains d'être appellé pour rendre les derniers devoirs à M. Belton, que vous pouvez vous ſouvenir d'avoir vû; il me ſemble à propos, dans l'opinion que j'ai des réſolutions de M. Lovelace, de vous prévenir par cet avertiſſement, afin que ſon arrivée ne vous jette pas dans une trop grande ſurpriſe.

Il se flatte que votre maladie n'est pas aussi dangereuse que je la représente. Lorsqu'il aura l'honneur de vous voir, il sera convaincu que ce qu'il peut faire de plus obligeant pour votre santé, est aussi ce qu'il y a de plus convenable pour son repos; & j'ose vous assurer que dans la crainte de nuire à votre retablissement, il s'interdira toute autre visite, du moins pendant que vous serez dans une si fâcheuse situation. Ainsi le choc d'une demie heure, si l'on peut donner ce nom à la vûe d'un homme qui ne fait que relever lui même d'une fiévre dangereuse, est tout ce que vous avez à redouter.

Je me flatte que cet avis ne vous allarmera point, & ne vous fera rien entreprendre à la hâte. Il est impossible que M. Lovelace soit à Londres avant Lundi, & même au plutôt. S'il s'obstine à s'y rendre, j'espére d'être avant lui chez M. Smith.

J'ai l'honneur, Madame, d'être avec la plus profonde vénération, votre, &c.

LETTRE CCCXVI.

M. LOVELACE, à M. BELFORD.

Dimanche, 20 d'Août.

QUe tu as le cœur impitoiable! Il n'eſt pas beſoin de conſcience, avec un Pedagogue auſſi impertinent que toi. J'ai pêché. Je me repens Je n'aſpire qu'à reparer mes fautes. On me pardonne, on accepte mon repentir; mais on m'interdit la reparation. Quel parti veux-tu que je prenne?

Ne pers pas un moment pour faire ta viſite au pauvre Belton. Mais, ſoit que tu partes ou que tu demeures, il faut que je me rende à Londres, & que j'eſſaie moi-même ce que je puis obtenir de ma chere Inflexible. Au moment que ces tirans de Medecins me laiſſeront libre, aſſure toi que je pars. Milord juge lui-même qu'elle doit m'accorder une entre-vûe. Son opinion eſt d'une grande autorité pour moi, lorſqu'elle s'accorde avec la mienne. Je me ſuis engagé à lui, à mes deux couſines, de me conduire avec toute la

décence & tout le respect qu'on doit à
ce qu'on adore. Je tiendrai parole. Si tu
veux differer ton départ pour Epsom, tu
en feras témoin.

Je connois le Colonel Morden pour
homme d'honneur & de courage. Mais
le Colonel Morden s'est mêlé d'amour,
comme Belford & moi. Et connois-tu
quelqu'un qui ne s'en mêle pas ? L'enfer
a toujours en main quelque jolie créature, pour tenter un honnête homme,
de quelque âge, de quelque rang, de
quelque degré qu'il puisse être. J'ai souvent entendu parler du Colonel, à ma
Charmante, avec beaucoup de distinc-
tion & d'estime. Peut être servira-t'il à
lui calmer l'esprit, en inspirant un peu
plus de raison à son implacable famille.

Il me semble que je suis affligé de l'é-
tat du pauvre Belton. Mais on ne peut
être malade, ou vaporeux, que tu ne
prennes aussi-tôt le ton lugubre & que tu
ne mettes les gens au rang des morts. Je
te crois propre à servir de tambour pour
la marche des enterremens.

Attens-toi, malgré ce que je t'ai dit
dans ma dernière, que je te ferai rendre
compte, à mon arrivée, des extraits
que tu as communiqués à Miss Harlove;
sur tout, si son cœur s'obstine à me re-

jetter. Combien de fois me suis-je vû accorder , par une femme , ce qu'elle
avoit juré de me refuser ? Mais , par ces
diables d'extraits , je ne doute pas que
tu n'aies *barré* contre moi la porte de
son cœur , comme elle étoit accoûtu-
mée de me *barrer* celle de sa chambre. Si
cette crainte n'est pas une injustice que je
te fais , conviens que tu t'es rendu coupable d'une perfidie , que l'amitié ne
peut soutenir & que l'honneur ne me permet pas de pardonner.

LETTRE CCCXVII.

M. LOVELACE , à M. BELFORD.

A Londres , Lundi 21 d'Août.

JE crois, Belford, que je te dois des
maledictions. Cependant je n'antici-
perai pas sur le tems , & je vais te faire
une plus longue lettre que tu n'en as reçu
de moi depuis quelques semaines. C'est
l'état des choses, dont je veux t'instruire
à mon tour.

Pour te cacher, autant qu'il m'étoit
possible , le tems où j'étois resolu de me

mettre en marche, je partis hier, à six chevaux, dans un carosse de Milord, aussitôt que je t'eus dépêché ma lettre; & j'arrivai le soir à Londres. Je savois qu'il y avoit peu de fond à faire sur ton amitié, dans les choses où le caprice de Miss Harlove est intéressé?

Comme je n'avois pas d'autre logement prêt, je me suis vû dans la nécessité de retourner à mon ancien gîte, où j'ai d'ailleurs toute ma garderobbe. Là, j'ai distribué un milliers d'imprécations entre la détestable trouppe, & j'ai refusé de voir Sally & Polly, non-seulement pour avoir souffert l'évasion de Miss Harlove, mais encore pour l'infame avanture de l'*arrêt*, & pour leurs insolens propos dans sa prison.

Je me suis couvert d'un habit que je n'ai jamais porté, & que j'avois destiné pour le jour de ma noce. Je me suis trouvé si bien dans cette parure, & si content de moi-même, que j'ai commencé à croire avec toi, que l'endroit par lequel je vaux le mieux est mon extérieur.

J'ai pris une chaise à Porteurs, dans laquelle je me suis fait conduire chez Smith. Mon cœur sautoit de joie, avec des battemens si marqués, qu'on les auroit presque entendus. Je faisois claquer mes doigts, au branle de la chaise. J'ai recommandé, à mes yeux, de faire paroitre tour-à tour de la langueur & de la vivacité. J'ai parlé à mes genoux, pour leur apprendre comment ils devoient se plier : &, dans le doux langage d'un de nos Poëtes, me prescrivant à moi - même des loix que j'exécutois en imagination : » c'est ainsi, » disois - je, que je prononcerai mes » tendres plaintes, en flechissant un » genou ; c'est ainsi que j'exciterai sa » pitié ; c'est ainsi que je peindrai mes » peines ; c'est ainsi que je pousserai un » douloureux soupir, à la vûe de quel- » ques dedains peut - être, dont j'ap- » percevrai les traces sur son front ; & » c'est ainsi que je trouverai grace à ses » yeux charmans. *

Je me suis entretenu de ces idées jusqu'à la maison de Smith, où mes Porteurs ont déposé leur fardeau. Les coquins ont mis chapeau bas en ouvrant la chaise. Mon laquais, qui est en livrée neuve, s'est approché pour recevoir mes ordres. Je suis sorti, d'un air magnifique. La femme de la maison paroissoit s'agiter, derrière son comptoir. Le respect & la crainte ont donné de la gravité à ses traits, & je ne doute pas que ses

*. Waller.

genoux ne heurtaſſent contre les ais in-
terieurs.

Votre ſerviteur, Madame. Will,
faites éloigner un peu les Porteurs, &
ſuivez-moi.

Vous avez une jeune perſonne, qui
loge ici ; Miſs Harlove. Eſt-elle dans
ſon appartement ? (J'allois traverſer la
boutique.)

Monſieur, Monſieur, aiez la bonté
d'arrêter. Vous demandez Miſs Harlove.
Nous avons effectivement une jeune Dame de ce nom. Mais, mais.....

Mais quoi, Madame ? Il faut que je
la voie. N'eſt-ce pas le premier, qu'elle
occupe ? Ne vous donnez pas la peine.
Je trouverai ſon appartement. (Et je
m'avançois vers l'eſcalier).

Monſieur, Monſieur, Madame n'eſt
point au logis. Elle eſt ſortie. Elle eſt
à la campagne.

Sortie ? À la campagne ? Impoſſible.
Vous ne m'en impoſerez pas, bonne
femme. Il faut que je la voie. J'ai des
affaires importantes avec elle.

Il eſt certain, Monſieur, qu'elle n'eſt
point au logis.

(Elle a fait entendre une ſonnette. Jean,
a-t'elle crié, deſcendez promptement...)

En verité, Monsieur, elle n'est point au logis.

(Jean est descendu. C'étoit le mari même ; lorsque jugeant de lui par l'impertinente familiarité de sa femme, je ne le prenois que pour un homme à leurs gages.)

Mon cher ami, lui a-t'elle dit ; Monsieur ne veut pas croire que Miss Harlove soit sortie.

Jean a fait une profonde reverence aux galons de mon habit. Votre serviteur, Monsieur. Réellement, Miss Harlove n'est point à Londres. Elle est partie pour la campagne, ce matin à six heures, par l'ordre du Medecin.

Je n'ai voulu croire ni le mari ni la femme. Je suis sur, leur ai-je dit, qu'elle ne peut être à la campagne ? Je sais qu'elle se porte très-mal. Elle n'est pas en état de supporter le mouvement d'un carosse. Connoissez - vous M. Belford, mes amis ?

Oui, Monsieur. Nous avons l'honneur de connoître ce digne Gentil-Homme. Il est allé voir un de ses amis, qui est malade à la campagne. Il partit Samedi matin.

Fort-bien. Mais je sais, par une lettre de M. Belford, que Miss Harlove est extrêmement mal. Comment pourroit-elle être fortie ?

O Monfieur, elle eft très-mal, très-mal en effet. A peine a-t'elle pû fe traîner jufqu'au caroffe.

(Belford, ai-je penfé en moi-même, ignore le tems de mon arrivée, & ne peut avoir reçu ma lettre d'hier. Auffi malade qu'il me l'a repréfentée, il eft impoffible qu'elle foit fortie).

Où font fes gens ? Faites-moi parler à fes gens.

Elle n'en a point d'autres, Monfieur, qu'une femme qui la garde dans fa maladie ; & cette femme eft partie avec elle.

Eh-bien, mes amis, je n'en crois pas un mot. Pardonnez, mais je veux monter moi-même.

Là deffus, Jean a pris un air plus fombre & moins refpectueux. Monfieur, cette maifon eft à moi, & ....

Et quoi ? Je veux la voir, je la verrai. Apprenez que j'en ai le droit. Je fuis un Commiffaire.

Je fuis monté. Ils m'ont fuivi, en murmurant, & dans un extrême embarras. La première porte qui s'eft offerte étoit fermée. J'ai frappé affez fort.

Vous jugez bien, Monfieur, que Madame à la clé de fa chambre.

En dedans ; c'eſt dequoi je ne doute
pas, mon cher ami ; & j'ai frappé une
ſeconde fois. Comme j'étois ſur qu'au
ſon de ma voix, ſon naturel doux & ti-
mide la trahiroit par quelque marque de
crainte , qu'il me ſeroit aiſé d'entendre,
j'ai dit aſſez haut : je ſais que Miſs Harlove eſt ici. Très-chere Miſs , ouvrez au
nom de Dieu. Accordez-moi l'honneur
de vous voir un moment. Mais , n'entendant rien , & voiant l'air tranquille à
Smith , j'ai continué de marcher vers la
porte voiſine, où j'ai trouvé la clé en
déhors. Je l'ai ouverte ; j'ai parcouru la
chambre des yeux, & j'ai viſité le cabinet.

Le mari, picqué de mon audace, a
dit à ſa femme qu'il n'avoit jamais vû
d'homme plus incivil. Ami, ai je repondu
pour elle , en tournant bruſquement la
tête , obſerve un peu mieux ta langue,
ou je te donnerai une leçon que tu n'as
jamais reçue de ta vie.

Monſieur , il n'eſt pas d'un galant
homme , de venir inſulter les gens dans
leur Maiſon.

Ho , je te prie, point d'inſolence ſur
ſon fumier.

Je ſuis retourné à la porte que j'avois
trouvée ſans clé. Ma chere Miſs Harlove , de grace ouvrez un moment ; ſi

vous n'aimez mieux que je fasse sauter la
porte. Je poussois si rudement , que
Smith en a pali ; & sa fraieur lui allon-
geant le visage , il s'est hâté d'appeller
Joseph , un de ses ouvriers , qui travail-
loit apparemment au grenier. Joseph est
descendu. J'ai vû paroître un garçon de
trente ans , court & épais , les cheveux
crépus , dont la présence a fait prendre
au Maître une contenance plus ferme.
Mais , frédonnant quelques notes J'ai
visité toutes les autres chambres , j'ai
sondé du poing tous les passages , pour
découvrir quelque porte dérobbée ; & je
suis monté ensuite au second , en continuant de chanter. Jean , Joseph & Madame Smith me suivoient en tremblant.

J'ai poussé mes recherches dans tous
les lieux qui se sont présentés. Je suis entré dans deux chambres dont les portes
étoient ouvertes ; j'ai pénétré dans les
cabinets ; j'ai fait passer mes regards par
la serrure d'une porte fermée. Point de
Miss Harlove , par tous les Dieux ! Que
faire ! A quoi se resoudre ! Quel sera
son chagrin , de ne s'être pas trouvée
chez elle ! J'avois mon dessein dans cette
dernière exclamation : c'étoit de découvrir si l'homme ou la femme savoient l'histoire de ma Charmante ; & l'effet ne m'a

pas trompé C'eſt ce que j'ai peine à croire, a répondu Madame Smith.

Pourquoi donc, Madame? Savez-vous qui je ſuis?

Je le devine, Monſieur.

Et pour qui me prenez-vous?

Vous êtes M. Lovelace, ou je me trompe beaucoup.

Lui même, Madame. Mais comment devinez vous ſi juſte? Vous ne m'aviez jamais vû, n'eſt-ce pas? (Ici, Belford, j'attendois un compliment; mais je l'ai manqué).

Monſieur, Monſieur, il n'eſt pas aiſé de s'y méprendre. Le monde n'a pas deux hommes tels que vous.

Fort bien, Dame Smith. Mais eſt-ce auſſi bons, eſt-ce auſſi mauvais, que vous voulez dire? (j'eſpérois que pour le moins, elle répondroit, d'auſſi bonne mine).

C'eſt-ce que je vous laiſſe à juger, Monſieur. (Mon appel, ai-je penſé, ne feroit pas fortune ici).

Comment donc, ami Smith? Ta femme eſt un bel eſprit? Tu ne t'en étois pas défié juſqu'aujourd'hui. Mais où eſt Madame Lovick? M. Belford en parle comme d'une très bonne femme? Eſt-elle ici? Seroit-elle auſſi à la campagne, avec Miss Harlove ?

Elle rentrera bientôt, Monsieur. Elle n'est pas partie avec Madame.

J'entens. Mais enfin, chere Dame Smith, où Miss Harlove est elle allée ? Quand croiez-vous qu'elle revienne ?

Je l'ignore, Monsieur.

On ne me paie point de fables, Dame Smith, on ne me paie point de fables, (en lui passant la main sous le menton, sans m'embarrasser d'une laide grimace que je voiois faire au mari). Je suis sur que vous ne l'ignorez pas. Mais vous avez un troisiéme étage. Voions. Qui loge ici ? Cette chambre me paroît fermée, (en frappant à la porte). Y a-t'il quelqu'un, ai je crié ?

C'est l'appartement de Madame Lovick, qui n'y laisse jamais la clé.

Madame Lovick, (en recommençant à frapper) je vous crois chez vous. De grace, ouvrez la porte.

Jean & Joseph parloient ensemble, & sembloient gronder tout bas. Qu'est ce donc, mes honnêtes amis ? Il n'est pas civil de faire une conversation à part. Joseph, que te disoit Jean ?

Jean ! a repêté dédaigneusement la bonne femme.

Pardon, Madame Smith. Mais vous
D iv

voiez la force de l'exemple. Si vous aviez marqué plus de confidération pour lui, ne doutez pas que je ne vous eufle imi-tée. Recevez de moi cet avis : une fem-me qui manque de refpect pour fon mari, apprend aux étrangers à le traiter avec mepris : par exemple, Monfieur Jean, pourquoi n'as-tu pas encore ôté ton cha-peau devant moi ? Oh ! tu l'aurois fait, j'en fuis fur. Mais tu ne l'as pas fur ta tête, & je fuis perfuadé que jamais tu ne le portes devant ta femme. Dis, n'eft-il pas vrai ?

Treve de railleries, Monfieur, m'a repondu Jean. On s'en pafferoit fort bien. Je fouhaiterois que tous les mena-ges de Londres fuffent auffi heureux que le notre.

Je le fouhaiterois comme toi : mais je veux être damné, fi tu as des enfans.

Pourquoi non, Monfieur ?

En as-tu ? Repons moi. En as-tu, ou n'en as-tu pas ?

Peut-être, Monfieur. Mais à quoi revient cette queftion ?

A quoi elle revient ? Je vais te l'ap-prendre. L'homme qui n'a point d'en-fans de fa femme doit s'attendre, dans ton état, à fe voir traiter de Jean. Si tu avois un ou deux enfans, on t'appelleroît M. Smith , avec une reverence , ou du moins avec un sourire à chaque mot.

Il me semble , Monsieur , a repliqué la Dame , que vous avez l'humeur tout-à-fait plaisante. Je m'imagine que mon mari & moi , si nous avions autant de reproches à nous faire qu'une personne que je n'ose pas nommer , nous serions bien éloignés d'être si gais.

Tant pis , Madame Smith , pour ceux qui seroient obligés de vivre avec vous. Mais je suis moins gai que vous ne pensez. J'ai le cœur accablé de tristesse. Hélas ! où trouverai je ma chere Miss Harlove ? Ma chere , mon adorable Miss (en criant !au bas des degrés du troisiéme étage) , si vous êtes là haut , repondez au nom de Dieu ! Je vole pour vous y joindre.

Monsieur , m'à dit le bon Smith , vous ferez beaucoup mieux de descendre. Vous ne trouveriez plus haut que nos atteliers & nos magazins.

Monterai-je , Madame Smith ? Continuerai-je de chercher Miss Harlove ?

Vous en être le maître , Monsieur.

Je ne monterai donc pas ; car si Miss Harlove y étoit , vous seriez moins obligeante. Au reste , je suis confus de vous avoir causé tant de peine. Vous êtes les

gens les plus polis du monde. Joſeph!
(en luidonnant bruſquement ſur l'épaule
un grand coup, qui lui a fait faire un
ſaut d'étonnement) n'as-tu jamais parié,
mon ami, à qui feroit la plus vilaine
grimace ? Je ſerai de moitié avec toi
quand tu voudras. Le coquin ne paroiſſoit pas mécontent de moi ; &, me regardant avec de grands yeux, ſa bouche,
qui s'étendoit d'une oreille à l'autre, au
milieu d'une face fort large, laiſſoit
voir de grandes & vilaines dents. Je ne
veux pas nuire à ton travail. Que gagnes-
tu par jour.

Je gagne un demi écu, (avec un air
de pétulance, & comme faché d'avoir
marqué de l'effroi).

Eh bien, voilà une journée de tes
gages, & tu n'as pas beſoin de me ſuivre
plus longtems. Allons, Jean, ou Mr.
Smith ; deſcendons enſemble, & vous
ne ferez plus difficulté de m'apprendre
où Miſs Harlove eſt allée, & quand vous
attendez ſon retour.

Je ſuis deſcendu à leur tête, ſuivi de
Jean, & de Joſeph, quoique j'euſſe
congedié celui-ci. La Dame ne m'a pas
quitté non plus ; par politeſſe, apparemment, pour un étranger. En repaſ-
ſant au premier, je ſuis entré dans une

des chambres que j'avois deja vûes. Je
pense, leur ai-je dit, à me loger dans
cette maison, car je n'ai rencontré de
ma vie des personnes plus obligeantes.
Qu'avez-vous à louer ici ?

Rien, Monsieur.

J'en serois fort affligé. Qui occupe donc
cette chambre ?

Moi, Monsieur, a repondu le mari
d'un ton assez rustre.

Toi-même, ami Jean ? Hé-bien, je
suis resolu de te l'ôter. Cette piéce, avec
une autre, & le moindre grenier pour
mon laquais, c'est tout ce que je desire.
Je t'en donnerai le prix ordinaire, & j'y
joindrai une demie guinée par jour.

Pour dix guinées par jour, je ne voudrois pas, Monsieur.....

Arrête, Jean, ou Mr. Smith. Pense
deux fois, avant que de parler. Je t'apprens qu'un refus est un affront pour
moi.

Monsieur, vous plaît-il de descendre ?
a repris la Dame, en nous interrompant.
Réellement, Monsieur, vous prenez....

De grandes libertés, m'allez-vous dire,
Madame Smith.

Mais, Monsieur, j'aurois dit quelque chose d'approchant.

Je suis donc fort aise de vous avoir prévenue ; car ces termes conviendroient moins dans votre bouche que dans la mienne. Au fond, je crois devoir prendre un logement ici, jusqu'au retour de Miss Harlove. Cependant, comme on peut avoir besoin de vous dans votre boutique, descendons, & nous y traiterons cette affaire à notre aise.

J'ai repris un chemin qui m'étoit deja familier. Lorsque je suis arrivé dans la boutique, n'appercevant ni banc ni chaise, je me suis saisi de la place du comptoir, & j'ai pris séance sur une sorte de canapé, entre deux ais chargés de sculpture, qui se terminent en arc. C'est une espéce de trône, que ces fiers Marchands se donnent, à l'imitation des Monarques ; tandis qu'un simple tabouret de bois, placé vis-à-vis d'eux, sert de siege à ceux par lesquels ils gagnent leur pain. Telle est la dignité du commerce, dans une nation qui en est idolâtre.

(Moitié bonne, moitié mauvaise plaisanterie, M. Lovelace continue de raconter ses extravagances dans la boutique, & donne cette folle conduite pour un effet de sa joie, si proche du lieu qui étoit habité par Miss Harlove, & si rempli de l'espérance de la revoir. Il commence par acheter une partie

des gants & des savonettes de Smith, ce qui l'établit dans les bonnes graces du mari & de la femme. Ensuite il s'avise de faire le Marchand à son tour, & de vendre, à ceux qui se présentent, tout ce qu'ils viennent lui demander. Cette fantaisie donne lieu à divers incidens, dont il fait une peinture fort bizarre. Il est forcé, à la fin, d'abandonner la boutique, par la foule du peuple, que cette nouveauté attire autour de lui. Mais il prend un ton plus serieux, en quittant Madame Smith. Apres lui avoir dit qu'il la croit informée de son histoire, & s'être plaint fort amérement de ce qu'il nomme la cruauté de Miss Harlove, il la prie de l'assurer qu'il est resolu de partir dès le lendemain ; qu'il enverra un de ses gens, pour savoir de sa bouche, s'il peut obtenir une demie heure d'entretien avec elle ; & qu'en sortant de sa chambre, il prendra le chemin de Douvres, pour passer en France, s'il n'est point arrêté par des ordres dont il fait dépendre uniquement son sort).

Je sais que tu trouveras de l'impudence dans ce recit ; mais je te l'ai fait exprès, pour te donner occasion de t'emporter contre moi, & de m'appeller endurci, ou de tout autre nom que tu voudras. Considére néanmoins ; premiérement, que je fortois d'une maladie dangereufe, & que j'étois fort aife de me trouver en vie ; enfuite, que je me voiois trompé par l'abfence imprévûe de ma Char-mante , & fi picqué du mauvais accueil de Jean, que je n'avois pas d'autre moien pour éviter d'être de fort mauvaife hu-meur contre tout ce qui s'offroit à moi. Mais fonge, fur tout, que j'étois à la porte du Temple, c'eft-à-dire, dans un lieu tout rempli des influences de ma Divi-nité : & puis, quelle joie d'être convain-cu, par fon abfence, qu'il étoit impof-fible qu'elle fût auffi mal que tu me l'a-vois repréfentée ? Ajoûte encore, que je connois au beau fexe, du goût pour la gaieté & la plaifanterie. La chere per-fonne a toujours pris plaifir elle-même à mon enjouement naturel, & fe faifoit un amufement de mes folles imagina-tions. Si Jean & fa femme lui avoient ap-pris, à fon retour, que j'euffe fait le rolle d'un fot dans leur boutique, fon mépris pour moi n'auroit fait qu'augmenter.

Enfin, j'étois perfuadé que les gens de cette maifon avoient une terrible idée de moi ; qu'ils me regardoient fans doute, comme un fauvage, comme un furieux qui ne refpiroit que le fang & qui ne con-noiffoit pas la pitié ; comme un *mangeur de femmes*, auquel ils s'attendoient peut-être à voir les griffes d'un Lion, & les mouftaches d'un Tigre. En bonne politique, je devois leur faire conoître la douceur & l'innocente gaieté de mon caractère, pour me faire deux amis de Jean & de Jofeph, en les familiarifant tout d'un coup avec moi. A préfent qu'ils font faits à mon humeur, & que Madame Smith a vû, de fes propres yeux, que j'ai le vifage, les mains & le regard d'un homme, que je marche droit, que je parle, que je ris & que je badine comme un autre, je fuis fur qu'à ma premiére vifite, je leur trouverai de l'ouverture & de la complaifance, & qu'ils me verront avec auffi peu d'embarras que fi nous nous connoiffions depuis longtems.

Lorfque je fuis retourné chez la Sinclair, j'ai recommencé à la maudire, elle & toutes fes Nimphes. Je me fuis furieufement emporté, au fouvenir de l'horrible arrêt. J'ai reproché au vieux ferpent de m'avoir perdu de réputation, & d'être caufe que je ne fuis point marié, c'eft-à-dire heureux, par l'amour de la plus excellente perfonne de fon fexe. Elle s'eft efforcée de m'appaifer ; & dans cette vûe, l'infame n'a pas eu honte de me propofer ce qu'elle appelle un nouveau vifage.

Laiſſe-moi , laiſſe-moi , me ſuis-je écrié;
jamais je ne verrai avec plaiſir d'autre
viſage que celui de Miſs Harlove.

Toutes les Nimphes n'ont pas laiſſé de
me tourmenter beaucoup par leurs queſtions. Elles m'ont dit que tu les a vûes
très-rarement ; que ſi tu as paru chez
elles , c'étoit pour y prendre un air inſu-
portable de gravité ; qu'à peine y es-tu
demeuré quatre minutes ; que tu ne ſais
plus louer que Miſs Harlove , & déplorer
ſa ſituation : en un mot , que tu les me-
priſes : qu'il ne ſort de ta bouche que
des ſentences ; & qu'elles ne doutent
point , que tu ne ſois bientôt un homme
perdu , c'eſt-à dire marié. Une jolie
peinture , comme tu vois.

Je ne t'ai pas dit qu'en ſortant de chez
Smith , j'ai donné ordre à Will d'aller
changer d'habit , & de revenir bien de-
guiſé aux environs de la boutique , pour
obſerver le retour & tous les mouvemens
de ma Charmante. Les miens ſeront
reglés par ſes informations ; car je veux
voir & je verrai abſolument cette chere
perſonne. Cependant , j'ai promis à
Milord d'être chez lui , dans trois jours
au plus tard. Sa tendreſſe eſt fort aug-
mentée pour moi , depuis ma maladie.
Je compte que l'eſperance de mon dé-

part, telle que je l'ai laiffée à Smith, ramenera bientôt cette Belle à Londres, s'il eft vrai qu'elle en foit fortie ; & comme ton laquais ne fait qu'aller & venir, peut-être recevras-tu demain une autre de mes lettres, avec les circonftances de l'entre-vûe qui fait l'objet de tous les tranfports de mon ame.

***

LETTRE CCCXVII.

M. LOVELACE, à M. BELFORD.

Mardi, 22. d'Août, à fept heures du matin.

IL faut que je t'écrive à mon reveil. J'ai paffé une très-facheufe nuit, & je ne connois plus le repos. Après un fommeil mille fois interrompu, je viens de me reveiller, dans l'effroi d'un maudit fonge. Comment les fonges laiffent-ils de fi fortes impreffions !

Il m'a femblé que je jouiffois d'une entre-vûe avec l'idole de mon cœur. Je n'ai trouvé, dans elle, que bonté, condefcendance, & difpofition à pardonner. Elle s'eft laiffée vaincre, en ma faveur, par les intercessions reünies de Milord M...., de Milady Lawrance, de Milady Sadleir, & de mes deux cousines Montaigu, que je voiois près d'elle en longs habits de deuil. Milord avoit lui-même un grand manteau noir, qui trainoit fort loin derrière lui. Ils m'ont dit qu'ils avoient pris cet habillement, pour exprimer le chagrin qu'ils avoient de mes excès, & pour toucher ma Clarisse par ce témoignage de tristesse.

J'étois à genoux, mon épée à la main; offrant de la remettre dans son fourreau, ou de l'enfoncer dans mon cœur, suivant l'ordre que j'attendois de sa bouche.

Au même moment, j'ai crû voir son cousin Morden, qui s'élançoit dans la chambre par la fenêtre, l'épée nue, en criant; meurs, Lovelace, meurs à l'instant, & vas subir un chatiment éternel, si tu balances à reparer, par le mariage, les torts que tu as faits à Miss Harlove.

Je me levois, pour repondre à cette insulte, lorsque Milord s'est jetté entre Morden & moi, avec son grand manteau noir, dont il m'a couvert entiérement. Aussitôt Miss Harlove m'a pris dans ses bras, enveloppé comme j'étois du manteau; & de cette voix mélodieuse, qui a

fait tant de fois le charme de mes oreilles, elle s'est écriée : ah ! grace, grace,
pour un homme si cher ! Et vous, Lovelace, grace aussi pour un si cher cousin!
Verrai-je augmenter mes malheurs, par
le meurtre de l'un ou de l'autre ?

Dans le ravissement d'une si douce me-
diation, je me suis cru pret à serrer ma
Charmante de mes deux bras ; lorsque
tout d'un coup le plat-fond de la chambre
s'est ouvert & m'a fait voir la figure la
plus angelique dont on ait jamais eu l'i-
dée, qui me sembloit descendre d'une
voute d'or & d'azur, au milieu d'un cer-
cle d'autres Anges, tout brillans de leur
parure & de leur propre éclat. J'ai entendu, distinctement entendu, plusieurs
voix, qui repetoient d'un ton joieux &
triomphant, venez à nous ; venez, venez
à nous : & ce Chœur d'Esprits Célestes
aiant entouré ma Charmante, je l'ai vûe
monter avec eux vers la region qu'ils ha-
bitent. Le plat-fond, qui s'est fermé
aussitôt, m'a dérobbé la suite du spectacle. Je me suis trouvé, entre les mains,
une robbe de femme, d'un fond bleu,
toute parsemée d'étoiles d'or, que j'ai
reconnue pour celle de Miss Harlove,
& par laquelle je m'étois efforcé de la retenir : mais c'est tout ce qui m'est resté

de cette adorable fille. Enfuite, ce que je ne me rappelle pas fans horreur, le plancher fondant fous moi, comme le plat-fond s'étoit ouvert pour elle, je fuis tombé dans un trou, plus effroiable que je ne puis le repréfenter; & je me fuis fenti fi rapidement porté par mon poids, fans appercevoir aucun fond, que je me fuis réveillé dans les agitations de ma crainte. J'étois inondé d'une fueur froide; & pendant plus d'un quart d'heure, toutes ces images ne m'ont pas été moins préfentes que des réalités.

Me pardonneras-tu, de t'entretenir d'une miférable vifion ? Tu en concluras du moins, que la nuit comme le jour, ma Clariffe m'eft toujours préfente.

Mais j'entens Will, qui m'apporte quelque nouvelle.

Il m'apprend que Mifs Harlove revint chez elle, hier au foir, entre onze heures & minuit; & qu'aiant continué de faire la garde jufqu'à ce moment, il eft fur qu'elle y eft encore.... Je m'habille, je pars fur le champ. Helas! Will a fû qu'elle eft arrivée dans un trifte état. Mais, pour ne pas augmenter fon indifpofition, j'aurai toute la douceur, toute la tendreffe d'une colombe. » Si je l'aime ! ah ! vous » en êtes témoins, vous habitans du Ciel.

>> Vous favez fi elle m'eft chere ! ah ! plus
>> chere que n'eft la clarté du jour, à celui
>> qui eft menacé de perdre la vûe ; plus
>> chere que n'eft la vie, à celui qui re-
>> doute la mort (*).

LETTRE CCCXVIII.

Monfieur LOVELACE, au même.

Mardi, avant midi.

MAudite étoile ! J'ai perdu encore
une fois mes peines. Il étoit environ huit heures, lorfque je fuis arrivé
chez Smith. La femme étoit deja dans
fon comptoir.

Bon jour, vieille connoiffance ; lui ai-
je dit en l'abordant. Je fais que mon
Amour eft dans fa chambre. Qu'on l'a-
vertiffe que je fuis ici, que j'attens la permiffion de monter, & que je ne me paie-
rai pas d'un refus. Dites - lui que je n'ap-
procherai d'elle qu'avec le plus profond
refpect, & devant les témoins qu'il lui
plaira de choifir ; en un mot, que je ne
me conduirai que par fes loix.

(*) Quatre vers d'un Poëte Anglois.

En verité, Monſieur, vous vous abuſez. Madame n'eſt point au logis, ni proche même du logis.

C'eſt ce qu'il faut voir, ai-je repliqué. Will, (en lui parlant à l'oreille) tache de ſavoir ſi elle n'eſt pas dans le voiſinage; mais ſans perdre de vûe cette maiſon, de peur qu'elle ne ſorte pendant mes recherches. Will a ſuivi mes ordres. Je ſuis monté ſans autre compliment; en homme connu, & ſuivi ſeulement de la femme. J'ai viſité chaque chambre, à l'exception de celle qui étoit hier fermée, & que j'ai retrouvée dans le même état. J'ai appellé Miſs Harlove, du ton le plus tendre : mais un profond ſilence m'a convaincu qu'elle n'étoit pas chez elle. Cependant le fond que je faiſois ſur mes intelligences ne me permettoit pas de douter qu'elle ne fût dans la maiſon.

Je ſuis monté au ſecond étage. J'ai fait le tour de la premiére chambre. Point de Miſs Harlove.

Et qui loge ici ? ai-je demandé, en m'arrêtant à la porte voiſine.

C'eſt Madame Lovick, Monſieur; une Dame veuve.

Quoi ? La chere Madame Lovick ! me ſuis-je écrié. Je connois ſon excellent caractère, par le témoignage de mon cher ami M. Belford. Il faut absolument que je la voie. Ah ! Madame Lovick, faites moi la grace d'ouvrir.

Sa porte s'est ouverte. Votre serviteur, Madame. Aiez la bonté d'excuser. Vous savez mon histoire. Vous n'avez pû refuser votre admiration au modele de toutes les femmes. Chere Madame Lovick, ne m'apprendrez-vous pas ce qu'elle est devenue ?

Helas ! Monsieur, elle partit hier, dans la seule vûe de vous éviter.

Comment-a-t'elle pû savoir que je devois être à Londres ?

Elle a craint votre arrivée, lorsqu'elle a su que vous commenciez à vous porter mieux. Ah ! Monsieur, quelle pitié qu'un homme tel que vous paroissez, soit capable d'en user si mal, avec l'innocence & la bonté mêmes ?

Vous êtes une excellente femme, Madame Lovick. Mon ami M. Belford ne m'a pas trompé : & Miss Harlove est un Ange.

Oui, Monsieur ; Miss Harlove a toutes les perfections des Anges ; & vraisemblablement, elle sera bientôt du nombre.

La plaisanterie, Belford, n'auroit

point été de saison , avec une femme
de ce caractère. Je l'ai suppliée de me
dire où je pouvois espérer de voir cette
chere personne. J'ai pris le Ciel à te-
moin , que je ne voulois ni l'offenser , ni
lui causer le moindre effroi ; que je ne
lui demandois qu'un demi quart d'heure
d'entretien ; & qu'après l'avoir obtenu,
je ne la troublerois de ma vie , si sa volonté m'en faisoit une loi.

Monsieur , m'a dit la vëuve , votre
visite lui causeroit la mort. Je ne vous
deguiserai point la verité : elle revint
hier au soir , quoique dans un état qui
ne lui auroit pas dû permettre de quitter
son lit. Elle revint , pour mourir ici,
nous dit-elle ; & persuadée que s'il lui
étoit impossible d'éviter votre vûe , elle
mourroit en votre présence.

Cependant , être sortie si matin !
Quelle apparence, ma chere veuve ?

Je puis vous assurer , Monsieur, que
dans la crainte de votre retour , elle n'a
pas pris deux heures de repos. Ses allarmes lui ont donné de la force ; elle en
souffrira , lorsquelles seront passées. Mais
ne se trouvant point capable de recevoir votre visite, elle a pris des Porteurs,
ce matin , & nous ignorons où elle s'est
retirée. Je crois que son dessein étoit de

se

ſe faire conduire au bord de la riviére,
pour y prendre un bateau; car elle ne
peut ſoutenir le mouvement du caroſſe :
elle s'en trouva hier fort mal.

Avant que d'aller plus loin, ai je repris, s'il eſt vrai qu'elle ſoit ſortie ſi matin, vous ne ſauriez trouver mauvais
que je viſite tous les appartemens de
cette maiſon, parce qu'on m'a garanti
qu'elle y eſt actuellement.

Soiez ſur, Monſieur, qu'elle n'y eſt
pas. Vous êtes libre de vous ſatisfaire :
mais nous l'avons conduite à ſa chaiſe,
Madame Smith & moi. Sa foibleſſe nous
obligeoit de la ſoutenir. Elle nous a dit;
où puis-je aller, Madame Lovick ? Où
dois-je me réfugier, Madame Smith ?
Cruel, cruel perſecuteur ! Dites lui, s'il
revient, que je lui ai donné ce nom.
Que le Ciel lui accorde la paix qu'il me
refuſe !

Cher amour ! me ſuis-je écrié. J'ai
baiſſé les yeux,& j'ai tiré mon mouchoir.

La veuve a pleuré. Je ſouhaiterois, a-
t'elle dit,en ſoupirant,de ne l'avoir jamais
connue. Je l'aime comme ma propre
fille.

Madame Smith a pleuré.

J'ai perdu alors toute eſpérance de la
voir aujourd'hui. J'étois également cha-

grin d'avoir manqué l'occafion, & d'apprendre qu'elle fe portât fi mal. Plût au Ciel, ai je dit, qu'elle me donnât le pouvoir de reparer mes injuftices! Je ne fuis qu'un malheureux ingrat. Vous favez Madame Lovick, combien je l'ai outragée, & tout ce qu'elle fouffre de fes cruels parens. C'eft le fecond de ces deux maux, qui la pénétre jufqu'au fond du cœur. Sa famille eft la plus implacable qu'il y ait au monde : & cette chere perfonne, en refufant de me voir & de fe reconcilier avec moi, fait un peu trop connoître qu'elle eft du même fang.

O Monfieur! a repondu la veuve, rien ne convient moins que ce reproche à l'infortunée Mifs Harlove. Jamais je n'ai vû tant de douceur dans une femme, une piété fi édifiante, un naturel fi difpofé à l'oubli des offenfes. Elle s'accufe fans ceffe. Elle excufe fes parens. Pour vous, Monfieur, elle vous pardonne; elle vous fouhaite toutes fortes de biens, & plus de bonheur qu'elle n'en efpére. Pourquoi, Monfieur, ne voulez-vous pas la laiffer mourir en paix? C'eft tout ce qu'elle defire. Vous ne paroiffez pas un homme infenfible. Comment pouvez-vous perfecuter une jeune perfonne, fur laquelle vous n'avez pas d'autres droits que ceux de la violence, & qui est sans protection pour s'en defendre ?

Madame Lovick s'est remise à pleurer. Madame Smith a pleuré aussi. Ma chaise m'est devenue incommode, & j'ai changé de place plusieurs fois. Cependant j'ai pris occasion d'un autre incident, pour secouer un peu cette pesanteur. Voici, m'a dit la veuve, quelques passages que Miss Harlove a transcrits, cette nuit, de son livre de prières, pour s'en faire un sujet de meditation. Elle m'a permis d'en tirer une copie ; & je prendrois la liberté de vous les lire, si j'en pouvois espérer quelque effet.

Ah ! lisez, Madame Lovick.

Le titre, premiérement, sentoit l'esprit des Harloves. *Sur les persecutions de l'Ennemi de mon ame.* C'étoient differens versets des Pseaumes, où le Roi David demande au Ciel de le delivrer du mechant homme, de l'homme violent, qui ne medite que du mal dans son cœur, qui tend des piéges à l'innocence ; & d'autres, où il se plaint d'être seul, comme le Pelican du désert, comme un pauvre passereau, sur le toît de la maison; de manger des cendres au lieu de pain ; de mêler ses larmes dans ce qu'il boit, &c.

E ij

En verité , Madame , Lovick , ai-je repris après cette lecture , il me semble que je suis traité avec un peu de rigueur, si c'est à moi que Miss Harlove en veut dans tous ces passages. Comment peut-elle me nommer l'ennemi de son ame , lorsque j'adore également son ame & son corps ? Elle me traite d'homme violent , de méchant homme : j'avoue que j'ai merité ces deux noms ; mais j'apporte à ses pieds mon repentir , & je ne lui demande que le pouvoir de reparer mes offenses.

Par les piéges , elle entend sans doute le mariage. Mais est-ce donc un crime de vouloir l'épouser ? Quelle autre femme en auroit cette idée , & se plairoit plus à vivre dans un désert , comme le Pelican , ou sur un toît , comme le Passereau , qu'à se voir acccompagnée de quelque oiseau vif & gai , dont le ramage se feroit entendre jour & nuit autour d'elle ?

Elle dit qu'elle a mangé des cendres au lieu de pain. Facheuse méprise , assurément : & qu'elle a mêlé ses larmes avec ce qu'elle a bû. C'est avoir le vin fort tendre ; dirois-je de toute autre que Miss Harlove , qui feroit le même ayeu.

Mais ici , Madame Lovick , comme

ce Paſſereau ſur le toît de la maiſon n'eſt pas obſervé ſans quelque vûe , permettez que je vous demande ſi la chere perſonne ne ſeroit pas actuellement cachée , dans quelque lucarne du grenier de Madame Smith ? Dites-le moi naturellement. Qu'en eſt-il , Madame Lovick ? Qu'en eſt-il , Madame Smith ?

Elles ont recommencé toutes deux à m'aſſurer qu'elle étoit ſortie , & qu'elles ignoroient où elle étoit allée.

Tu vois , cher ami , que je me ſuis efforcé de reſiſter au chagrin que je reſſentois , des propos de ces deux femmes, & de cette collection de paſſages qu'on avoit rangés en bataille contre moi. J'ai ajoûté, dans la même vûe, quantité d'autres refléxions bizarres ; & c'eſt le ſeul fruit que j'en ai tiré. Mais la veuve n'a pas lâché priſe. Elle m'a donné, je t'aſſure , de l'embarras de reſte , par le tour ſerieux & touchant de ſes reproches. Madame Smith l'a ſecondée par quelques mots ; & les deux plats viſages , Jean & Joſeph , n'étant pas là pour m'offrir un ſujet de diverſion , il ne m'a pas été poſſible de faire tourner cette converſation en badinage. A la fin, elles ont reuni toutes deux leurs efforts , pour me faire renoncer au deſſein de voir Miſs Har-

E iij

love. Mais je n'ai pas été traitable sur ce point. Au contraire , j'ai pressé Madame Smith de me louer une de ses chambres , jusqu'à ce que cette satisfaction me fût accordée ; & ne fût - ce que pour trois jours , pour deux , pour un seul , j'ai offert de paier l'année de loyer , & de rendre l'appartement après l'entre-vûe. Mais elle s'en est excusée ; & toutes deux m'ont assuré que jusqu'à mon départ, Miss Harlove ne rentreroit point dans le sien , dût elle s'absenter l'espace d'un mois.

Ce langage m'a plû , parce qu'il m'a fait juger qu'elle n'étoit pas si mal qu'on avoit voulu me le persuader ; mais je me suis bien gardé de leur communiquer une reflexion qui les auroit armées contre mes nouvelles entreprises. En un mot, je leur ai déclaré que je voulois la voir, que je la verrois, mais avec tout le respect, avec toute la vénération dont un cœur étoit capable ; que depuis le lever jusqu'au coucher du Soleil, je ferois la visite de toutes les Eglises de Londres & de Westminster; & que jusqu'à l'heureux moment pour lequel je soupirois, elles me verroient autour de leur maison, comme un *Revenant* , qui ne leur laisseroit pas de repos.

C'est avec cet adieu que je les ai quittées. Je suis rentré dans ma chaise , & je me suis fait porter à Lincoln's Inn , où j'ai attendu longtems que la Chapelle fût ouverte. J'y suis entré. J'ai assisté à toutes les prières, dans l'espérance de voir entrer ma chere Clarisse ; mais espérance inutile. Avec quelle ardeur ai - je prié mon bon Ange, ou le sien , de me l'amener ! Réellement, je brûle plus que jamais de la revoir : & si je l'avois apperçue dans l'Eglise , je ne doute pas qu'au milieu de l'Office , à la vûe d'un millier de spectateurs , je ne me fusse jetté aux pieds de cette admirable fille , en poussant des cris pour implorer sa bonté; acte de Christianisme , Belford, & digne par conséquent du lieu.

Après l'Office , je suis retourné chez Smith , dans l'espoir de la surprendre. Mais il n'y a plus de bonheur pour ton ami. J'ai passé , dans l'arrière-boutique , deux heures entiéres à ma montre , & j'ai soutenu de nouvelles prédications des deux femmes. Jean m'a paru plus civil , & sensible apparemment au ton serieux dont j'ai déclaré mes honorables vûes. Mais on n'a pas cessé de me représenter qu'elle ne reviendroit pas de sa maladie. C'est toi , je m'imagine , qui leur inspire toutes ces idées.

E iv

Pendant que j'étois dans cette maison, un Exprés a remis une lettre avec beaucoup de recommandation. Les femmes ont apporté tous leurs soins à me la cacher; d'où j'ai conclu qu'elle étoit pour Miss Harlove. Cependant j'ai demandé la permission de jetter les yeux sur le cachet & sur l'adresse, en promettant de la rendre sans l'ouvrir. J'ai reconnu la main & les armes. Elle étoit de sa sœur; & j'esperois, ai-je dit aux deux femmes, qu'elle contiendroit d'heureuses nouvelles.

Je les ai quittées : mais je les reverrai bientôt; car je me flatte que mes civilités, & le témoignage qu'elles m'auront rendu, me feront obtenir la grace que j'ambitionne uniquement.

J'allois laisser ma lettre ouverte, pour t'informer du succès de ma première visite : mais ton Laquais, qui vient m'offrir ses services, me détermine à la faire partir. Je t'en promets incessamment une autre ; à condition néanmoins que tu me donneras des nouvelles du pauvre Belton, pour lequel je fais tous les vœux de l'amitié.

LETTRE CCCXIX.

M. BELFORD, à M. LOVELACE.

Mardi, 22 d'Août.

JE suis, depuis trois jours, dans une agitation si continuelle, à la vûe d'un homme mourant & des scénes choquantes de l'agonie, que ne me trouvant pas capable d'écrire reguliérement, je me suis reduit à jetter, sans ordre, les évenemens sur le papier, dans la vûe de les rassembler avec plus de methode lorsque je serois mieux disposé à me servir de ma plume.

Cette disposition me revient. L'indignation la rallume, à la lecture de tes dernières lettres, qui me donnent sujet de te faire un reproche fort serieux. Tu as violé ta parole ; & si les effets de cette infidelité sont tels que je les appréhende, il est certain que j'aurai là-dessus d'autres explications avec toi.

Si tu veux qu'on te croie sincére dans le desir de toucher Miss Harlove en ta faveur, ta ridicule conduite chez ses

E v

Hôtes, eſt un admirable moien de la ra-
mener à toi, lorſqu'elle lui ſera repré-
ſentée! Qu'en penſes-tu toi-même? Elle
la confirmera, ſans doute, dans l'opinion que le tombeau eſt préferable, pour
elle, à un mari, qui n'eſt pas plus capable de réflexions que de remords; ſurtout après une maladie auſſi ſerieuſe que
la tienne.

Mon inquiétude eſt extrême pour ſa
ſituation. Elle étoit, Samedi dernier,
dans un abbattement ſi exceſſif, que je
ne pus prendre ſes ordres avant mon départ. Etre chaſſée de ſon logement,
loſqu'elle eſt à peine en état de quitter
ſon lit, c'eſt un traitement ſi cruel qu'il
ne peut venir que du même cœur qui s'eſt
rendu coupable de tant d'autres barba-
ries. Ne conviendras-tu pas, avec un
peu de reflexion, qu'il y a plus que de
la cruauté à t'être fait un amuſement,
ſans aucune vûe qui puiſſe repondre à
tes propres eſpérances, de chaſſer de
place en place une malheureuſe fille, qui
portant deja, comme une biche innocente, la fleche mortelle dans ſon ſein, ne
cherche qu'un azile contre toi dans les
ombres de la mort?

Mais je t'abandonne à ta conſcience, &
je veux te faire la peinture d'une ſcéne

qui aura peut-être plus de force pour te
rappeller à toi-même , parce que tu dois
en être un jour le principal acteur , &
que c'est aujourd'hui le tour d'un de tes
meilleurs amis, que j'ai vû pendant
quatre jours dans un état dont l'horreur
m'est toujous prréfente; fans compter que
fortant du même danger , il est impoffible qu'il n'ait pas excité quelques momens ton attention : car , au fond , malgré les emportemens de ta folle gaieté ,
malgré toutes tes extravagances , il faut,
Lovelace , que cette infaillible verité
demeure gravée dans ta memoire ; que
la vie , à laquelle nous fommes fi fortement attachés , merite à peine le nom de
vie ; que c'est une fimple courfe , où la
refpiration manque bientôt ; & qu'à la
fin de la plus longue , & , fi tu veux , de
la plus heureufe, ton fort fera de mourir
comme Belton.

Tu as fu , par Tourville , l'arrange-
ment que nous avons mis dans les affaires temporelles du pauvre Malheureux.
Nous étions fort éloignés de croire fa
fin fi proche. Cependant lorfque j'arrivai à fa maifon , Samedi au foir , je le
trouvai exceffivement mal. Il venoit de
quitter fon lit , pour fe mettre dans un
fauteuil ; foutenu d'un côté par fa garde,

& de l'autre par Mowbray, le plus dur & le moins compatiſſant perſonnage qui ſoit jamais entré dans la chambre d'un malade ; tandis que les domeſtiques s'efforçoient de rendre ſes matelats plus commodes. La mauvaiſe humeur ſe joignoit à la maladie, ſans autre cauſe que ſon lit de plume, qu'il trouvoit trop dur.

Il avoit deſiré de me voir, avec tant d'impatience, que tout le monde ſe réjouiſſant de mon arrivée, j'entendis Mowbray qui lui diſoit en m'entendant monter ; conſole toi, Belton, tu verras enfin notre honête ami Belford.

Où eſt-il ? Où eſt-il ? s'écria le pauvre homme. Dans le tranſport de ſa joie, il auroit voulu ſe lever pour me recevoir; mais ſa foibleſſe le retint ſur ſa chaiſe. Après s'être un peu remis, il me nomma ſon meilleur ami, ſon ami de cœur; mais ſe mettant à verſer un ruiſſeau de larmes, ô Belford ! me dit-il, cher Belford ! vous voiez l'état où je ſuis. Quel changement ! Reduit ſi bas & dans un eſpace ſi court ! Me reconnoiſſez-vous ? Reconnoiſſez-vous votre pauvre Belton ?

Je ne vous trouve pas ſi changé, mon cher Belton. Mais je m'apperçois que

vous êtes foible, très-foible, & j'en
suis fort affligé.

Foible ! Helas ! oui, mon très-cher
Belford : plus foible encore, s'il est
possible, d'esprit que de corps, (il s'est
remis à pleurer); sans quoi, m'atten-
drirois-je à ce point sur ma propre situation ? Moi qui n'ai jamais connu la foiblesse & la crainte ! J'ai honte de moi-
même. Mais ne me regarde pas avec
mepris, cher Belford ; je t'en supplie,
ne me méprise point.

Je l'assurai que j'avois toujours fait cas
d'un homme que les peines d'autrui at-
tendrissoient jusqu'aux larmes ;& qu'avec
cette disposition de cœur, je pensois aussi
qu'on ne pouvoit être insensible à ses
propres maux. En lui tenant ce discours,
je ne pouvois m'empêcher moi-même de
marquer visiblement mon émotion.

C'est à présent, Belford, interrompit le brutal Mowbray, que je te trouve
tout-à-fait insuportable. Notre pauvre
ami est deja d'un point trop bas, & tu
ne fais que le ravaller de plus en plus.
Cette manière de flatter sa foiblesse, &
de joindre tes larmes de femme aux siennes, ne convient point à l'occasion. Lovelace te diroit la même chose, s'il
étoit ici.

Tu es une impénétrable créature, lui répondis-je du même ton; & très-peu propre à figurer dans une scéne dont tu ne seras capable de sentir les terreurs que lorsque tu les éprouveras pour toi-même. Alors, si tu as le tems de les sentir, j'engage ma vie contre la tienne, que tu marqueras autant de foiblesse que ceux à qui tu as la dureté d'en reprocher.

Le sauvage animal repliqua, qu'il avoit autant d'amitié que moi pour Belton, & qu'il n'en croioit pas moins que flatter la foiblesse d'un ami, c'étoit l'augmenter. J'ai vû plus d'un malfaiteur, ajoûta-t'il pour soutenir sa misérable these, aller au gibet avec plus de fermeté que vous n'en marquez tous deux. J'aurois laissé ce grossier raisonnement sans réponse: mais le pauvre Belton répondit pour lui-même, que ceux dont Mowbray citoit l'exemple n'étoient pas affoiblis par d'aussi longues infirmités que les siennes. Et se tournant vers moi; compte, cher Belford, que les marques de ta pitié sont un baume que tu verses dans mes plaies. Laissons à Mowbray l'honneur de voir d'un œil indifferent les souffrances d'un ami, & de trouver un sujet de raillerie dans la tendresse de nos sentimens.

L'endurci Mowbray prit le parti de se retirer ; de l'air d'un Lovelace ; plus stupide seulement ; bâaillant , étendant les bras , au lieu de fredonner comme tu as fait chez Smith. J'assistai le malade à se remettre dans son lit. Il étoit réellement si foible , que n'aiant pû supporter cette fatigue , il s'évanouit entre mes bras ; & je le croiois tout-à-fait parti. Mais étant revenu à lui - même , & le Medecin lui ordonnant le repos , j'allai joindre au jardin le brave Mowbray , qui prit plus de plaisir à parler des folies de Lovelace , que de la mort & du repentir de Belton.

Je revis le malade, au soir , avant que de me retirer ; ce que je fis de fort bonne heure, pour éviter la compagnie de Mowbray ; car sa froide insensibilité me le rendoit insuportable. Il est si horrible , qu'après avoir vecû avec un homme dans une étroite liaison , après avoir fait profession de l'aimer jusqu'à ne pouvoir souffrir d'autre compagnie , jusqu'à faire de longs voiages pour en jouir , & jusqu'à tirer l'épée pour soutenir sa querelle, sans en examiner la justice ; on puisse le voir reduit au plus triste état d'esprit & de corps, avec moins de penchant à plaindre sa misére , qu'à la tourner en raillerie ,

parce qu’on le croit plus senfible à fes peï-
nes qu’un criminel qu’on mene à l’exécution , & qui doit peut-être fon infenfibilité à l’ivrognerie ; cette façon de
penfer me paroît, dis-je , fi revoltante
pour la nature & la raifon, que j’eus befoin de toute ma patience pour ne pas
traiter Mowbray beaucoup plus mal. Je
me rappellai , à cette occafion , ce que
Mifs Harlove me difoit un jour, en
parlant d’amitié , & des devoirs que la
mienne m’impofe pour vous : comptez ,
M. Belford, me dit cette divine fille ,
que tôt ou tard vous ferez convaincu que
ce que vous appellez amitié n’en eft
qu’une vaine ombre , & que rien n’eft
digne de ce nom , s’il n’a la vertu pour
fondement.

Dimanche matin , je fus appellé , à
la prière de Belton , & je le trouvai dans
une affreufe agonie. O Belford , Belford,
me dit-il d’un air égaré , comme s’il eût
crû voir un fpectre , approchez de moi;
& tendant les deux bras , cher , cher
Belford, approchez-donc. Ah ! fauvez-
moi. Enfuite , faififfant mon bras de
fes deux mains , & levant la tête vers
moi , avec une étrange agitation dans
les yeux , fauvez-moi , cher Belford,
fauvez-moi ! repeta-t’il.

Je passai mon autre bras autour de lui. Vous sauver, mon cher Belton ? Vous sauver ? Eh de quoi ? Il n'y a rien ici qui puisse vous nuire. Dequoi voulez-vous que je vous sauve ?

En revenant de sa terreur, il s'est laissé retomber sur son oreiller. Oh ! sauvez-moi de moi-même, reprit-il ; sauvez-moi de mes propres reflexions. Cher Belford ! Quelle affreuse nécessité que celle de mourir, sans avoir une seule pensée à se rappeller pour sa consolation ! Que ne donnerois-je pas pour une seule des années que j'ai perdues ! pour une seule année ! avec le même sentiment que j'ai aujourd'hui des choses du monde !

J'essaiai de le consoler : mais, au lit de la mort, les libertins sont de mauvais consolateurs les uns pour les autres. Il m'interrompit : O mon cher Belford, me dit-il, on m'a raconté que l'excellente Miss Harlove vous avoit converti ; & j'ai vû tomber sur vous quantité de railleries à cette occasion. Puisse-t'on m'avoir fait un vrai recit ! Vous êtes un homme sensé. Puisse-t'on m'avoir fait un vrai recit ! C'est aujourd'hui votre tems. Vous êtes dans la pleine force de l'esprit & du corps. Mais helas ! votre pauvre Belton a gardé ses vices, jufqu'à ce qu'ils l'aient abandonné : & voiez-en les miférables effets dans la foibleffe & l'abbattement de fon ame. Quand Mowbray feroit préfent, je reconnoîtrois que c'eft la caufe de mon défefpoir.

J'emploiai tous les argumens que je pûs m'imaginer pour fa confolation ; & je crus en remarquer l'effet pendant le refte du jour. L'aprés-midi, fa fituation paroiffant affez tranquille, il me demanda de vos nouvelles, & quelle conduite vous teniez avec Mifs Harlove. Je lui appris votre maladie, & combien vous aviez paru peu touché. Mowbray parut fe réjouir de votre impénétrable dureté de cœur. Lovelace, nous dit-il, eft une lame de bonne trempe, & d'acier jufqu'au dos. Il te donna d'autres louanges, telles que tu peux les attendre d'un abandonné, & telles que tu defires fans doute de les meriter.

Mais fi le Ciel t'avoit fait entendre ce que le pauvre Mourant, devenu fage trop tard, m'a dit ce matin à cette occafion ; peut-être aurois-tu fait treve à tes extravagances pour une heure ou deux.

Il en auroit voulu dire davantage : mais accablé de fa maladie & de fa douleur, il a panché la tête fur fon fein, pour cacher à Mowbray, qui rentroit dans la chambre, des larmes qu'il ne pouvoit retenir. Facheuse situation, par ma foi ; facheuse, facheuse situation, a dit le consolant Mowbray, du ton que tu lui connois : & s'asseiant comme moi près du lit, il est demeuré en silence, les jambes étendues, les yeux fermés, la levre d'enbas repliée sur l'autre, sans qu'on pût distinguer si c'étoit assoupissement de crapule ou méditation. Je n'ai pas laissé de lui dire ; il me semble, Mowbray, qu'il ne manque rien à cette leçon. Nous nous verrons quelque jour dans le même cas ; & qui sait si ce tems est bien éloigné ? Il s'est mis à bâailler, en étendant les bras ; & revenant à lui, quelle heure est-il ? a-t'il demandé. Il a tiré sa montre. Il a bâaillé encore une fois. Ensuite, se levant sans me répondre, il a pris à grands pas lents le chemin de la porte ; & je l'ai entendu, qui disoit à quelque domestique qu'il a rencontré sur l'escalier ; apporte moi une rasade du meilleur vin : ton pauvre Maître & ce maudit Belford causeroient des vapeurs à l'homme le plus robuste.

J'ai continué d'assister le malade pendant tout le jour, & quel spectacle ne m'ont pas donné ses agitations? Il me conjure à chaque moment de ne le pas quitter:

mais helas que puis-je faire pour lui?
Si le glorieux exemple de Miſs Harlove
& les terreurs de ce malheureux ami
n'avoient pas la force de me toucher, je
me croirois auſſi abandonné que je crains
que tu ne le ſois, ſi tu ne tires aucun
fruit de ces deux exemples.

Mowbray, fatigué de ne voir que de la
triſteſſe autour de lui, ſe détermine à
t'aller joindre à Londres. Il a paru charmé d'apprendre que ta ſanté t'avoit permis de faire le voiage; apparemment
pour avoir un prétexe de nous quitter.

Il vient de prendre congé du pauvre
Belton; un congé, qui ſera probablement de longue durée, car je ne m'attens
pas que notre ami puiſſe vivre juſqu'à
demain au ſoir. Je crois que ce pauvre
homme n'auroit pas été faché de le voir
partir à mon arrivée : & dans le fond,
c'eſt un choquant perſonnage, qui jouit
d'une ſanté trop vigoureuſe, pour être
capable d'entrer dans les peines d'un malade. Il n'eſt pas aiſé à l'ame, pour em-

ploier une de tes expreſſions , d'aiguiſer
des organes de cette force & de cette
épaiſſeur. Sa conſtitution & celle de
l'ami dépravé qu'il va joindre , vous
promettent à tous deux une vie également
longue ; du moins ſi l'épée ou la
corde n'en abregent pas le cours.

Je dois te repêter , Lovelace , que je
ne puis être que fort allarmé pour le malheureux
objet de tes cruelles perſecutions ,
& que je ne penſe point que tu aies
rempli avec moi un engagement d'honneur.
J'avois prevû qu'auſſitôt que tu
ſerois retabli , tu entreprendrois de la
voir. Je l'en avois avertie , ſous prétexte
de la préparer à cette viſite ; & je n'avois
rien épargné pour l'engager à te recevoir.
Elle m'a repêté conſtamment que pour
le monde entier elle n'y conſentiroit pas,
ne lui demandât-on qu'un quart d'heure.
Si j'avois pû la flechir , je ſuis perſuadé
que tu ne te ſerois pas défendu de la plus
vive émotion , à la vûe de l'aimable ſquelette
(car , avec ſa figure & ſes traits,
elle ne ceſſera jamais d'être aimable)
que tu as fait, en ſi peu de tems , du plus
charmant ouvrage qui ſoit jamais ſorti
des mains de la nature ; & cela dans la
pleine fleur de ſa jeuneſſe, & de ſa beauté.
N'attache pas, à ton ſonge, auſſi peu de

poids que tu l'affectes. Je souhaiterois
qu'il te demeurât gravé au fond du cœur;
& j'y donnerois facilement une interprétation, qui te choqueroit peut-être. De-
mandes-la moi, si tu l'oses.

Une excellente action, à laquelle je
t'exhorte, ce seroit de venir voir pour la
dernière fois ton ami mourant ; de venir
partager mon inquiétude pour lui, &
considerer, dans son exemple, quel sera
tôt ou tard ton sort, le mien, celui de
Mowbray, de Tourville, & de tous nos
associés. Qu'est-ce que dix, quinze, vingt-
cinq ou trente ans peut-être, qui nous
restent à vivre, & pendant lesquels nous
sommes menacés à tous momens de rentrer dans la poussiere dont nous sommes
sortis !

LETTRE CCCXX.

M. LOVELACE, à M. BELFORD.

Mercredi, 23 d'Août.

TOut est vivant, cher Belford ! Tout
est ranimé par la joie & l'espérance.
Ton ami le flatte encore d'être heureux.

J'ai reçu une lettre de ma chere Mifs Harlove, qui eft, je fuppofe, l'effet des avis de fa fœur, dont je te parlois dans ma dernière. Dans le tranfport de ma joie, je pars fur le champ pour Berckshire. Je vais la faire lire à Milord, & recevoir les felicitations de toute ma famille.

Hier au foir, je me rendis chez Smith, comme je me l'étois propofé : mais la chere perfonne n'étoit pas revenue à dix heures. J'allai prendre Tourville, qui vint paffer une partie de la nuit avec moi, & que je fis chanter, pour charmer ma migraine. Je me mis au lit à deux heures. Mes fonges ont été legers, agréables, & fort differens de ceux dont je t'ai fait le recit. Ce matin à huit heures, lorfque je m'habillois, pour être prêt à l'arrivée de Will, que j'avois envoié aux informations, un Porteur de chaife m'a remis cette lettre :

A M. LOVELACE.

Mardi au soir.

M J'ai d'heureuses nouvelles à vous communiquer. Je me dispose à partir pour la maison de mon pere. On me fait esperer, qu'il recevra une fille penitente, avec toute la bonté paternelle. Imaginez-vous qu'elle est ma joie, de pouvoir obtenir une parfaite reconciliation, par l'entremise d'un cher ami pour lequel j'ai toujours eu du respect & de la tendresse. Je suis si occupée de mes préparatifs, pour un voiage si doux & si desiré, qu'aiant quelques affaires importantes à regler avant mon départ, je ne puis donner un moment à d'autres soins. Ainsi, Monsieur, ne me causez pas de trouble ou d'interruption. Je vous le demande en grace. Lorsqu'il en sera tems, peut-être me verrez-vous chez mon pere ; ou du moins, ce seroit votre faute. Je vous promets une plus longue lettre, lorsque j'y serai arrivée, & qu'on m'aura fait la grace de m'y recevoir. Je suis, jusqu'à cet heureux jour, votre très-humble, &c.

CL. HARLOVE.

Je me suis hâté de repondre à ma divine Clarisse, pour l'assurer, avec la plus tendre reconnoissance, que j'allois quitter Londres, attendre le succès de l'heureuse reconciliation, & me rendre digne de mes espérances. Je lui ai protesté que toute l'étude de ma vie seroit de mériter cet excès de bonté, & que son pere, ses amis, n'exigeroient rien à quoi je ne fusse prêt de me soumettre, pour arriver à cette délicieuse fin. J'ai donné ma lettre au Porteur, sans prendre le tems d'en tirer une copie, & j'ai fait mettre aussitôt les chevaux au Carosse de Milord. Apprens-moi seulement comment se porte Belton. J'attens une lettre de toi sur la route. Si le pauvre diable peut se passer de ton secours, vole à Londres, je t'en conjure, pour offrir tes services à ma Divinité. Hâte toi, dis-je, je te le conseille, si tu ne veux être exposé à ne la pas revoir de plusieurs mois, en qualité du moins de Miss Harlove. Ne manque pas non plus, s'il est possible, de m'écrire avant son depart, pour confirmer mon bonheur & pour m'expliquer ce généreux changement. Mais qu'ai-je besoin d'explication? Ma chere Clarisse ne peut recevoir de consolation, sans desirer que d'autre la partagent. Quelle nobleſſe ! Elle n'a pas voulu me voir dans ſes diſgraces; mais le Soleil de la proſperité ne commence pas plutôt à luire, qu'elle me pardonne.

Je ſais à la médiation de qui je dois ce bonheur. C'eſt à celle du Colonel Morden. Elle m'a toujours dit qu'elle avoit pour lui du reſpect & de la tendreſſe, & je n'ignore pas qu'il en a plus pour elle que pour tous ſes parens du même nom.

Je ſerai convaincu à préſent qu'il y a quelque realité dans les ſonges. Le platfond qui s'eſt ouvert, c'eſt la reconciliation en perſpective. La figure brillante, qui eſt venue l'élever vers un autre Ciel, environnée de Cherubins d'or & d'azur, marque la charmante petite famille qui ſera le fruit de notre heureuſe union. Les invitations, trois fois repétées par le chœur d'Anges, ſont celles de tous les Harloves, qui auront ceſſé d'être implacables : cependant, c'eſt une race avec laquelle mon ame repugne à ſe mêler.

Mais que ſignifie ma chute, au travers du plancher, dans un horrible abîme ? Pourquoi ſuis-je deſcendu pendant qu'elle montoit ? Ho ! le voici : c'eſt

une allufion à mon dégoût pour le mariage, qui me paroît un gouffre, un
abîme fans fond, & tout ce que tu voudras. Si je ne m'étois pas éveillé dans
un ridicule mouvement de fraieur, je
ferois tombé, au fond du trou, dans
quelque belle riviére, où je me ferois
lavé, purifié, de toutes mes ordures
paffées. La même figure m'attendoit fur
une rive parfemée de fleurs, d'où elle
m'auroit conduit entre les bras de ma
Charmante ; & nous nous ferions élevés
enfemble, triomphans, faifant les Cherubins, jufqu'à la fin de notre carrière.

Mais quelle explication donner à cette
mante, à ces robbes noires de Milord,
qu'il m'a jettées fur le vifage ; & que
penfer de celles des Dames ? Ho Belford?
Je les explique auffi. Elles marquent
uniquement que Milord aura la bonté de
fe laiffer mourir, & de m'abandonner
tout ce qu'il poffede. Ainfi, honête
Milord M...., que le Ciel faffe paix à
vos cendres ! Milady Sadleir & Milady
Lawrance ne furvivront pas longtems,
& me laifferont des legs confiderables.

Que ferons-nous de Mifs Charlotte &
de fa fœur ? Ho ! leurs habits noirs marquent le deuil, qu'elles prendront, comme il convient, pour leur oncle & pour

leur Tantes. Rien de plus juste.

A l'égard de Morden, qui se précipite vers moi par une fenétre, en criant, » meurs Lovelace, si tu ne répares pas » l'outrage que tu as fait à ma parente; c'est-à-dire seulement qu'il auroit voulu se couper la gorge avec moi, si je n'a-vois pas été disposé à rendre justice à sa cousine. Tout ce qui me déplaît, c'est cette partie de mon songe ; car, en songe même , je n'aime point les menaces, ni l'air de contrainte dans ce qui flatteroit le plus mon penchant. Mais qu'en dis-tu ? Mon songe prophétique n'est-il pas bien expliqué ?

Chere & charmante Clarisse ! Quelle scéne, que cette entrevûe avec son pere, sa mere & ses oncles ! Quels transports ! combien de plaisir cet heureux jour d'une réconciliation si longtems desirée ne va-t'il pas faire goûter à son cœur tendre & respectueux ? Je t'assure que je me rejouis moi-même de lui voir tant de respect pour eux. C'est une conviction pour moi qu'elle n'en aura pas moins pour son mari , puisque l'amour du devoir est uniforme , lorsqu'il a sa racine dans le cœur. Vois à présent , Belford : je n'ai pas été si blamable que tu l'as pensé. Si je ne l'avois pas jettée dans un si grand nombre d'embarras , elle n'auroit pû recevoir ni caufer toute la joie dans laquelle ils vont nager tous enfemble. Ainfi , voilà un grand bien , un bien durable , qui va naître d'un mal paffager. Je n'ai jamais douté qu'ils ne l'aimaffent , elle qui fait l'ornement & la gloire de leur famille. Je favois que cette querelle ne dureroit pas longtems.

Que ne donnerois je pas , pour lire la lettre d'Arabelle ! Elle a toujours été fi mortifiée de fe voir éclipfée par fa fœur, qu'elle n'aura pû s'empêcher de mêler un peu de fiel à l'heureufe invitation. Je brûle auffi de recevoir la lettre que la chere Clariffe me promet , lorfqu'elle fera rentrée chez fon pere. Elle me rendra compte , apparemment , de l'accueil qu'elle y aura reçu.

Cependant il me femble qu'en me communiquant le fujet de fa joie , fon ftile eft un peu grave. Il me plait & me chagrine à la fois. Mais , comme il eft évident qu'elle m'aime encore & qu'elle efpére de me revoir bientôt chez fon pere , elle n'a pû , fans quelque embarras , avouer fon amour après les petits excès auxquels je me fuis emporté : & lorfqu'en finiffant , *je fuis , dit elle, jufqu'à cet heureux jour, Votre , &c. Clariffe Har-*

love ; n'eſt - ce pas dire, ce ſera votre faute, après cela, ſi je ne ſuis pas *Clariſſe Lovelace* ?

O mon cher amour ! Ma généreuſe, mon adorable Clariſſe ! Que cette divine facilité à pardonner nous fait d'honneur à tous deux ! A moi, pour t'en avoir donné l'occaſion ! A toi, pour la faire tourner ſi glorieuſement à l'avantage de l'un & de l'autre !

Mowbrai arrive avec tes lettres. Je quitte mon agréable ſujet, pour en faire ſuccéder un qui me plaira moins, j'en ſuis ſur. Le peſant Mowbray s'eſt engagé à me tenir compagnie dans mon voiage, & je lui promets de diſſiper les vapeurs qu'il a contractées près d'un Malade. Il me dit qu'après avoir reſpiré l'air entre les gemiſſemens de Belton & les ſermons de Belford, il ſera trois jours ſans revenir à ſon état naturel. Il te reproche d'augmenter la foibleſſe du pauvre Moribond, au lieu de l'encourager à ſupporter ſa deſtinée.

Je ſuis faché que la fermeté lui manque au dernier acte. Mais ſa maladie a duré longtems, & l'eſprit s'en reſſent comme le corps.

Mercredi au soir.

J'ai lû ta lamentable lettre. Pauvre Belton ! Que d'heures vives & plaisantes nous avons passées ensemble ! C'étoit un caractère libre & déterminé. Qui se seroit attendu à le voir finir par des foiblesses & des terreurs ? Mais pourquoi ne lui remets tu pas l'esprit, sur la mort de quelques braves qu'il a tués ? Il s'y est toujours pris en homme d'honneur, & comme j'aurois fait dans les mêmes circonstances. Voilà ce que tu lui devrois dire, & lui représenter qu'il n'a point à répondre du malheur d'autrui.

La mort, dit un de nos Poëtes, *considerée simplement en elle-même, n'épouvante point la raison.* Je crois cette idée fausse ; & tes peintures forcées, tes graves réfléxions sur les repugnances de la nature en font une preuve. Pour moi, qui ne t'apprendrai rien de nouveau en t'assurant que personne ne redoute moins la mort que moi dans une occasion d'honneur, je ne laisse pas de t'avouer ingenument, que ce bas monde me plaît si fort (quoique je n'aie pas toujours eu sujet de m'en

F iv

Iouer) & que je prens tant de goût aux délices de mon âge, à mes eſpérances, de fortune, ſurtout à celles que j'ai conçues nouvellement du côté de ma chere de ma trois fois chere Miſs Harlove, que quand je me ſuppoſerois ſur de n'être pas mal dans un autre état, je ſerois très-déſeſpéré, très-effraié ſi tu veux, de perdre mon bonheur avec la vie. Mais je n'ai ni le tems ni la volonté de repondre à tes lugubres argumens. Je remets ce ſoin après mon mariage.

Après mon mariage, ai je dit ! Charmante idée ! Il faut m'armer de patience, pour demeurer privé de la vûe de ma Déeſſe, juſqu'à ce qu'elle ſoit chez ſon pere. Cependant, comme tu m'aſſures qu'il ne lui reſte que l'ombre de ſa beauté, j'aurois pris un plaiſir extrême à la voir à préſent, & tous les jours qui me reſtent à compter juſqu'à notre mariage, pour avoir la ſatisfaction d'obſerver, par quels charmans dégrés le repos de cœur & d'eſprit, & la joie de ſe voir reconciliée avec ſes amis, vont la rétablir dans toute ſa ſplendeur.

Au fond, je crois te devoir des remercimens pour lui avoir fait éviter ma viſite. Graces à l'amour, tout eſt en ſi bon train, que je conſens même à te pardonner tes noires infidelités. Autrement , je t'aurois appris l'obeiſſance que tu dois à ton général.

Croirois-tu que cet épais Mowbray s'afflige de me voir ſi près de mon bonheur avec Miſs Harlove ? Il me tient des raiſonnemens qui ſont quelquefois capables de m'embarraſſer ; & par ma foi , Belford , à préſent que je touche au terme , je ne ſais que répondre. Mais , à tout hazard , je m'en tiendrai à mes reſolutions ; car j'ai trop éprouvé qu'il m'eſt impoſſible de vivre ſans elle.

(Dans une Lettre ſuivante , M. Belford continue de raconter les dernières circonſtances de la vie de M. Belton , & celles de ſa mort. Il mêle à ce recit des peintures fort touchantes , & des reflexions très-fortes , mais qui ne ſeroient pas ſuportables dans notre langue. En finiſſant , il ajoûte quelques lignes ſur la ſituation de M. Lovelace).

>> Vous me preſſez extremement ,
>> de vous marquer , avant votre départ
>> pour Berckshire , ce que je penſe de
>> votre nouvelle ſituation. Le ſommeil
>> qui me preſſe & le triſte ſpectacle que
>> j'ai encore devant les yeux ne me laiſ-
>> ſent gueres le pouvoir d'y faire toutes

F v

» les refléxions qu'elle merite. Votre
» joie, dites-vous, va jusqu'au tranf-
» port. Elle eft jufte, fi vous ne me
» deguifez rien, & je ne voudrois pas
» vous la dérobber : mais je ne puis vous
» diffimuler que j'en fuis furpris.

» Surement, Lovelace, la lettre que
» tu me communiques ne fauroit être
» une impofture de ta façon, pour cou-
» vrir quelque nouvelle vûe, & pour
» me tromper. Non ; le ftile me fait
» rejetter cette idée : quoique d'un au-
» tre côté, je te croie capable de tout.
» Je veux fufpendre mon jugement, &
» me contenter aujourd'hui de te fouhai-
» ter toutes fortes de biens.

*(La lettre qui fuit, & qu'on fupprime
auffi, eft de M. Lovelace, qui fait quelques
refléxions, partie badines & partie ferieufes,
fur la mort de fon ami, & qui fe promet que fa
douleur ne tiendra pas longtems contre fa joie)*

LETTRE CCCXXI.

M. BELFORD, à M. LOVELACE.

Samedi, 28 d'Août.

J'Assistai jeudi à l'ouverture du testament, où je suis nommé seul Exécuteur, avec un leg considerable, que mon dessein est d'abandonner à la sœur du Mort, parce que je ne trouve pas qu'il l'ait assez bien traitée. Il te laisse, comme à Tourville & à Mowbray, un présent fort honête, pour vous engager tous trois à rappeller quelquefois sa memoire.

Après avoir donné quelques ordres qui regardoient les funerailles, je partis vers le soir; mais étant arrivé fort tard à la Ville, & les fatigues que j'avois essuiées pendant plusieurs jours & plusieurs nuits me rendant le repos absolument nécessaire, je me contentai de faire demander des nouvelles de Miss Harlove, & de la faire assurer de mon respect. M.r Smith, à qui mon Laquais parla, me fit dire qu'il se rejouissoit beaucoup de mon retour , parce qu'elle étoit plus mal que jamais.

Il m'est impossible d'expliquer ce qu'elle vous écrit , ou de le concilier avec les faits que j'ai à vous communiquer.

J'étois hier chez Smith , dès sept heures du matin. Miss Harlove venoit de sortir , dans une chaise à porteurs, pour se rendre à l'Eglise voisine. Elle étoit trop mal , pour en avoir cherché de plus éloignées ; & Madame Lovick , qui l'avoit soutenue jusqu'à la chaise , étoit allée à pied devant elle , dans la crainte qu'elle n'eût besoin de secours à l'Eglise. Madame Smith me dit qu'elle avoit été si bas , Mercredi au soir , qu'elle avoit demandé les secours de la Religion. Le Ministre de la Paroisse , qui passa une demie heure avec elle , dit , en se retirant , aux personnes de la maison ; c'est un Ange que vous avez chez vous : je la verrai aussi souvent qu'elle le désirera , ou que je croirai lui faire plaisir.

Elle attribue l'augmentation de sa foiblesse aux fatigues que vous lui avez causées , & à une lettre qu'elle a reçue de sa sœur , à laquelle il paroît qu'elle a fait réponse le même jour.

Madame Smith me dit, qu'il étoit venu

la veille deux perfonnes, l'une le matin,
l'autre le foir, pour s'informer de fa
fanté, & qu'elles paroiffoient envoiées
par fa famille; mais qu'elles n'avoient
pas demandé à la voir, & que leur principale curiofité avoit regardé les perfonnes dont elle reçoit des vifites, moi prin-
cipalement (quelle pouvoit être leur
vûe?) fa maniére de vivre, fa dépen-
fe; & que l'une des deux avoit marqué
de l'empreffement pour favoir comment
elle y pouvoit fournir. Madame Smith
repondit, fuivant la verité, qu'elle avoit
été obligée de vendre quelques-uns de
fes habits, & qu'elle étoit à la veille d'en
vendre d'autres : fur quoi l'Etranger, qui
étoit homme de fort bonne mine, dit à
Madame Smith, en·levant les mains au
» Ciel; grand Dieu ! quelle trifte nou-
» velle pour quelqu'un ! je ferai mieux
de n'en pas parler. Madame Smith
le pria au contraire de ne rien diffimuler, de quelque part qu'il fût venu.
Il branla la tête. » Si elle meurt, re-
» prit il, le monde perdra fa fleur, &
» la famille d'où elle eft fortie ne fera
» plus qu'une famille commune. Cette
expreffion me plaît affez.

Vous ne ferez pas faché de favoir comment elle a paffé le tems, pendant que

vous l'avez forcée de quitter son logement pour vous éviter. Madame Smith
m'a raconté , que Lundi matin , lorſqu'elle ſortit pour la premiére fois , elle
étoit dans une extrême foibleſſe , & qu'en
deſcendant l'eſcalier pour ſe rendre au
caroſſe avec ſa garde , elle pouſſoit de
violens ſoupirs. Elle donna ordre au
cocher , qui étoit loué pour tout le jour,
de la conduire où il ſouhaiteroit, pourvû
qu'elle y pût reſpirer l'air. Il la mena
vers Highgate , où elle fit un leger de-
jeuner. Enſuite , étant rentrée dans ſa
voiture , elle ſe promena lentement,
juſqu'à midi , qu'elle s'arrêta dans une
hôtellerie , pour s'y faire préparer à
dîner. Elle y demanda une plume & de
l'encre , & pendant deux heures elle ne
ceſſa point d'écrire. On lui ſervit quelques mets , dont elle s'efforça de gouter;
mais n'aiant pû rien prendre , elle re-
prit ſa plume pendant trois heures entiéres , après leſqu'elles , ſe trouvant un
peu peſante , elle s'aſſit dans un fauteuil.
A ſon reveil , elle ordonna au cocher de
la reconduire doucement à la Ville ,
chez une amie de Madame Lovick , où
cette vertueuſe veuve lui avoit promis de
ſe trouver. Mais ſe ſentant fort mal , elle
prit la reſolution de retourner aſſez tard

à son logement, quoiqu’elle eût appris de la Veuve, que vous y aviez paru, & qu’elle eût sujet d’être chocquée de votre conduite. Il lui paroissoit, dit - elle, impossible de vous éviter. Elle craignoit de n’avoir plus que peu d’heures à vivre; & l’impression que votre vûe feroit sur elle, étoit capable de la faire mourir à vos yeux.

Elle retourna donc chez Smith, qui lui fit lever plusieurs fois les yeux & les mains d’étonnement par le recit incroiable de vos extravagances. Ne pouvant se déterminer à souffrir la vûe d’un homme si endurci, elle prit le lendemain sa chaise ordinaire, pour se faire porter de grand matin au bord de la Tamise. Là, elle se mit dans un batteau avec sa garde; car la fatigue du jour précédent ne lui permettoit pas de supporter le mouvement d’un carosse. Elle se fit conduire d’un Village à l’autre, s’arrêtant dans l’occasion, tantôt pour écrire, tantôt pour se faire préparer du thé, ou d’autres rafraichissemens qu’elle ne portoit pas même à ses levres. Vers le soir, elle revint descendre aux dégrés du Temple, où ses Bateliers lui firent venir des Porteurs, qui la menérent comme la veille, chez l’amie de Madame

Lovick. Cette femme, qui l'attendoit encore, lui dit que vous étiez venu la demander deux fois le même jour, & lui remit une lettre de sa sœur, dont la lecture parut la toucher beaucoup. Elle fût deux fois prête à s'évanouir. Elle pleura fort amerement, en laissant échapper quelques expressions plus vives qu'on n'en avoit jamais entendu de sa bouche. Elle traita ses parens de cruels; elle se plaignit des mauvais offices qu'on ne cessoit pas de lui rendre, & des lâches rapports par lesquels on se plaisoit à la noircir.

Madame Smith survint, pour l'informer que vous étiez venu une troisiéme fois; que vous ne vous étiez retiré qu'à neuf heures & demie, & que vous aviez promis d'être civil & respectueux; mais elle ajoûta que vous étiez absolument déterminé à la voir. » Il étoit bien étrange, » repondit-elle, qu'on ne lui permit pas » de mourir en paix. Son sort étoit ex- » trêmement rigoureux. Elle com- » mençoit à craindre de manquer de pa- » tience, & de trouver sa punition plus » grande que sa faute. Mais, après s'être un peu recueillie, elle s'est consolée par la certitude d'avoir peu de tems à vivre, & par l'esperance d'une meilleure vie.

Toutes les circonſtances de ce recit doivent vous faire conclure avec moi , que la lettre qu'elle reçut de Madame Lovick , & ſur laquelle je me ſouviens que vous aviez reconnu la main de ſa ſœur , ne pouvoit pas être celle qui donna lieu à ce qu'elle vous écrivit le même ſoir , après ſon retour chez Smith. Cependant on ignore qu'elle en ait reçu d'autre. Mais comme on m'aſſure qu'elle vous écrivit réellement , je ſuis ſoulagé du ſoupçon que celle dont vous m'avez envoié la copie pouvoit être quelque nouvelle ruſe, dont le miſtère échappoit à ma pénétration.

Mercredi matin, lorſqu'elle reçut votre reponſe , on lui entendit repéter pluſieurs fois que la néceſſité étoit la mere de l'invention ; mais que l'infortune rendoit témoignage à l'intégrité. Je me flatte , dit-elle encore , de n'avoir pas fait une démarche inexcuſable. Enſuite , après un moment de ſilence, peut-être , ajouta-t'elle , me ſera - t'il permis à préſent de mourir en paix.

Je l'attendis juſqu'à ſon arrivée. Elle parût ſatisfaite de me voir ; mais étant très-foible, elle me dit , qu'elle avoit beſoin de s'aſſeoir un moment , avant que de monter à ſa chambre. Madame

Lovick la foutint jufqu'à la premiére
chaife. Je vous vois avec plaifir, me
dit-elle ; je ne fais pas difficulté de l'a-
vouer, quelque interprétation que la
malignité donne à mes fentimens.

Cette expreffion me furprit ; mais je
ne voulus pas l'interrompre.

Ah ! Monfieur, reprit-elle, j'ai plus
fouffert que vous ne pouvez vous l'imaginer. Votre ami, qui ne m'a pas voulu
laiffer vivre avec honneur, ne veut pas
non plus que je meure en paix. Vous me
voiez. Ne me trouvez-vous pas extrêmement changée depuis votre depart ?
Mais je fuis bien éloignée de m'en faire
un fujet d'affliction. Cependant, fi j'avois
quelque attachement à la vie, je dois dire
que votre ami, votre barbare ami, fert
beaucoup à me l'abreger.

Sa foibleffe étoit fi vifible, dans le
mouvement de fa refpiration, & dans le
fon de fa voix, fon action fi touchante,
que j'en fus pénétré jufqu'au fond du
cœur. Les deux femmes & la garde
tournerent la tête en pleurant. Depuis
quatre jours, Madame, m'efforcai-je
de repondre, j'ai eu devant les yeux une
fcéne extrêmement affligeante. Le
pauvre Belton n'eft plus. Il paffa hier
dans un autre monde, après une fi ter-

rible agonie, que l'impreſſion qui m'en reſte me trouble encore la vûe & l'imagination. (Je ne voulois pas qu'elle attribuât les marques de ma douleur à l'abbattement où je la voiois, dans la crainte d'affoiblir ſon courage).

Un ſpectacle de cette nature, interrompit-elle, eſt bien plus propre à fortifier l'ame. Mais puiſque vous y avez été ſi ſenſible, je ſouhaiterois que vous en euſſiez fait une vive peinture à votre joyeux ami. Qui ſait quel effet elle auroit pû produire ſur lui, de la part, & dans le cas d'un aſſocié ? Je l'ai fait, répliquai je : & je me figure que ce n'eſt pas tout-à-fait ſans fruit. Sa dernière conduite dans cette maiſon, reprit-elle, & ſa cruelle obſtination à me pourſuivre, donnent peu d'eſpérance que les objets graves & ſerieux faſſent jamais d'impreſſion ſur lui.

Notre entretien continua ſur les derniers momens de notre ami, & j'admirai ſon eſprit dans le tour de ſes reflexions. Pendant qu'un ſujet ſi touchant lui faiſoit oublier ſes propres maux, un homme à cheval lui apporta une lettre de Miſs Howe. Elle ſe retira dans ſon appartement pour la lire. Le Medecin, qu'on avoit fait avertir de ſon retour, arriva dans l'intervalle, & confirma mes crain-

tes fur le danger de fa fituation. Il avoit
appris de nouveaux exemples de la rigueur de fa famille & de vos perfecu-
tions. Pour tous les tréfors du monde,
me dit-il, je ne voudrois pas être fon
Pere, ni l'homme qui l'a jettée dans cet
affreux état. Le poifon de la douleur a
pris l'afcendant. Elle en mourra. Je ne
vois aucune reffource. Mais je fuis effraié pour ceux qui ont à fe reprocher fa
mort.

Lorfqu'elle eut appris qu'il demandoit à la voir, elle nous fit prier tous
deux de monter. Elle nous reçut avec
toutes les graces qu'aucun changement
ne lui fera jamais perdre ; & fe hâtant de
fatisfaire à diverfes queftions fur l'état
de fa fanté, elle paffa aux remercimens
les plus vifs & les plus tendres, pour des
foins & des témoignages d'affection que
fa fortune préfente ne la mettoit point en
état de reconnoître. Elle nous tint un
difcours fi touchant, que ne trouvant
pas d'expreffions pour y repondre, nous
fumes reduits, le Medecin & moi, à
nous regarder mutuellement, dans un
tranfport de furprife & d'admiration.
Enfuite, fans nous laiffer le tems de revenir à nous-mêmes ; comme il me refte,
dit-elle au Medecin, quelques prépara-

tions à faire , & que je ne voudrois pas entreprendre ce que le tems ne me permettroit pas d'achever , je vous demande en grace de vous expliquer nettement sur ma situation. Vous connoissez mon regime , & vous pouvez compter que je ne ferai rien pour abreger ma vie : dans quel tems me donnez-vous l'espérance d'être delivrée de toutes mes peines ?

Le Medecin parut hesiter. Il me regardoit d'un œil incertain. Ne craignez pas de me répondre , lui dit - elle avec autant de fermeté que de douceur. Ditesmoi combien vous jugez qu'il me reste de tems à vivre : & croiez-moi , Monsieur ; plus il sera court , plus votre réponse me paroîtra consolante.

Etonnante question ! lui repondit-il. Quel mélange de plaisir & d'horreur faites-vous éprouver à ceux qui ont le bonheur de converser avec vous, &de voir tant de charmes dont la nature vous a partagée ! Ce que vous avez souffert , depuis quelques jours , a faire un tort extrême à votre santé ; & si vous étiez exposée à de nouvelles peines de cette nature , je ne repondrois pas que vous fussiez capable de les soutenir.... Il n'acheva point,

Combien de tems , Monsieur, combien ? Je me crois menacée encore de quelques petits chagrins. Je l'appréhende du moins ; mis il n'y en a qu'un, pour lequel je me defie de mes forces. Combien donc, Monſieur ?

Il demeura ſans repondre.

Quinze jours, Monſieur ?

Il continua de ſe taire.

Dix jours ? Une ſemaine ? Dites, Monſieur ; combien ? (avec un charmant ſourire, quoique d'un air fort preſſant).

Puis qu'il faut m'expliquer, Madame, ſi quelque heureux évenement ne vous rend point à la vie, je crains...je crains...

Vous craignez, Monſieur ? Ne craignez point. Combien ?

Je crains que dans quinze jours ou trois ſemaines le monde ne perde ſon plus parfait ornement.

Quinze jours ou trois ſemaines, Monſieur !... Mais que la volonté du Ciel ſoit remplie ! J'aurai donc plus de tems que je n'en ai beſoin, pour exécuter ce que je me ſuis propoſé ; du moins, ſi je conſerve quelque force de corps & d'eſprit.

Son cœur ſe ſatisfit encore par des effuſions de reconnoiſſance ; après-quoi, priant le Medecin de lui procurer certaines gouttes, qui ſervoient, lui dit-elle, à ranimer ſes eſprits lorſqu'elle ſe trou-

voit trop abbatue , elle nous demanda
la liberté de paſſer dans ſon cabinet pour
écrire quelques lettres.

Le Medecin ſe retira. Je rejoignis les
femmes de la maiſon , & j'appris d'elles
que Madame Lovick devoit lui apporter
aujourd'hui 25 guinées , ſur quelques
nouvelles piéces de ſa garderobbe. Elles
me dirent , qu'aiant pris la liberté de lui
faire un reproche de cette facilité à ſe
defaire de ſes habits , avec tant de dé-
ſavantage & ſans qu'elle parût preſſée
d'argent , elle leur avoit fait une reponſe
fort étrange. Après ſa mort , aucun de ſes
amis ne feroit uſage de ſes robbes. Elle
avoit d'ailleurs quantité de choſes plus
précieuſes à laiſſer : ›› A l'égard du be-
›› ſoin qu'elle avoit d'argent , elle vou-
›› loit bien leur confier qu'elle étoit re-
›› ſolue d'acheter une maiſon.

Une maiſon , Madame ? répliqua Madame Lovick. Je ne comprens pas quel
eſt votre deſſein.

›› Je vais donc m'expliquer , reprit-
›› elle. Ce n'eſt point une femme , c'eſt
›› un homme que j'ai choiſi pour l'exé-
›› cution de mon teſtament ; & croiez-
›› vous que je veuille lui laiſſer aucun
›› ſoin qui regarde ma perſonne ? Vous
›› me comprenez à préſent.

Madame Lovick fe mit à pleurer. Des larmes ! lui dit cette admirable fille, en les effuiant de fon propre mouchoir, & l'honorant d'un baifer ; pourquoi cette obligeante foibleffe en faveur d'une étrangere, avec laquelle vous êtes liée fi nouvellement ? Chere & bonne Madame Lovick, ne vous allarmez point d'un objet dont jei m'entretiens avec complaifance.

Ainfi, Lovelace, il eft trop clair que la maifon qu'elle veut acheter eft fon cercueil. Quelle préfence & quelle fermeté d'efprit, quelle tranquillité de cœur, dans les occupations les plus funeftes ! Voilà ce qui merite le nom de grandeur d'ame. Toi, moi, avec notre vaine bravoure, & ce faux courage, qui n'eft réel que pour offenfer, ferions-nous capable d'une conftance fi noble ? Pauvre Belton! quelle différence entr'elle & vous!

Madame Lovick m'a dit qu'elle lui avoit parlé d'une lettre, qu'elle a reçue, pendant mon abfence, du Docteur Lewin, fon Miniftre favori, & d'une reponfe qu'elle s'eft hâtée de lui faire. Mais elle ignore le fujet de l'une & de l'autre.

La longueur de celle-ci m'obligent de remettre, à demain, mon départ pour Epfon.

Epsom. Elle te forcera de reconnoître, quelle sera bientôt la conclusion de tes outrages contre la plus divine de toutes les femmes. Mais je veux différer quelque tems à te l'envoier, de peur que sous prétexte de faire tes plaintes de l'erreur où l'on t'a jetté, tu n'en prennes occasion de renouveller tes importunes visites.

J'aurois dû vous dire que Miss Harlove a pris soin de m'expliquer, quel est cet unique sujet de chagrin pour lequel elle se défie de ses forces. C'est le resultat qu'elle appréhende d'une visite, que le Colonel Morden est dans le dessein de vous rendre. J'ignore de qui lui vient cet avis.

LETTRE CCCXXII.

Miss ARABELLE HARLOVE, *à*
Miss CLARISSE.

Lundi, 21 d'Août.

VOs dernières lettres, à mes oncles, font connoître assez clairement que nous avons tous encourus votre disgrace, en vous écrivant à cœur ouvert (*). Nous n'y favons point de reméde, ma sœur Clary. Il me femble auffi que vous regarderiez comme une baffeffe indigne de vous, de renouveller vos inftances pour obtenir la bénédiction paternelle, qui paroiffoit dabord fi néceffaire à votre repos. Vous jugez fans doute, que vous avez rempli votre devoir en la demandant ; & je fuppofe que demeurant contente de cette demarche, vous laiffez à vos parens offenfés le repentir de ne s'être pas acquittés du leur, en vous l'accordant au premier mot, & en prenant la peine de vous chercher, comme vous paroiffez croire qu'ils le doivent. Bel encouragement, en effet, pour courir après une fugitive, qui a vêcu avec fon amant, auffi longtems qu'il a voulu vivre avec elle ! Vous regrettez même de m'avoir écrit ; c'eft ce que je crois entre-voir dans quelques-unes de vos modeftes expreffions (†). Il n'y a donc aucune apparence que vous recommenciez à nous folliciter fur le même point.

____

(*) Il eft queftion de plufieurs reponfes, dures & injurieufes, qu'ils ont faites aux humbles lettres de Mifs Clariffe.

(†) Mifs Clariffe fe plaignoit, dans une lettre à fes oncles, des étranges duretés de fa fœur, & declaroit que renonçant à toutes faveurs de fa famille, elle fe reduifoit à demander la bénédiction de fon pere.

Hè bien, ma sœur Clary, puifque
telle eft votre difpofition, permettez que
ce foit moi qui m'adreffe *humblement* à
vous, pour vous faire deux ou trois pro-
pofitions, auxquelles vous aurez la bonté
de repondre.

Il nous eft revenu, de divers endroits,
que vous avez été traitée avec tant de
baffeffe, par l'infâme avec qui vous avez
jugé à propos de prendre la fuite, que fi
fon crime étoit prouvé, fa vie feroit une
foible expiation. Nous avons crû pouvoir tirer la même conclufion de quelques endroits de vos lettres.

Si les beaux fentimens qu'elles contiennent ne font pas de pures affectations,
& s'il y a quelque vérité dans les recits
de Madame Howe & de Madame Norton, il dépend encore de vous, Clary,
de juftifier votre caractère à nos yeux,
comme à ceux du public ; du moins, dans
tout ce qui ne regarde pas votre fcanda-
leufe fuite. Les loix peuvent être armées
contre l'infâme : & fi nous le conduifions
à l'échaffaut, quelle glorieufe vangeance
pour notre famille outragée, & pour
tant de fimples créatures qu'il a trompées
comme vous ! Quel préfervatif, pour
en fauver quantité d'autres de leur ruine !

Prenez donc la peine de m'apprendre

ſi vous êtes diſpoſée à paroître, pour
vous faire cette juſtice à vous-même, &
à nous , & au ſexe entier. Si vous ne
l'êtes pas, ma ſœur , nous ſaurons ce
que nous devons penſer de vous ; car, &
vous & nous , il eſt impoſſible que nous
reſſentions de plus cruels effets du ſcan-
dale de votre chute. Mais ſi vous entrez
dans le plan que je vous propoſe, deux
célébres Conſeillers , MM. Ackland &
Derham , ſe rendront auprès de vous
pour recevoir les éclairciſſemens néceſ-
ſaires , ſur leſquels on commencera de
juſtes pourſuites , dont tout le monde
nous garantit le ſuccès.

S'il faut s'en rapporter à quelques avis
de Madame Howe, il y a peu d'apparence que vous approuviez cette ouverture. Elle nous fait entendre qu'elle
vous l'a deja fait propoſer par ſa fille ,
mais inutilement. D'ailleurs , on doute
qu'actuellement même , vous vous con-
duiſiez avec aſſez de prudence ſur d'autres points , pour être en droit de vous
expoſer au flambeau de la juſtice. Si ce
ſoupçon eſt juſte, que le Ciel ait pitié de
vous ;

Un mot encore ſur ma propoſition:
le Docteur Lewin , votre admirateur,
décide nettement que vous devez pourſuivre votre Infâme.

Mais fi vous n'êtes pas de cet avis, j'ai un autre parti à vous propofer, & cela au nom de toute la famille : c'eft de partir pour la Penfilvanie, & d'y refider pendant quelques années, jufqu'à ce que votre avanture foit oubliée. Alors, fi la juftice du Ciel vous épargne & fi vous menez une vie penitente, on pourra, du moins lorfque vous ferez à votre vingt-uniéme année, vous accorder la poffef-fion de votre Terre, ou vous en faire toucher le revenu, à votre choix. C'eft le tems que mon pere fixe, parce que tel eft l'ufage, & parce qu'il juge que votre grand-pere l'auroit fixé de même, & parce que votre belle conduite a plei-nement prouvé que dix-huit ans n'ont pas été pour vous l'âge de difcretion. Le pauvre vieillard, qui commençoit à ra-dotter, quoique fort bon homme, s'y eft malheureufement trompé. Mais je ne veux pas être trop fevére.

Monfieur Hartley, qui a fa fœur en Penfylvanie, nous promet de l'engager à vous prendre chez elle en penfion. C'eft une veuve fage & raifonnable, qui a l'efprit fort cultivé. Si vous aviez une fois paffé la mer, vos parens feroient dé-livrés d'une multitude de foins & de craintes ; fans parler de la honte du scandale. C'est à mon avis ce que vous derviez desirer sur toutes choses. M. Hartley offre de vous procurer, dans le passage, toutes les commodités qui conviennent à votre rang & à votre fortune. Il est intéressé à quelques Navires, qui doivent mettre à la voile dans un mois. Vous serez libre de prendre avec vous votre fidelle Hannah, ou qui vous voudrez de vos nouvelles connoissances. On suppose que ce sera une personne de votre sexe.

Voilà ce que j'avois à vous communiquer. Si vous m'accordez une reponse, que le porteur de ma lettre ira prendre Mercredi au matin, vous me ferez vraiment une grace extrême.

ARAB. HARLOVE.

(On supprime une longue lettre du Docteur Lewin, qui conseille en effet à Miss Clarisse de poursuivre M. Lovelace & qui lui en apporte de fort bonnes raisons : mais paroissant informé de toutes ses digraces, & connoissant ses principes, il la traite avec autant de respect que de tendresse & d'estime. Il déplore l'infléxibilité de ses parens, qu'il n'a pû vaincre, dit-il, & qui lui avoient même interdit toute part à leurs affaires domestiques.

Mais quoique retenu dans son lit, par une maladie dangereuse, il ne peut refuser de lui écrire, à leur prière, pour confirmer leur avis, qui s'accorde avec le sien.

On ne croit pas devoir supprimer de même les reponses de Miss Clarisse au Docteur & à sa sœur, parce qu'elles servent à justifier sa conduite & ses sentimens).

LETTRE CCCXXIII.

Miss CLARISSE HARLOVE, au DOCTEUR LEWIN.

M

JE m'étois figuré, jusqu'au moment où j'ai reçu votre chere lettre, qu'il ne me restoit ni pere, ni oncles, ni frere, ni même un seul ami, de tant de personnes de votre sexe qui m'honoroient autrefois de leur estime. Cependant je vous connois si bien, que n'aiant rien à me reprocher du côté de l'intention, je me trouve blamable, dans le doute même où je pouvois être du jugement que vous

portiez de moi , de n'avoir pas cherché
à m'éclaircir ; & , si les apparences m'a-
voient fait tort dans votre esprit, de n'a-
voir pas tenté de m'y retablir.

Mais attribuez , Monsieur, cette né-
gligence à differentes causes ; entre lesquelles je dois compter la honte de comparer le rang où j'étois autrefois dans
votre estime, avec le degré que j'y dois
occuper à présent, puisque mes plus proches parens m'abandonnent ; & ma profonde tristesse, qui repandant la defiance
dans un cœur humble, m'a fait craindre
de recourir à vous , pour y retrouver en
quelque sorte tous les chers amis que j'ai
perdus. Ensuite n'ai-je pas dû penser
qu'on m'accuseroit peut-être de vouloir
former un parti , contre ceux que le devoir & l'inclination m'obligent également de respecter ? si longtems traînée,
dailleurs, entre la crainte & l'espérance;
si peu maitresse de moi-même dans un
tems ; si remplie , dans un autre, de la
crainte de causer quelque desastre; ne
recevant de vous aucun encouragement,
qui pût me faire espérer un peu de faveur;
appréhendant avec raison , que ma famille ne vous eût engagé du moins au
silence !

Toutes ces cosidérations.... mais que

fervent mes reflexions fur le paffé ? J'é-
tois deftinée à l'infortune...., pour obtenir bientôt un meilleur fort ; c'eft mon
heureufe efpérance. Ainfi, me renfer-
mant dans cette idée, j'écarte toutes les
autres, & je répons en peu de mots à
votre obligeante lettre.

Vos raifons me paroîtroient abfolument convainquantes, dans tout autre
cas que celui de la malheureufe Clariffe Harlove (*). Il eft certain auffi
qu'une fille, qui n'a pas le courage de
fe donner en fpectacle aux yeux du public, doit fe précautionner doublement
contre les fautes particuliéres qui peuvent
la jetter dans la néceffité de s'expofer à
cette confufion. Mais, par rapport à
moi, quand on fuppoferoit que l'état de
ma fanté ne fût pas un obftacle invin-
cible, & quand mon inclination même
me porteroit à faire éclater mes plaintes,
ne feroit-il pas à craindre que mes amis
ne trouvaffent plus de difficultés qu'ils ne
fe l'imaginent à la vangeance qu'ils fe
propofent, lorfqu'on viendroit à favoir
que j'ai confenti à donner un rendez-vous

____

(*) Les plus fortes font prifes de l'honneur de fa
famille, de celui de la vertu, & de l'impoitance
dont il eft pour la fociété, que les crimes fcandaleux
foient punis.

clandeftin , en confequence duquel j'ai été lâchement trompée ; que, pendant plufieurs femaines, je n'ai pû me defendre d'habiter fous le même toît avec mon ra- viffeur ; que j'ai fouffert fa compagnie fans me plaindre , & fans qu'il m'ait donné lui-même aucun fujet de plainte ? Il y auroit peu de faveur à fe promettre dans une Cour de Juftice , pour mille accufations qui feroient peut-être du plus grand poids devant des Juges particuliers; telles , fur tout , que les infâmes métho- des qu'on a fans ceffe emploiées pour ma ruine. Outre la confufion mortelle de devenir comme le jouet du public , cha- que bouche ne feroit-elle pas prête à re- pondre que je ne devois pas me livrer au pouvoir d'un homme fi dangereux , & que je ne me plains de rien que je n'aie bien merité ?

Mais, en fuppofant le fuccès des pour- fuites & la fentence même de mort, peut-on s'imaginer que la famille du Coupable n'eût pas affez de credit pour le dérobber au fupplice , fur tout lorfqu'il eft queftion d'un crime qui paffe pour leger aux yeux des hommes , quoique le plus grand & le moins digne de pardon contre une créature qui met fon honneur au-deffus de fa vie ? Et moi , ne me couvrirois-je pas de honte, en pourſuivant avec des vûes ſanguinaires un homme qui s'eſt hâté de m'offrir toutes les réparations qui dépendent de lui ?

J'oſe dire, Monſieur, que telle eſt l'audace de l'homme à qui mon malheureux ſort m'a livrée, telle ſa haîne contre tous mes proches, qui paroîtroit alors juſtifiée par leur ancienne averſion pour lui, & par les efforts qu'ils ont faits pour lui ôter la vie, qu'il ne ſeroit pas faché d'être confronté, dans cette occaſion, à mon pere, à mes oncles, à mon frere, à moi : & s'il étoit abſous ou pardonné, les reſſentimens mutuels n'en deviendroient-ils pas plus vifs ? Alors, mon frere & M. Morden ſeroient-ils plus à couvert ?

Que ces conſiderations aggravent ma faute ! Il eſt vrai, que dans l'origine, mes motifs n'ont point été blamables. Mais j'avois oublié cette excellente maxime, quoique je ne l'ignoraſſe point; ɔɔ qu'il ne faut pas commettre un mal ɔɔ dans l'eſperance d'un bien.

Convaincu de la pureté de mon cœur & de la fermetté de mes principes, M. Lovelace m'a offert le mariage. Il a fait éclater un repentir, que j'ai de fortes raiſons de croire ſincére ; quoique la Religion n'y ait peut-être aucune part.

Dans la même conviction, ses illustres Parens, plus tendres pour moi que les miens, se sont réunis pour me presser de lui pardonner & de recevoir sa main. Quoique je ne puisse me rendre à la seconde de ces deux demandes, ne m'avez-vous point appris, Monsieur, par les meilleures regles & par les divins exemples, à pardonner les injures ?

Celle que j'ai reçue est assurement des plus cruelles ; & les circonstances qui l'ont accompagnée sont d'une noirceur & d'une inhumanité sans exemple. Cependant, graces au ciel, elle n'a point infecté mon ame. Elle n'a point altéré mes mœurs. Il ne m'en est point resté d'habitude vicieuse. Ma volonté s'est conservée sans tache. Je n'ai ni crédulité, ni foiblesse, ni défaut de vigilance à me reprocher. J'ai triomphé, avec le secours du Ciel, des ruses les plus profondes & les plus infernales. Je suis échappée à l'ennemi de ma vertu ; j'ai renoncé à lui ; j'ai eu la force de mépriser l'homme que j'aurois été capable d'aimer. Et la charité n'achevera-t-elle pas mon triomphe ? N'aurai-je pas la satisfaction d'en jouir ? Où seroit-il, si le coupable meritoit d'obtenir grace ? Pauvre malheureux ? Il a fait une perte en me forçant de l'oublier ;

j'ai l'orgueil de le croire, parce que je connois mon propre cœur. Et moi, je n'ai rien à regreter en le perdant.

Mais j'ai de plus, Monsieur, un argument qui me paroit suffire seul, pour repondre à tous les vôtres. Je sais, mon respectable Ami, mon Guide & mon Directeur dans des tems plus heureux, je sais que vous approuverez les efforts par lesquels je travaille à m'établir dans cette charitable disposition, lorsque je vous aurai declaré que je me crois fort proche de ce grand & redoutable moment, où le ressentiment de toutes les injures qui ne concernent point l'ame immortelle, doit être absorbé dans de plus hautes & plus importantes considérations.

Voilà ce que j'avois à dire pour moi-même. A l'égard de mes amis, dont je dois souhaiter aussi la satisfaction, Miss Howe prend soin de recueillir toutes les lettres & tous les materiaux qui peuvent servir à mettre mon histoire dans son veritable jour. Je compte le vertueux Dcteur Lewin entre ces Amis, dont la satisfaction m'est chere. L'utilité qui peut revenir de ce recueil, à toutes les jeunes personnes qui auront entendu parler de moi, repondra bien mieux à la fin qu'on se propose, que mes follicitations dans une Cour de Juſtice, pour obtenir une vangeance incertaine, avec tous les déſavantages que je viens de repréſenter.

Si je ſuis aſſez heureuſe, Monſieur, pour vous faire approuver mes idées, & pour en recevoir l'aſſurance par quelques mots de votre main, il ne manquera rien à ma propre ſatisfaction ; car je ſouhaite auſſi ardemment que jamais d'être juſtifiée à vos yeux, & de meriter la glorieuſe eſtime dont vous honoriez autrefois Votre très-humble, &c.

CL. HARLOVE.

LETTRE CCCXXIV.

Miſs CLARISSE, *à ſa Sœur.*

Mardi , 22 *d'Août.*

AVec quelque dureté, ma ſœur, qu'il vous plaiſe de m'écrire, comptez que la moindre de vos attentions excitera toujours ma reconnoiſſance. Mais, quelque jugement que vous portiez de moi, je ne puis voir MM. Ackland & Derham dans les vûes que vous me propoſez. Que le Ciel, comme vous dites, ait pitié de moi ! car je n'en attens plus de perſonne. Il faut qu'on me regarde comme une Malheureuſe qui a bû toute honte ; ſans quoi l'on ne penſeroit point à m'envoier deux hommes pour une commiſſion de cette nature. Si ma mere avoit demandé de moi, ou ſi la modeſtie vous avoit permis à vous - même de me demander les circonſtances de ma triſte hiſtoire, ou ſi Madame Norton avoit été chargée de les recevoir de ma bouche, la bienſéance auroit été plus ménagée. Il me ſemble auſſi, qu'il auroit été plus digne du caractère de tout le monde, d'éxiger ces informations avant que de me condamner avec tant de rigueur.

Je ſais que votre opinion eſt celle du Docteur Lewin. Il a pris la peine de m'en inſtruire, par une lettre fort obligeante. Je lui ai fait reponſe ; & je me flatte qu'il eſt ſatisfait de mes raiſons. Peut-être méritent-elles que vous preniez la peine de demander à les voir (*).

A l'égard de votre ſeconde propoſition, qui regarde mon paſſage en Penſilvanie ;

(*) On ne le demanda pas ; & la mort du Docteur, qui arriva bientôt après, aiant empêché que cette lettre ne fût communiquée à la famille, les bons effets qu'ells auroit pû produire alors, furent trop tardifs.

fi dans l'efpace d'un mois il n'arrive
rien qui puiffe délivrer entiérement mes
proches & mes amis, de cette multitude
de foins, de craintes, & de fcandales
que vous me reprochez, & fi je fuis alors
en état de me faire tranfporter au Vaif-
feau, j'obéïrai volontiers aux ordres de
mon pere & de ma mere, quand je ferois
fure de mourir en chemin. Au lieu de
ma pauvre Hannah, qui eft réellement
innocente, vous ferez libre de mettre
auprès de moi votre Betty Barnes, qui
vous repondra de ma conduite ; & je lui
promets de recompenfer généreufement
fes fervices.

Je fuis également furprife & affligée
des nouveaux foupçons que vous me laiffez entre-voir fur ma conduite. Sur quoi
feroient-ils fondés ?

Je ne vous dirai point combien je fuis
pénétrée de votre rigueur, ni ce que
vous me faites fouffrir par cette cruelle
legereté de ftile, que vous n'affectez apparemment que dans la vûe de me mor-
tifier. Ce que j'ai à repondre, c'eft que
vous reuffiffez parfaitement, fi telle eft
votre intention. Cependant je prie le
Ciel, avec auffi peu de reffentiment qu'il
m'eft poffible, & pour l'amour de vous-
même, de vous donner un cœur plus

tendre que vous ne paroiſſez l'avoir à
préſent ; parce qu'un cœur tendre , j'en
ſuis convaincue , eſt un plus grand bien
pour celui qui le poſſede , que pour ceux
mêmes qui en reſſentent les effets. Dans
ces ſentimens , ma chere Bella , je ſuis
votre très-affectionnée ſœur ,

CL. HARLOVE.

(En ſupprimant ici pluſieurs lettres inu-
tiles , de Madame Norton , de Miſs Howe,
de M. Lovelace , de M. Belford & de M.
Wierley , qui toujours paſſionné pour Miſs
Clariſſe , revient à lui offrir ſon cœur & ſa
main ; on doit obſerver que Madame Norton
explique dans une des ſiennes le fondement des
nouveaux ſoupçons de la famille. Ils viennent
des viſites frequentes de M. Belford , qui n'eſt
connu que pour l'ami de M. Lovelace & pour
ſon ancien compagnon de débauche. Miſs
Clariſſe ſe contente de repondre , avec la tran-
quillité de l'innocence , que l'avenir fera
bientôt connoître la nature & le ſujet de cette
liaiſon. Elle fait auſſi une reponſe fort noble
& fort touchante à M. Wierley. Entre plu-
ſieurs détails domeſtiques , Madame Norton
lui fait celui d'une longue converſation qu'elle
avoit eue avec ſa tante Hervey , & dont le

resultat prouve qu'à la reserve de son frere & de sa sœur, toute sa famille commence à s'attendrir beaucoup sur son sort.

M. Lovelace, détrompé par toutes les circonstances, se plaint amerement à M. Belford, que pour se garantir de sa visite, Miss Clarisse ait été capable d'employer la ruse, dans une lettre dont il ne comprend point encore le sens. M. Belford, qui en a reçu l'explicaeion d'elle-même, fait ouvrir les yeux à son ami. C'est Dieu quelle a nommé son pere. La maison paternelle, où elle est heureusement appellé, c'est le Ciel. Tout le reste est une allusion à sa mort, qu'elle croit peu éloignée. Ruse à a verité, dit M. Belford, mais innocente & louable).

LETTRE CCCXXV.

M. LOVELACE, à M. BELFORD.

Mardi matin, 29 d'Août.

JE t'apprens, Ami, que nous avons reçù la visite du Colonel Morden. N'es-tu pas impatient d'en savoir le sujet & les circonstances? Recueille ton attention, pour un curieux dialogue.

Il vint hier, à cheval, suivi d'un seul laquais. Milord le reçut comme un parent de Miss Harlove, c'est-à-dire, avec les plus grandes marques de considération.

Après les premiers complimens, il s'adressa dans ces termes à Milord & à moi : comme vous n'ignorez pas, Messieurs, que je suis lié par le sang avec les Harloves, je n'ai pas besoin d'apologie pour le sujet qui m'amene, & qui est mon principal but dans la visite que j'ai l'honneur de vous rendre.

Milord. Miss Harlove, Monsieur, l'affaire de Miss Harlove ; c'est apparemment le motif de votre visite. Miss Harlove, au témoignage de tout le monde, est la plus excellente de toutes les femmes.

Le Col. Je suis ravi Milord, que vous en aiez cette opinion.

Milord. C'est non-seulement la mienne, mais celle de toute ma famille ; de mes sœurs, de mes niéces & de M. Lovelace même.

Le Col. Plût au Ciel que c'eût toujours été celle de M. Lovelace !

Lovel. Votre absence a duré longtems, Monsieur. Peut-être n'êtes-vous pas pleinement informé des circonftances.

Le Col. Il y a plus de fix ans, Monfieur, que je fuis parti d'Angleterc. Mifs Cla-riffe Harlove en avoir alors onze ou douze. Mais il eft rare qu'à vingt ans on ait autant de prudence & de difcre-tion. Efprit, figure, jamais je n'ai vû tant de perfections annoncées à cet âge; & je n'ai pas été furpris d'apprendre qu'elle ait plus que rempli de fi belles ef-pérances. Pour la fortune, ce que fon pere & fes oncles fe propofoient de faire en fa faveur, & ce que j'avois deffein d'y joindre moi-même, avec ce que fon grand-pere avoit deja fait, devoit la ren-dre un des plus brillans partisdu Roiaume.

Lovel. Je reconnois Mifs Harlove dans ce portrait. Ajoûtez-y, Monfieur, que fans la violence & l'humeur implacable de fa famille, qui a voulu l'engager mal-gré fon panchant dans un mariage in-digne d'elle, Mifs Harlove feroit au-jourd'hui très-heureufe.

Le Col. J'avoue, Monfieur, comme vous venez de l'obferver, que je ne fuis pas entiétement informé de ce qui s'eft paffé entre-vous & ma coufine. Mais lorfque j'ai fu pour la premiére fois que vous lui rendiez des foins, permettez-moi de le dire, je n'avois qu'une objection à faire contre-vous : importante à la verité, & je ne vous cacherai point que je lui en ai marqué librement ma penſée dans une lettre. Pour tout le reſte, il me ſembloit que perſonne ne lui convenoit mieux que vous : car vous êtes un galant homme, qui joignez à toutes les graces de la figure des manières nobles & aiſées, une naiſſance diſtinguée, une fortune & des eſpérances conſidérables. Dans le peu de tems que j'ai eu l'honneur de vous connoître en Italie, quoique votre conduite, pardonnez-moi cette reflexion, n'y ait pas été tout-à-fait ſans reproche, diverſes occaſions m'ont convaincu que vous êtes brave. Du coté de l'eſprit & de la vivacité, peu de jeunes gens vous égalent. Votre langage eſt ſéduiſant. Vous avez longtems voiagé ; & je ſais, ſi vous me le pardonnez encore, que vous vous entendez mieux à faire des obſervations qu'à les ſuivre. Avec tant de belles qualités, il n'eſt pas ſurprenant qu'une jeune perſonne prenne de l'amour pour vous ; ni que cet amour, joint à l'indiſcrete chaleur avec laquelle on a voulû forcer les inclinations de ma couſine en faveur d'un homme qui vous eſt fort inférieur, l'ait portée à ſe jetter ſous votre protection. Mais ſi je lui ſuppoſe deux motifs si puissans, n'est-il pas vrai aussi, Monsieur, quelle étoit double-ment autorisée à se promettre un géné-reux traitement de la part de l'homme qu'elle choisissoit pour son protecteur ; sur-tout, accordez-moi la liberté de le dire, lorsqu'elle étoit en état d'offrir une recompense si noble pour la prote-ction qu'elle acceptoit ?

Lovel. Miss Harlove avoit droit aux adorations de tout le genre humain. Je ne balance point à le déclarer, & je lui rendrai constamment la justice qu'elle merite. Je sais, Monsieur, la conclusion que vous en allez tirer. Ma seule reponse, c'est qu'il est impossible de rappeller le passé. Peut-être souhaiterois-je de le pouvoir.

Ici, le Colonel s'étendit avec beaucoup de force sur la mechanceté de ceux qui attaquent la vertu des femmes. Il observa qu'en général, les hommes ont deja trop d'avantage sur la crédulité, la foiblesse & l'inexpérience du beau sexe, qui par la mollesse de son éducation, par ses lectures, & par le desir naturel de plaire, devient quelquefois trop facile à se lais-ser engager dans les demarches les plus imprudentes ; qu'à la verité, sa cousine étoit au-dessus des seductions communes, c'est-à-dire, incapable d'une témérité par de moindres motifs que la violence de sa famille, & mes promesses solemnelles ; mais qu'avec ces motifs néanmoins , & une prudence qu'elle devoit moins à l'expérience des affaires qu'à son heureuse constitution , elle avoit pû croire la défiance inutile à l'égard d'un homme qu'elle aimoit ; & que par conséquent rien n'étoit plus odieux que d'avoir abusé de sa confiance.

Il auroit continué plus longtems sur un sujet si trivial. Je l'interrompis

Lovel. Ces observations sont vagues , & peuvent ne pas convenir au point dont il est question. Mais vous-même, Monsieur , vous n'avez pas d'aversion pour la galanterie ; & si vous étiez un peu pressé , peut-être ne justifieriez-vous pas mieux que moi toutes les actions de votre vie.

Le Col. Oh! Monsieur , vous êtes libre de me rappeller mes erreurs. Graces au Ciel , je suis capable de les reconnoître & d'en rougir.

Milord jetta ici les yeux sur moi. Mais comme il ne paroissoit point, à l'air du Colonel, qu'il sentrat la moindre malignité dans cette refléxion , je la relevai d'autant moins que je suis aussi prêt que lui à reconnoître mes fautes, soit que j'en rougisse ou non. Il continua :

Le Col. Comme vous semblez douter de mes principes, je vous dirai naturellement, & sans en tirer vanité, quelle a toujours été ma regle, jusqu'à ces derniers tems, où je me suis beaucoup plus resserré. J'ai pris des libertés qui ne peuvent être justifiées par les loix de la bonne morale; & je me rappelle un âge de ma vie, où je me serois cru en droit de couper la gorge à celui qui auroit traité ma sœur, comme je ne faisois pas difficulté de traiter les filles & les sœurs d'autrui. Mais, à cet âge même, je n'ai jamais été capable de faire une promesse que je n'aurois pas voulu remplir. Les jeunes personnes de l'autre sexe sont toujours disposées à nous prêter des vûes honorables, lorsqu'elles nous ont accordé leur tendresse. Elles regarderoient comme un outrage égal pour leur vertu & pour leurs charmes, d'être reduites à la nécessité de demander si l'on a des vûes legitimes dans les soins qu'on leur rend. Mais je tiens que celui qui va jusqu'à promettre, est obligé de tenir. Une femme est en droit de porter son appel à tout l'univers, contre la perfidie d'un homme qui l'a trompée, & sera toujours sure

d'avoir

d'avoir le Public de son côté.

A présent, Monsieur, continua-t'il, je vous crois trop d'honneur pour ne pas convenir, que si vous avez obtenu quelque avantage sur une si éminente vertu, vous le devez à des promesses de mariage ouvertes & solemnelles . . . . .

Lovel. (L'interrompant) je sais, Colonel, tout ce que vous pouvez ajoûter; & vous me pardonnerez, j'en suis sur, de vous avoir interrompu, lorsque vous m'allez voir toucher directement au but que vous vous proposez. Je reconnois donc que j'en ai fort indignement usé avec Miss Harlove; & j'ajoûte, avec la même franchise, que je m'en repens du fond du cœur. Je dirai plus : je me trouve si grossiérement coupable, que loin de chercher des excuses dans les affronts continuels que j'ai reçus de son implacable famille, j'avoue que ce seroit une nouvelle bassesse, qui me condamneroit doublement. Si vous pouvez dire quelque chose de pis, vous êtes libre de parler.

Il nous regarda successivement, Milord & moi. Comptez, lui dit Milord, que mon neveu parle de bonne foi. J'en repons pour lui.

Lovel. Oui, Monsieur : & que puis-je dire, que puis-je faire de plus ?

Le Col. Faire ? Monſieur. Ho, je ſuis ſurpris, Monſieur, qu'il ſoit beſoin de vous dire que la réparation doit ſuivre le repentir ; & je me flatte que vous ne balancerez pas à prouver l'un par l'autre.

(Le ton dont ce diſcours fut prononcé ne me plût point. J'heſitai ; comme incertain ſi je devois le relever).

Le Col. Permettez, Monſieur, que je vous faſſe une queſtion. Eſt-il vrai, comme on le dit, que vous épouſeriez ma couſine, ſi elle vouloit y conſentir ? Que repondez-vous, Monſieur ?

(Je me ſentis encore plus bleſſé).

Lov. Certaines queſtions, par la maniére dont elle ſont propoſées, ſemblent renfermer un ordre. Je demande à mon tour, Colonel, comment je dois prendre les vôtres. A quoi tendent, s'il vous plaît, toutes ces interrogations ?

Le Col. Je ne penſe point, Monſieur, à donner ici des ordres. Ma ſeule vûe eſt d'engager un galant homme à prendre des réſolutions dignes de lui.

Lovel. (vivement). Et par quels argumens, Monſieur, vous propoſez-vous d'y parvenir ?

Le Col. Par quels argumens engager un galant homme à ſe montrer digne de lui ? Cette queſtion me ſurprend dans la bouche de Monsieur Lovelace.

Lovel. Eh pourquoi donc, Monsieur ?

Le Col. Pourquoi? Monsieur. (d'un ton assez amer) Assurément.....

Lovel. (L'interrompant). Je n'aime point, Colonel, que mes termes soient répétés de ce ton.

Milord. Doucement, doucement, Messieurs. Je vous demande en grace de vous mieux entendre. On est si vif à votre âge !

Le Col. Je ne prens point ce reproche pour moi, Milord. Je ne suis ni fort jeune, ni trop vif. M. Lovelace peut me rendre tel qu'il le souhaite.

Lovel. Et je souhaite, Colonel, de vous voir tout ce que vous souhaitez d'être.

Le Col. (Fiérement). Je vous en laisse le choix, Monsieur : votre ami ou votre ennemi, suivant la disposition où vous êtes de rendre justice à la plus parfaite de toutes les femmes.

Milord. J'avois bien jugé, Messieurs, que cette chaleur étoit à craindre dans votre première entre-vûe. Acceptez, je vous prie, mon entremise. Je ne vous demande que de vous entendre. Vous tendez au même but, & vous n'avez besoin que de patience pour vous expliquer. M. Morden , faites-moi la grace de ne pas venir tout d'un coup aux défis..

Le Col. Aux defis , Milord ! Ce font des extrêmités que j'accepte plus volontiers que je ne les offre. Mais croiez-vous qu'aïant l'honneur d'appartenir de fi près à la plus excellente femme du monde. ...

Milord. (l'interrompant). Nous convenons tous de fes perfections, & nous regarderons fon alliance comme le plus grand honneur auquel nous puiffions afpirer.

Le Col. Vous le devez , Milord.

Mil. Oui , nous le devons : & nous le faifons auffi ; & que chacun faffe ce qu'il doit ; & qu'il ne faffe rien de plus. Et vous , Colonel , fouffrez que je le dife , vous devez être moins ardent.

Lovel. (Froidement). Allons, M. Morden ; quelles que foient vos intentions , il ne faut pas que cette difpute aille plus loin que vous & moi. Vous vous expliquez avec un peu de hauteur ; & je ne fuis point accoutumé à ce langage. Mais ici , fous ce toît , il feroit inexcufable de relever ce qui meriteroit peut-être mon attention dans un autre lieu.

Le Col. Quelque jugement que vous portiez de mon langage , le vôtre , Monfieur , eft digne d'un homme que je ferois

charmé de pouvoir nommer mon ami,
si toutes ses actions y répondoient ; &
digne aussi de l'homme que je me croirois honoré de nommer mon ennemi.
J'adore un courage noble. Mais puisque
Milord est persuadé que nous tendons
tous deux au même but, je crois, Monsieur Lovelace, que si l'on nous permettoit d'être seuls pendant quatre ou cinq
minutes, nous nous entendrions bientôt
parfaitement.

(Là-dessus, il se mit en chemin vers
la porte).

Lovel. Je suis tout-à-fait de votre opinion, & j'ai l'honneur de vous accompagner.

Milord sonna brusquement, & vint se
jetter entre-nous, en disant au Colonel :
Retournez de grace ; Monsieur, retournez : & à moi, qu'il retenoit par le bras ;
mon neveu, je vous défens de sortir.
La sonnette & le bruit des voix amene-
rent Mowbray, & Clincarn, Ecuier
de Milord ; le premier avec son air non-
chalant, & les mains derière le dos. Il
nous demanda dequoi il étoit question ?
De rien, lui dit Milord ; mais ces jeunes
gens sont, sont, sont..... de jeunes
gens, & c'est tout. Le Colonel étant
rentré alors d'un air plus composé, il le

supplia de s'expliquer avec modération.

Le Col. De tout mon cœur, Milord.

(Mowbray, s'approchant de mon oreille ; de quoi s'agit-il donc ? me dit-il. Veux-tu, mon enfant, que je tombe sur cet homme-là ? Garde toi d'ouvrir la bouche, lui répondis-je tout bas. Le Colonel est un galant homme ; & je te defens de te mêler ici le moins du monde.)

Le Col. Je serois au desespoir, Milord, de vous causer le moindre chagrin. Je ne suis pas venu dans cette intention.

Milord. En verité, Colonel, vous m'avez fait soupçonner le contraire, par la facilité avec laquelle vous prenez feu.

Le Col. Si j'avois eu le moindre dessein d'en venir aux extremités, je suis sur que M. Lovelace m'auroit fait l'honneur de me joindre, dans quelque lieu où la violence me rendroit moins coupable. Je suis venu dans des vûes fort opposées.... pour concilier les differends, loin de vouloir les irriter.

Lovel. Eh-bien, Monsieur, nous prendrons toutes les méthodes qu'il vous plaira. Il n'y a personne avec qui je sois plus disposé à traiter paisiblement, qu'avec un homme pour lequel Miss Harlove a tant de considération. Mais je vous avoue que dans le ton, comme dans les termes, je ne puis supporter l'air de menace.

Milord. Allons, Meſſieurs, allons. Vous commencez à vous entendre mieux. Vous êtes amis, j'en ſuis ſur. Promettez-moi de l'être. Je ſuis perſuadé, Colonel, que vous ne connoiſſez pas tout le fond de cette fâcheuſe affaire. Vous ne ſavez pas combien mon neveu deſire qu'elle ſe termine heureuſement. Vous ne ſavez pas, Colonel, qu'à notre ſollicitation , M. Lovelace eſt réſolu d'épouſer Miſs Harlove.

Le Col. A votre ſollicitation, Milord ! Je me ferois figuré que M. Lovelace étoit diſpoſé à remplir ſon devoir par des principes de juſtice ; ſur tout lorſque la juſtice ſe trouve jointe au plus grand honneur qu'il puiſſe ſe faire à lui-même.

(Mowbray jetta des yeux à demi-fer-més ſur le Colonel, & me lança auſſitôt un regard).

Lov. L'expreſſion eſt forte, Monſieur.

Mowbray. Par ma foi, je la trouve t'elle auſſi.

Le Col. Forte ? Monſieur. Mais n'eſt-elle pas juſte ?

Lovel. Oui, Colonel ; & je crois que faire honneur à Miſs Harlowe, c'eſt m'en faire à moi-même. Cependant , il y a

des termes qui peuvent être adoucis, du
moins par le ton, sans rien perdre de
leur valeur.

Le Col. Cette remarque est vraie en
général : mais, si vous avez pour ma
cousine les sentimens dont vous faites
profession, vous devez....

Lovel. Souffrez, Monsieur, que je
vous interrompe. Si j'ai les sentimens
dont je fais profession ! Il me semble
qu'aprés avoir déclaré que j'ai ces sentimens, ce *si*, prononcé avec emphase,
est ici fort déplacé.

Le Col. Vous m'avez interrompu deux
fois, Monsieur. Je suis aussi peu accoutumé à me voir interompre, que vous à
voir repêter vos termes.

Milord. Deux barrils de poudre, en
verité. Que sert, Messieurs, de vouloir
traiter, si vous êtes prêts à quéreller au
moindre mot ?

Lovel. Un homme d'honneur, Milord,
souffre difficilement que sa bonne foi
soit soupçonnée.

Le Col. Si vous m'aviez permis d'achever, M. Lovelace, vous auriez vû que
ce *si* étoit moins une marque de doute,
qu'une supposition accordée. Mais réellement, il est bien étrange qu'avec tant
de delicatesse sur la bonne foi dans le

commerce des hommes , on ne faſſe pas ſcrupule de violer les promeſſes & les ſermens qu'on fait aux femmes. Je puis vous aſſurer , Monſieur , que j'ai toujours crû ma conſcience liée par mes ſermens.

Lovel. Je loue cette maxime , Colonel : mais je vous apprens que vous me connoiſſez peu , ſi vous ne me croiez pas capable d'un juſte reſſentiment , lorſque je vois prendre mes généreuſes déclarations pour une marque de foibleſſe.

Le Col. (d'un air ironique) je me garderai bien , Monſieur , de vous préter cette diſpoſition. Ce ſeroit s'imaginer qu'un homme , qui s'eſt rendu coupable d'un injure ſignalée , n'eſt pas prêt à montrer ſon courage pour la ſoutenir.

Mowbray. Ce ton eſt dur , Colonel. Ho , par ma foi , ce ton eſt trop dur. Il n'y a perſonne au monde , de qui j'en vouluſſe entendre autant que M. Lovelace en a ſouffert.

Le Col. Qui êtes - vous , Monſieur ? Quel droit avez-vous d'entrer dans une affaire , où d'un côté l'on ſe reconnoît coupable , & où l'honneur d'une famille conſidérable eſt Intéreſſé ?

Mowbray (à l'oreille du Colonel). Mon cher enfant , vous m'obligeriez infiniment , ſi vous vouliez me donner le moïen de repondre à votre queſtion.

(Il ſortoit. Je l'ai ramené, tandis que Milord retenoit le Colonel).

Le Col. De grace, Milord, permettez-moi de ſuivre cet officieux Inconnu. Je vous promets d'être ici dans trois minutes.

Lovel. Mowbray ! Eſt-ce là le perſonnage d'un ami ? Me ſuppoſes-tu incapable de répondre pour moi-même ? & le Colonel Morden, que je connois homme d'honneur & de courage, quoiqu'un peu téméraire dans ſa viſite, aura-t'il occaſion de ſe plaindre qu'étant venu ici ſeul & comme nud, cette raiſon n'ait pas plutôt ſervi à lui attirer des civilités que des inſultes ? Il faut, mon cher Mowbray, que vous vous retiriez à ce moment. Vous n'avez, en effet, aucun intérêt dans cette affaire : & ſi vous êtes mon ami, je vous prie de faire des excuſes au Colonel, de vous y être mêlé mal à propos.

Mowbray. Hé-bien, hé-bien, Lovelace, il n'en ſera que ce que tu juges à propos. Je ſais que je n'ai point à faire ici. Vous, Colonel, (en lui tendant la main) je vous laiſſe à un homme, qui eſt auſſi capable de défendre ſa cauſe qu'aucun mortel que je connoiſſe.

Le Col. (Prenant la main de Mowbray,

à la priére de Milord). Vous ne m'apprenez rien que j'ignore, M. Mowbray. Je ne doute point que M. Lovelace ne fût défendre fa caufe, s'il étoit queftion d'un caufe à défendre : & j'en prendrai occafion de vous avouer, M. Lovelace, que je ne puis m'expliquer à moi-même, qu'un homme auffi brave, auffi généreux que je vous ai connu dans le peu de tems que j'ai eu l'honneur de vous voir en Italie, ait été capable d'en ufer fi mal avec la plus excellente perfonne de fon fexe.

Milord. Allons, Meffieurs. A préfent que M. Mowbray a difparu, & que vous ne vous devez rien l'un à l'autre, que tout refpire l'amitié, je vous en prie; & cherchons enfemble quelque heureufe conclufion.

Love. Un mot, Milord, à préfent que M. Mowbray eft parti. Je crois qu'un homme d'honneur ne doit pas paffer fi légérement, fur une ou deux expreffions qui font échappées au Colonel.

Milord. Mon neveu, que diable veux-tu dire ! Tout doit tomber dans l'oubli. Il ne te refte qu'à confirmer, au Colonel, la réfolution où tu es d'époufer Mifs Harlove, fi elle confent à te recevoir.

Le Col. Je me flatte que M. Lovelace

n'hefitera point à m'en donner fa parole, malgré tout ce qui s'eft paffé. Si vous croiez, Monfieur, qu'il me foit échappé quelque chofe dont vous aiez à vous plaindre, c'eft apparemment lorfque j'ai dit, qu'un homme qui a fi peu confulté l'honneur à l'égard d'une femme fans protection & fans défenfe, ne doit pas être fi délicat fur ce qui merite bien moins ce nom, furtout avec ceux qui ont droit de lui en faire leurs plaintes. Je fuis fâché, M. Lovelace, d'avoir fujet de tenir ce langage : mais je le repéterois fans crainte à un Roi, dans toute fa gloire, au milieu de fes gardes.

Milord. Que faites-vous, Meffieurs ? Vous foufflez fur les flammes, & je vois que vous avez deffein de quéreller. Ne fouhaitez-vous pas, mon neveu, n'êtes-vous pas prêt d'époufer Mifs Harlove, fi nous pouvons obtenir fon confentement ?

Lovel. Que le Ciel me confonde, Milord, fi je voulois époufer une Impératrice à ce prix.

Milord. Quoi, Lovelace ! Tu es plus emporté que le Colonel ? C'étoit fon tour, il n'y a qu'un inftant : mais à préfent qu'il s'eft refroidi, vous prenez feu tout d'un coup.

Lovel. J'avoue que le Colonel a beaucoup d'avantages sur moi ; mais peutêtre en connois-je un qu'il n'auroit pas , si nous en venions à l'épreuve.

Le Col. Je ne suis pas venu , comme je l'ai deja dit , pour chercher l'occasion: mais je ne la refuserai pas si elle m'est offerte : & puisque nous ne causons ici que de l'embarras à Milord, je vais prendre congé de lui & m'en retourner par St. Albans.

Lovel. Je vous accompagnerai de tout mon cœur pendant une partie du chemin, Colonel.

Le Col. J'accepte avec joie votre civilité , M. Lovelace.

Milord (nous arrêtant encore , lorsque nous étions en mouvement pour sortir). Eh Messieurs ! que vous en reviendrat'il ? Supposons que l'un perisse par la main de l'autre , l'affaire en sera-t'elle plus ou moins avancée ? Croiez-vous que la mort de l'un ou de l'autre , ou celle des deux , rende Miss Harlove plus ou moins heureuse ? Votre courage est trop connu , pour avoir besoin de nouvelles preuves. Je crois , Colonel, que si vous avez en vûe l'honneur de votre cousine , il n'y a pas de voie plus certaine que celle du mariage : & si vous voulez, emploier votre credit auprès d'elle, il est très-probable que vous obtiendrez ce qu'elle refuse jusqu'à présent à tout le monde.

Lovel. Il me semble, Milord, que j'ai dit tout ce qu'on peut dire, dans une affaire où le passé ne peut être rappellé. Vous voiez néanmoins que le Colonel prend droit de ma modération pour s'échauffer, jusqu'à me mettre dans la nécessité de prendre le même ton que lui; sans quoi je serois méprisable à ses propres yeux.

Milord. Je vous demande, Colonel, si vous connoissez quelque méthode, quelque voie de raison & d'honneur, pour faire gouter une réconciliation à Miss Harlove. C'est à quoi tendent tous nos désirs : & je puis vous dire, Monsieur, que ses ressentimens contre mon neveu viennent particuliérement de ses proches, & de la disposition implacable qu'ils conservent pour elle. Mon neveu en a très-mal usé ; mais il est disposé à réparer ses fautes.

Lovel. Pour l'amour d'elle-même, Milord, & par le vif sentiment de mes injustices ; mais sans aucun égard pour sa famille, ni pour les hauteurs de Monsieur.

Le Col. Je suis trompé, Monsieur, si les vôtres n'eussent été bien plus loin dans le même cas, c'est-à-dire, pour l'intérêt d'une Parente si respectable & si indignement outragée. J'ajoûte que si vos motifs ne sont pas l'amour, l'honneur, la justice, & s'il s'y mêle la moindre teinture de repugnance ou de simple pitié, je suis sur qu'ils trouveront peu de faveur auprès d'une personne qui pense aussi noblement que ma cousine; & je ne souhaiterois pas moi-même qu'elle s'y pretât plus volontiers.

Lovel. Vous ignorez, Colonel, que Milord, Milady Sadleir, Milady Lawrance, mes deux cousines Montaigu, & moi, que je nommerois le premier si l'ordre étoit pris de l'amour & de la justice, nous lui avons écrit dans les termes les plus solemnels & les plus pressans, pour lui faire des offres qu'elle est seule capable de refuser.

Le Col. Eh! quelles raisons, s'il vous plaît, peut-elle apporter contre des médiations si puissantes & contre de telles offres? Ne faites pas difficulté de vous expliquer, Monsieur. Vous devez rendre justice aux motifs qui m'animent. N'est-ce pas d'établir l'honneur de Madame Lovelace, si les affaires peuvent être conduites à cet heureux point ?

Lovel. Monsieur Morden ! lorsqu'elle m'aura fait la grace d'accepter ce nom, je n'aurai besoin ni de vous, ni d'aucun autre au monde, pour assurer l'honneur de Madame Lovelace.

Le Col. J'en suis persuadé : mais jusqu'alors, elle me touche de plus près qu'à vous. Ce que je dis, Monsieur, c'est pour vous faire juger que dans le rolle que je fais, je merite vos remercimens plutôt que vos plaintes, & qu'en pesant bien l'occasion, vous n'y devez rien trouver de chocquant pour vous - même. Contre qui, Monsieur, une femme a-t'elle besoin de protection, si ce n'est contre ceux qui l'outragent ? Et par qui Miss Harlove se trouve t'elle outragée ? Ainsi, jusqu'à ce qu'elle ait droit à votre protection, il me semble, que vous devez me faire un merite du zéle que j'ai pour sa défense. Mais vous aviez commencé, Monsieur, à m'expliquer des circonstances que j'ignore.

(Je lui fis le recit de mes offres. Je reconnoissois, lui dis-je, que ma conduite avoit pû causer à Miss Harlove un extrême chagrin. Mais c'étoit la rigueur implacable de ses parens, qui l'avoit jettée dans l'excès du désespoir & qui lui faisoit méprifer la vie. J'ajoûtai qu'elle avoit eu la bonté de m'écrire, pour me faire fufpendre une vifite à laquelle j'étois abfolument refolu ; & que j'avois fondé de grandes efpérances fur fa lettre, parce qu'elle m'affuroit qu'elle étoit à la veille de retourner chez fon pere, où elle me faifoit envifager le bonheur de la voir).

Le Col. Eft-il poffible ? Vos efforts, Monfieur, ont-ils été fi preffans ? Vous-à-t'elle écrit dans ces termes ?

Milord me fervit auffitôt de garant. Il ajoûta même que par foumiffion pour fes defirs, j'étois revenu de Londres fans avoir obtenu la fatisfaction de la voir.

Il eft vrai, repris-je. C'eft ce que je vous aurois plutôt expliqué : mais votre chaleur m'a rendu plus refervé, dans la crainte que ce détail n'eût l'air d'une baffe capitulation ; foibleffe, qui me rendroit auffi méprifable à mes propres yeux qu'aux votres.

Milord propofa de foutenir mon apologie par des preuves. Il obferva que les Harloves & moi, nous en avions ufé mutuellement comme des Ours ; que dailleurs toute cette famille s'étoit expliquée fort librement fur la notre : cependant, qu'en faveur de Mifs Clariffe, plutôt que par égard pour eux, ou pour moi-même , il étoit resolu de faire beaucoup plus qu'ils ne pouvoient demander ; qu'il étoit prêt à s'y engager , & qu'il auroit commencé par cette déclaration , s'il avoit pû nous inspirer plutôt de la modération & de la patience.

Le Colonel rejetta sa chaleur sur son affection pour sa cousine. J'acceptai volontiers ses excuses ; & Milord aiant fait servir des refraîchissemens , nous nous assîmes de fort bonne humeur après toutes ces discussions , pour entrer dans les éclaircissemens qu'on me demandoit & sur lesquels je ne m'étois pas fait presser. Mais ce sera le sujet d'une autre lettre , pour laquelle je ne veux que le tems de soulager ma main & de consulter un peu ma memoire.

Observe , Belford , quel est le défavantage d'une mauvaise cause. Il me semble que les interrogations du Colonel, poussées d'un ton si ferme , ont dû répandre sur moi un maudit air d'humiliation : tandis qu'elles lui donnoient une supériorité que je n'accorderois pas au premier homme de l'Europe. Ainsi , pour prendre les choses à la lettre , comme le feroit un homme de bien, le vice trouve sa punition dans lui - même. C'est d'un homme de bien que je parle : garde toi , malgré ton air contrit, de te croire en droit de faire la même observation.

(Ceux que le sujet de cette lettre n'a peut-être pas moins ennuiés que sa longueur, se plaindroient beaucoup de la suivante, qui contient le reste de cette conférence & qui est plus longue du double. Passons sur un détail inutile, pour faire seulement observer que M. Morden, assez content des ouvertures & des dispositions de M. Lovelace, le quitte dans la résolution de se rendre incessamment à Londres pour s'expliquer avec Miss Harlove, & de la consoler d'avance par une lettre d'estime & d'amitié. M. Lovelace paroît fort satisfait aussi du Colonel, dont il loue généreusement le caractère, & se promet tout de sa médiation. Il finit par des plaintes amères du silence de M. Belford, dont il n'avoit pas encore reçu la dernière lettre.

M. Belford, dans deux lettres suivantes, du 30 & du 31, lui marque, qu'aiant communiqué à Miss Harlove le récit de la visite de M. Morden, elle a témoigné une joie extrême de l'heureux dénoument d'une explication dont elle redoutoit les suites. Il lui apprend, dans la seconde, qu'elle en a reçu une de M. Morden, qui paroît lui causer aussi

beaucoup de satisfaction. ” Cependant ’
” *ajoûte-t'il , je suis persuadé qu'il est trop*
” *tard. Helas ! le decret est porté. Ce monde*
” *n'est pas digne d'elle.*)

L E T T R E CCCXXVI.

M. MORDEN, à Miss CLARISSE HARLOVE.

Mardi , 29 d'Août.

Ma chere Cousine ,

PErmettez-moi de prendre part au infortunes , qui jettent une malheureuse division entre vous & votre famille,
& de vous offrir mon assistance pour ra-
mener les choses au plus favorable état
qu'on puisse encore espérer.

Vous êtes tombée dans de fort indignes
mains. Ce que j'apprens me fait juger
que ma lettre de Florence est arrivée
trop tard pour le fruit que j'en avois es-
peré. Ma douleur en est extrême , & je
ne m'afflige pas moins d'avoir differé si
longtems mon retour.

Mais oublions le passé, pour jetter les

yeux fur l'avenir. J'ai vû M. Lovelace &
Milord M.... Il feroit inutile, fuivant
leur recit, de vous dire combien toute
leur famille defire l'honneur de votre alliance, & quelle eft l'ardeur de M. Lovelace pour vous faire toutes les repa-
rations qui font en fon pouvoir. Je crois,
ma chere Coufine, que vous n'avez rien
de mieux à faire, que de recevoir fa
main. Il rend une juftice éclatante à votre
vertu, & le ton dont il fe condamne
lui-même, me perfuade que vous pouvez lui pardonner avec honneur; d'autant plus que vous paroiffez déterminée
contre une perfecution legale. Il eft évident pour moi, que le pardon que vous lui
accorderez facilitera beaucoup la reconciliation générale : car votre famille ne
peut s'imaginer qu'il penfe ferieufement
à vous rendre juftice ; ou que vous fuf-
fiez obftinée à le rejetter, fi vous le jugiez
de bonne foi. Cependant cette affaire
peut avoir quelque face qui m'eft encore
inconnue. Si ce foupçon eft jufte, & fi
vous confentez à m'inftruire, je vous
promets tout ce que vous pouvez attendre d'un cœur naturellement vif & ardent.

Il n'y a que le defir de vous rendre fervice, qui m'ait empêché jufqu'à préfent

de vous donner ces aſſurances de bouche. Je languis de vous revoir, après une ſi longue abſence. Mon intention eſt de voir ſucceſſivement tous mes Couſins, & je ne déſeſpére pas de rétablir la paix. Les eſprits fiers, qui ont pouſſé le reſſentiment trop loin, n'attendent qu'un prétexte pour ſe rendre : & la tendreſſe ne s'éteint jamais dans le cœur des Parens, pour un enfant qu'ils ont une fois aimé.

En attendant, je vous prie de m'informer, en peu de mots, ſi vous avez quelque doute de la bonne foi de M. Lovelace. Pour moi, je le crois ſincére, ſi j'en juge par la converſation que j'eus hier avec lui. Vous aurez la bonté de m'adreſſer votre réponſe, chez M. Antonin Harlove.

Juſqu'à l'heureux moment où je me rendrai peut-être utile à votre réconciliation avec votre Pere, votre Frere & vos Oncles, permettez, ma chere Couſine, que je tienne la place de quatre perſonnes qui vous touchent de ſi près, avec celle de votre, &c.

MORDEN.

LETTRE CCCXXVII.

*Miss Clarisse Harlove, à
M. Morden.*

Jeudi, 31 d'Août.

REcevez, mon cher Monsieur, mes
plus ardentes félicitations sur votre
retour. Je l'ai appris avec une satisfaction extrême : mais la confusion & la
crainte m'ont également empêchée de
vous prévenir par mes lettres, avant les
témoignages d'affection par lesquels vous
avez la bonté de m'encourager.

Qu'il est consolant pour mon cœur
blessé, de m'appercevoir que vous ne
vous êtes pas laissé entraîner par ce flot
de ressentimens, sous lequel je suis mal-
heureusement submergée, & que tandis
que mes plus proches parens ne daignent
point examiner la verité des lâches rapports qu'on leur fait contre moi, vous
avez pris la peine de vérifier par vous-
même que mes disgraces viennent de
mon malheur, beaucoup plus que de ma
faute !

Je n'ai pas le moindre sujet de douter que M. Lovelace ne soit sincére dans ses offres, & que tous ses Proches ne souhaitent ardemment de mes le voir accepter. J'ai reçu de nobles preuves de leur estime, depuis le refus même que j'ai fait de me rendre à leurs sollicitations. Ne blâmez pas le parti auquel je me suis attachée. Je n'avois pas donné sujet, à M. Lovelace, de me regarder comme une créature folle & sans principes. Si je lui avois donné sur moi cet avantage, un homme de son caractère auroit pû se croire autorisé par les siens à se prévaloir de la foiblesse qu'il m'auroit inspirée; & dans cette supposition, le témoignage de mon propre cœur m'auroit excité à composer avec un mechant homme.

Je puis lui pardonner : mais c'est par la persuasion où je suis, que ses crimes me rendent supérieure à lui. Croiez-vous, Monsieur, que je puisse donner ma main & mes vœux à un homme que je crois au-dessous de moi, & mettre le sceau, par ce don, à ses bassesses préméditées ? Non, Monsieur ; j'ose dire que votre Cousine, dût-elle passer la plus longue vie dans l'infortune & la misére, n'attache point assez de prix aux commodités de la vie, ni à la vie même, pour acheter

ter les unes & pour conserver l'autre par un engagement de cette nature ; un engagement, qui deviendroit une recompense pour le *Violateur*, aussi longtems qu'elle seroit fidelle à son devoir.

Ce n'est pas l'orgueil, c'est la force de mes principes, qui m'inspire ce langage. Quoi ? Monsieur : lorsque la vertu, lorsque la pudeur fait tout l'honneur d'une femme, sur tout dans l'état du mariage, votre Cousine épouseroit un homme, qui n'a pû commettre un attentat sur elle, que dans l'espérance de la trouver assez foible pour recevoir sa main, aussi-tôt qu'il se trouveroit trompé dans l'odieuse opinion qu'il avoit de son caractère ? Il n'a pas eu sujet jusqu'aujourd'hui de me croire foible : je ne lui en donnerai pas l'occasion, sur un point où je ne pourrois l'être sans crime.

Quelque jour, Monsieur, vous serez peut-être informé de toute mon histoire. Mais alors, je vous demande en grace de ne pas penser à la vangeance. L'auteur de mon infortune n'auroit pas merité ce nom, sans un étrange concours de malheureuses causes. Comme les loix n'auront aucune action sur lui lorsque je ne serai plus, la seule pensée de toute autre vangeance me paroît effraiante. Et dansce cas, en supposant l'avantage du côté de mes amis, de quelle utilité sa mort seroit-elle pour ma memoire ? Si quelqu'un d'eux au contraire venoit à perir par les armes, quelle aggravation pour ma faute !

Que le Ciel vous comble de biens, mon cher Cousin; & qu'il vous benisse autant que vous m'avez consolé, en m'apprenant que vous m'aimez encore!, & que j'ai un cher Parent dans le monde, qui est capable de me plaindre & de me pardonner. C'est la priére de votre, &c.

CL. HARLOVE.

LETTRE CCCXXVIII.

M. LOVELACE, à M. BELFORD.

Jeudi, 31 d'Août, en réponse à sa lettre du 29.

JE ne puis te dissimuler que je suis blessé jusqu'au fond du cœur, par cette interprétation que Miss Harlove donne à sa lettre. C'est une ruse qui n'est pas pardonnable. Elle! Un naturel sim-

ple ! Une Pénitente , une Innocente ,
une fille de piété , & tout ce qu'elle voudra. Etre capable de tromper , avec un
pied dans fa tombe !

Il eft évident qu'elle a compofé cette
lettre , dans le deffein de furprendre &
de tromper. Si la crife où elle eft ne lui
ôte pas ces perfides idées , elle n'a pas
moins befoin de l'indulgence du Ciel ,
que moi de la fienne. Milord même ,
qui n'a pas inventé la poudre , y trouve
de l'artifice , & le juge indigne d'elle.
Mes Coufines Montaigu entreprennent
de la juftifier , & je n'en fuis pas furpris.
Ce maudit fexe eft fi partial ! Je les hais,
je les détefte toutes. Elles ne convien-
dront jamais de rien à leur préjudice ,
lorfque notre fexe y eft intéreffé ; &
pourquoi ? parce qu'en cenfurant la
tromperie dans une autre femme , elles
condamneroient leur propre cœur.

Elle dit m'écrire lorfqu'elle fera dans
le Ciel. N'eft-ce pas là le fens ? Le diable emporte de telles allegories : & qu'il
t'emporte toi-même , pour avoir donné
le nom d'innocent artifice à cette abfur-
dité.

J'infifte à prétendre , que fi dans une
fituation telle que la fienne , une femme
de fon caractère eft autorifée à ces trom-

peufes allufions, un homme en pleine vigueur d'efprit & de corps, tel que je fuis moi-même, peut croire tous fes ftratagêmes & tous fes attentats fort bien juftifiées. Graces à mon étoile, ma confcience, à préfent, peut demeurer tranquille fur ce point.

Cependant tu peux l'affurer de ma part, que je ne la troublerai point par mes vifites, puifqu'elle eft difpofée à les trouver fi choquantes ; & j'efpére qu'elle regardera cette déclaration comme un acte de générofité, qu'elle ne devoit pas trop fe promettre, après m'avoir joué fi témérairement. Qu'elle fçache auffi que fi je fuis capable de quelque chofe pour fon repos, ou pour fon honneur, j'exécuterai fes ordres au premier figne ; quelque honte, ou quelque mal qu'il puiffe m'en arriver. Ma vûe, comme tu dois le croire, eft de raffurer fon imagination, contre toutes fortes de craintes. Si fa maudite Famille étoit capable de remplir fon devoir d'auffi bonne grace, je répondrois de fa guérifon fur ma vie.

Mais, tout occupé que je fuis d'un fujet fi peu plaifant, crois-tu que tes folles idées de pénitence & de réformation ne me tentent pas beaucoup de rire à tes dépens ? Ho, je t'en prie Belford, finis tes ridicules aspirations, si tu ne veux pas deshonorer celles de l'Ange que tu t'efforces d'imiter. Lorsque j'ai lû, dans une de tes Lettres, que tu la considéres effectivement comme un Ange envoyé du Ciel, pour t'attirer après elle ; que je meure, si pendant plus d'une heure, je ne t'ai eu présent à l'esprit dans l'attitude de Madame Elisabeth Carteret, sur sa tombe de Westminster. Si tu ne l'as jamais observée, fais le voïage exprès ; & tu verras une grosse figure de marbre, la tête haute, & la main levée, pour saisir celle d'un Ange ; un pied levé aussi, apparemment pour monter, suivant le dessein du Sculpteur : mais le tout si pésamment executé, que la Statue paroît prête à rentrer dans le bloc, plutôt qu'à sortir ; sans compter que la figure de l'Ange n'aiant qu'un quart de la grosseur de l'autre, avec des aîles qui ne sont guéres plus grandes que celles d'un Papillon, on est embarrassé à juger si la petite ne sera pas entraînée vers la terre, plutôt que d'enlever la grosse jusqu'au Ciel, où l'on suppose qu'elle aspire.

Tu me diras peut-être que dans cette comparaison, le grain du marbre & la belle taille de la Dame te font trop d'honneur, à toi, qui n'as que l'air d'un Ours ; & qu'au contraire ma Charmante, qui est véritablement un Ange, est très-défavantageusement représentée par la petite figure. J'en conviens. Mais tes aspirations m'ont assez frappé, pour me faire trouver ta ressemblance & celle de Miss Harlove dans les deux figures de ce misérable monument ; car tu dois considérer que toute prête qu'elle peut-être à monter au Ciel, son véritable élément, il est impossible, mon cher ami, qu'elle entraîne après elle un personnage aussi lourd que toi, & chargé d'ailleurs du poids de tes iniquités.

Mais pour reprendre le ton sérieux, je suis bien-aise de vous dire, Monsieur Belford, que si ma divine Clarisse est aussi mal que vous me l'écrivez, il vous conviendroit, dans des circonstances si touchantes, d'être un peu moins caustique dans vos réfléxions. Cette affaire, à vous parler naturellement, commence à me jetter le cœur & l'esprit dans un cruel désordre. Je suis si impatient d'apprendre plus souvent de ses nouvelles, qu'il me prend envie de m'approcher de Londres & d'aller passer quelques jours à Uxbridge, chez notre ami Doleman. Je n'aurai besoin que de deux heures pour me rendre auprès d'elle , s'il arrive quelque changement qui la porte à fouffrir ma vifite. Dans une terrible fuppofition, que je prie le Dieu du Ciel & de la Terre d'éloigner pour long-tems , il feroit digne de fa pieté & de fa charité reconnues , de m'accorder de fes cheres lévres le pardon qu'elle m'a refufé par écrit. Puifqu'elle défire ma réformation , elle doit fe promettre un bon effet de cette entrevuë.

Je me détermine donc à partir demain avant midi. Mon Courrier me trouvera chez Doleman à fon retour , & m'apportera, j'efpére, une Lettre de vous. Si j'étois plus proche où dans Londres même, il me feroit impoffible de m'interdire le plaifir de la voir. Mais fi la cruelle fuppofition fe vérifie , comme vos continuelles allarmes me forcent de le craindre , (Ciel ! encore une fois, détourne cet horrible coup ? Qu'il eft naturel de recourir au Ciel , lorfqu'on n'a plus de fecours à tirer de foi-même !) alors , cher ami , gardez-vous de m'apprendre clairement mon malheur. Marquez-moi feulement que vous me confeillez de faire un tour à Paris. C'en eft affez pour me mettre le poignard au fond du cœur.

I iv

J'approuve tellement votre générosité pour la Sœur de Belton, que j'ai engagé Mowbray & Tourville à renoncer à leur leg, comme je renonce au mien.

Mon Courrier fera la derniére diligence pendant toute la nuit. Si vous voulez lui sauver la vie, je vous recommande de ne pas le renvoyer les mains vuides.

LETTRE CCCXXIX.

M. BELFORD, à M. LOVELACE.

Jeudi au soir 31 d'Août.

EN finissant ma derniere Lettre, je me flattois, à l'occasion de celle de M. Morden, que la premiere visite que je rendrois à l'étonnante Miss Harlove, me feroit apprendre quelques circonstances, aussi agréables qu'on peut en espérer dans sa situation. Mais il en est arrivé tout autrement, quoiqu'elle n'en juge pas comme moi ; & de ma vie je n'ai été si frappé, que dans l'occasion dont j'ai le récit à vous faire.

Lorſque je ſuis entré chez elle, vers ſept heures du ſoir, elle m'a dit que depuis que je l'avois quittée, le plaiſir qu'elle avoit reçu de la Lettre de ſon Couſin avoit d'abord excité ſes eſprits, juſqu'à lui faire admirer le changement qu'elle éprouvoit ; mais qu'enſuite s'étant livrée à de fâcheuſes comparaiſons, elle avoit trouvé fort dur que ſes plus proches Parens n'euſſent pas pris avec elle les méthodes par leſquelles M. Morden avoit commencé ; c'eſt-à-dire, qu'ils n'euſſent pas cherché à ſe procurer des informations, & qu'ils ne l'euſſent point entendue, avant que de la condamner.

A peine avoit-elle fini cette réfléxion, qu'entendant ſur l'eſcalier le bruit de quelques hommes, qui paroiſſoient tranſporter un grand coffre, elle a treſſailli, & ſon viſage s'eſt couvert de rougeur. Elle m'a regardé d'un air inquiet ; les Imprudens ! a-t'elle dit. Ils ſont arrivés deux heures trop tôt. Ne ſoyez pas ſurpris, Monſieur ; c'eſt un ſoin que j'ai voulu vous épargner.

Avant qué j'aie eu le tems de répondre, Madame Smith eſt entrée, en s'écriant ; O Madame ! qu'avez-vous fait ? Madame Lovick qui s'eſt préſentée auſſi tôt, a fait la même exclamation : & moi, qui ai sçu de ces deux femmes, tandis qu'elle s'avançoit vers la porte, que c'étoit un cercueil qu'on lui apportoit ; juste Ciel ! me suis-je é crié aussi : Madame, qu'avez-vous fait ! O Lovelace ! que n'étois-tu témoin de cette scene ! Toi, qui as toutes ces horreurs à te reprocher, je suis sur que tu n'aurois pas été moins touché que moi, qui n'ai, graces au Ciel, à répondre d'aucune de ses afflictions.

Après avoir ordonné tranquillement aux Porteurs de placer leur fardeau dans sa chambre de lit, elle est revenue vers nous. Ils avoient ordre, nous a-t'elle dit d'un air aussi calme, de prendre le tems de l'obscurité pour l'apporter. Vous excuserez, M. Belford : & vous Mesdames, ne vous allarmez point. Il n'y a que la nouveauté qui doive ici vous surprendre. Pourquoi serions-nous plus choqués de cette vue, que de celle des tombes de nos Prédécesseurs, que nous voions tous les jours à l'Eglise, & dont nous savons que les cendres serons un jour mêlées avec les nôtres ?

Nous sommes tous demeurés en silence ; les femmes, avec leurs tabliers sur les yeux. Elle a repris : pourquoi cette triſteſſe , à l'occaſion de rien ? ſi e mérite quelque blâme , c'eſt pour avoir marqué un ſoin exceſſif de cette partie terreſtre. Mais j'aime à régler tout ce qui me regarde moi-même. Mes affaires eſſentielles ſont ſi avancées , que j'ai du loiſir pour des choſes moins importantes, Peut-être aurois-je eu ce devoir de reſte , dans un tems où j'aurois été moins capable de le remplir. Je n'ai ni Mere , ni Sœur. Madame Norton & Miſs Howe ne ſont pas proche de moi. Vous auriez ce ſpectacle dans peu de jours , ſi ce n'étoit pas aujourd'hui ; & peut - être quelqu'un de vous en auroit il l'embarras. Qu'importe pour vous une differen-ce ſi courte , lorſqu'il me cauſe moins de peine que de plaiſir ? Ces prépa-ratifs ne rendront pas ma mort plus prompte. L'uſage n'eſt-il pas de faire un Teſtament, quand on a quelque choſe à laiſſer ? & ſi l'on n'eſt pas effraié d'un Acte ſi lugubre, pourquoi le ſeroit-on de la vue d'un cercueil ? Mes cheres amies (en s'addreſſant aux deux femmes) j'ai peſé toutes ces reflexions. Seroit-il poſſi-ble que depuis pluſieurs ſemaines , avec un objet tel que moi devant les yeux , vous ne vous fuſſiez pas entretenues des mêmes idées ?

Que de raison dans ce langage ! il marquoit assez qu'elle y avoit pensé long-tems. Cependant je n'en ai pas été moins revolté par la vue d'un cercueil, en présence de l'aimable personne, qui vrai-semblablement ne tardera guéres à le remplir. Elle a proposé aux femmes d'entrer dans sa chambre avec elle, pour le voir de plus près, en les assurant que ce spectacle leur paroîtroit moins choquant, lorsqu'il leur seroit un peu plus familier. Je lui ai représenté que c'étoit nourrir dangereusement sa tristesse, & j'ai pris congé d'elle. Les femmes l'ont suivie. Sexe étrange ! Rien ne les arrête & n'est capable de les effraier, lorsque la curiosité les presse, & qu'elles ont la nouveauté pour amorce.

Vendredi premier de Septembre.

Je reçois ta Lettre. Que ta gaieté m'étonne, au milieu de tant de scenes affligéantes ! Tes talens & ta légéreté pris ensemble, le monde n'a rien produit de semblable à toi. Mais ce que tu viens de lire doit t'avoir touché; ou rien n'en sera jamais capable, jusqu'au jour de ta propre mort, que tes propres refléxions te feront trouver extrêmement terrible ! Cependant je suis charmé que tu me donnes le pouvoir d'assurer Miss Harlove, que tu ne penses point à la troubler ; c'est à dire, en d'autres termes, qu'après avoir ruiné sa fortune & toutes ses espérances, tu veux bien la laisser mourir en paix.

Le présent que tu fais à la Sœur de Belton, & l'engagement où tu as mis Tourville & Mowbray d'imiter ton exemple, font des actions dignes de ta générosité pour ton Bouton de rose ; dignes d'un grand nombre d'autres actions louables en matiere pécuniaire, sur lesquelles je te rends volontiers témoignage ; car ton Bouton de rose est le seul exemple d'une jolie femme, à qui tu aies rendu service avec le même désinteressement. En verité, Lovelace, je prends plaisir à te louer, & tu sais que j'en ai toujours saisi l'occasion ; jusqu'au point, que ne trouvant rien dans ta conduite qui méritât mes éloges, j'ai applaudi souvent à la bonne grace dont je te voiois faire des actions qui méritoient la corde.

A présent que tu t'es rapproché, je t'écrirai aussi souvent, que je croirai t'obliger par le récit des circonstances. Mais je crains de n'être pas long-tems à t'apprendre la nouvelle que tu redoutes. Madame Smith m'envoie prier de me rendre chez elle, & me fait dire qu'elle doute si je trouverai Miss Harlove en vie, à mon arrivée.

A deux heures, chez Smith.

Je ne veux pas fermer ma Lettre, sans vous tirer d'une incertitude qui augmenteroit beaucoup votre impatience. J'ai fait attendre exprès votre Courrier. Miss Harlowe avoit perdu deux fois toute connoissance ; & le Médecin qu'on avoit fait appeller, craignant un troisiéme accident, dont il n'espéroit pas qu'elle pû revenir, avoit jugé, qu'en qualité d'Exécuteur, je devois être averti. Elle étoit assez tranquille, lorsque je suis arrivé. Le Médecin lui a fait promettre, devant moi, de ne plus penser à sortir de sa chambre dans un état si foible. Madame Lovick qui l'accompagne toujours à l'Église, nous a fait trembler plusieurs fois du danger où elle s'expose, pour satisfaire sa pieté.

Je ne retiendrai votre Laquais que pour me donner le tems de vous redemander mes dernieres Lettres, dont je n'ai pû trouver le moyen de garder des copies depuis mon retour d'Epfom. Si vous faites difficulté de m'obliger fur ce point, je ferai tenté de retarder le départ de tout ce que j'aurai déformais à vous écrire, parce que je fouhaite abfolument d'en conferver le double. *

Un Meffager arrive à ce moment, avec une Lettre de Mifs Howe.

* On doit obferver que l'inquiétude de M. Belford venoit du défir de répondre aux intentions de Mifs Harlove, en confervant les matériaux néceffaires pour juftifier fa mémoire.

LETTRE CCCXXX.

Mifs Howe, à Mifs Clarisse Harlove.

Mardi au foir, 29 d'Août.

ENfin, ma très chere amie, je fuis de retour; & j'étois revenue dans l'efpérance de paffer par Londres, pour vous embraffer : mais un accident, que je reproche à la rigueur de mon fort,

m’a privée d’une si douce satisfaction.
Ma Mere est tombée malade. Hélas ! ma
chere, elle est fort mal. Vous étes très-
mal aussi, comme je l’apprens par
votre Lettre du 25. Que deviendrois-je,
si j’avois le malheur de perdre deux si
cheres & si tendres amies ! Une fiévre
des plus violentes à saisi ma Mere en
chemin. L’accès redouble à notre arrivée, & les Médecins paroissent embar-
rassés de sa situation.

Je vois, je vois, ma chere, que vous
n’étes pas mieux qu’elle, & je ne puis
soutenir cette idée. Faites un effort, ma
chere Clarisse ; faites, faites un effort
pour l’amour de moi, & ne tardez pas à
me marquer qu’il a réussi. Que le Porteur m’apporte une ligne de vous. Ah !
qu’il ne revienne pas sans une ligne. Si
je vous perds, Amie plus chere que
n’auroit jamais pû l’ètre une Sœur ! &
si je pers ma Mere, je me défierai de
ma propre conduite, & je renoncerai
pour jamais au mariage. Quelles ténébres sont déja répandues autour de moi!..
Mais je suis obligée de me rendre auprès
du lit de ma Mere, qui ne peut-être
un moment sans me voir.

Mercredi 30.

Ma Mere est beaucoup mieux, graces au Ciel ! Elle a passé une fort bonne nuit. Je reprends la plume avec plus de joie & de liberté, dans l'espérance qu'il vous est arrivé aussi quelque changement favorable. Si ce bonheur est accordé à mes prieres, je bénis mon fort.

Je vous écris avec d'autant plus d'ardeur & d'impatience, que j'ai l'occasion de traiter un sujet qui vous intéresse beaucoup. Votre Cousin, ma chere, m'est venu voir ce matin. Il m'a parlé d'une entrevue qu'il eut Mardi avec M. Lovelace, au Château de M... Il m'a fait mille questions sur vous & sur votre Monstre.

Il dépendoit de moi de faire naître entr'eux de belles scenes. Mais faisant refléxions que M. Morden est d'un caractére ardent, & que c'étoit augmenter vos chagrins que de l'exposer à quelque malheur, de la part d'un homme dont l'adresse est si connue dans les armes ; je n'ai pas représenté les choses sous leur plus mauvaise face. Cependant, comme je ne pouvois mentir en sa faveur, vous pouvez juger que j'en ai dit affez pour lui faire maudire le Miférable.

Malgré la confidération où le Colonel Morden a toujours été dans votre famille, je ne me fuis point apperçu qu'il ait eu le crédit d'amener les efprits aux moindres termes de reconciliation. Quelles peuvent être leurs vues ? Mais j'apprens que votre Frere eft revenu d'Ecoffe. Auffi l'honneur, la réputation de la famille eft le cri commun.

Le Colonel eft de fort mauvaife humeur contr'eux. Cependant il ne paroît pas qu'il ait vû jufqu à préfent votre brutal de Frere. Je lui ai dit que vous étiez fort mal, & je lui ai communiqué une partie de votre derniere Lettre. Il vous admire. Il maudit Lovelace. Il s'emporte contre toute votre Famille. Il déclare qu'ils font tous indignes de vous.

Je n'ai pû refufer, à fes inftances, de lui laiffer prendre copie des endroits de votre Lettre, que j'avois crû lui pouvoir lire. Il affure qu'aucun de vos Proches ne vous croit fi mal, & ne voudra fe le perfuader. Ils vous aiment tous, dit-il, & très cherement. S'il eft vrai qu'ils vous aiment, leur dureté fera pour eux, dans les triftes fuppofitions que vous me faites envifager, le fujet d'un remord éternel ; mais il femble qu'à préfent ces barbares veulent vous voir fouffrir jufqu'aux portes de la mort.

Votre Coufin m'a fait diverfes queftions fur M. Belford ; & lorfqu'il a fçû les motifs de votre liaifon avec ce galant homme , & fon défintereffement dans tous les fervices qu'il vous a rendus , il n'a pu retenir fa colere contre ceux qui ont formé d'injurieux foupçons fur fes vifites. Son inquiétude étoit fi vive pour vous , que Jeudi 24 , il chargea un homme de confiance d'aller s'informer de votre fituation. On fit une trifte peinture de votre fanté , & l'on ajouta que vous aviez été réduite à de grands embarras pour vous foutenir ; mais comme cette réponfe venoit de votre Hôteffe ; & qu'elle étoit mêlée de quelques refléxions un peu améres , quoique juftes , fur la cruauté de vos Proches , ils n'y ont pas ajouté beaucoup de foi. Je me flatte moi-même qu'elle ne peut être vraie ; car il eft impoffible que vous faffiez affez d'injuftice à mon amitié , pour demeurer expofée à quelques befoins faute d'argent. Je crois que je ne vous le pardonnerois de ma vie.

En qualité d'un de vos Curateurs , le

Colonel eſt réſolu de vous mettre en poſſeſſion de votre Terre. Il s’eſt fait remettre, par le même droit, le produit de vos revenus, depuis la mort de votre Grand-Pere : ce qui monte à des ſommes conſidérables, qu’il ſe propoſe de vous porter lui-même. Mais quelques mots échapés me font juger que vous avez trompé la petiteſſe d’eſprit de certaines gens, en vous diſpenſant de leur demander du ſecours ; puiſqu’ils étoient déterminés à vous laiſſer dans le chagrin & l’embarras. Leur caractére ſe ſoutient. Je puis faire cette réflexion ſans offenſe.

M. Morden s’imagine que pour préliminaire de réconciliation, leur deſſein eſt de vous engager à faire un Teſtament, par lequel vous diſpoſerez de votre bien ſuivant leurs intentions. Mais il proteſte qu’il ne perdra point vos interêts de vue, ſans avoir obligé tout le monde à vous rendre juſtice ; & qu’il ſaura bien empêcher qu’Amis ou Ennemis ne vous en impoſent. Parens ou Ennemis, devoit-il dire ; car les Amis n’en impoſent point à leurs Amis. Ainſi, ma chere, leur deſſein eſt de vous faire acheter votre paix. Votre Couſin (ce n’eſt pas moi, ma chere, quoique telle aît toujours été mon opinion) dit que votre Famille est trop riche, pour être humble, raisonnable ou modérée : que pour lui, qui jouit d'une fortune indépendante, il pense à vous la laisser toute entiere. Si ce lache Lovelace avoit consulté du moins l'intérêt de la sienne, quels avantages n'auroit-il pas trouvés avec vous, quand votre mariage vous auroit privée de votre part à la succession paternelle ?

J'ai préparé le Colonel à la résolution où vous êtes, de nommer M. Belford pour un Office, dont nous espérons encore que l'exécution sera differée long-tems. Il en a paru d'abord extrêmement surpris ; mais après avoir entendu les raisons, ausquelles je me suis rendue, il a seulement observé qu'une disposition de cette nature déplairoit beaucoup à votre Famille. Il s'est procuré, m'a-t'il dit, une copie de la Lettre où Lovelace implore votre bonté, & s'offre à toutes sortes de réparations pour la mériter; avec la copie de votre réponse. Je vois qu'il souhaite beaucoup votre mariage, & qu'il ne l'espére pas moins; comme un remede, dit-il, qui est capable de réparer toutes les brêches.

Je ne finirois pas si-tôt, & je répon-

drois à chaque article de votre derniere
Lettre, ſi, dans l'eſpérance où je ſuis de
voir bien-tôt ma Mere hors de danger,
je n'étois réſoluë de me rendre à Londres, pour vous expliquer tout ce que
j'ai dans l'eſprit ; & pour vous dire,
ma très-chere amie, en mêlant mon
ame avec la vôtre, combien je ſuis, &
ſerai toujours, votre, &c.

ANNE HOWE.

(On paſſe ici ſur près de vingt Lettres, qui
n'ajoutent rien à la partie hiſtorique ; les
unes de M. Belford, qui continue de rendre compte à ſon ami des circonſtances dont
il eſt témoin. Entre pluſieurs peintures, il
lui fait celle du Cercueil, & de l'uſage
qu'on en fait. Il eſt placé, dit-il, près
de la fenêtre, comme un Clavecin;
quoique couvert d'un tapis, qui pend
juſqu'à terre. Lorſque Miſs Harlove eſt
ſi mal, qu'elle ne peut aller juſqu'à ſon
Cabinet, elle lit, elle écrit deſſus,
comme ſur un Pupitre, ou ſur une
Table. Mais elle ne permet plus à perſonne d'entrer dans cette Chambre.)
Les autres Lettres ſont de Miſs Clariſſe
& de Miſs Howe, qui ſe diſent mille choſes
tendres & vertueuſes ; de M. Lovelace,
qui ſe livre à toutes les allarmes de la

crainte, à tous les emportemens de l'a-
mour, à toutes les amertumes du remord,
& qui ne laisse pas de retomber souvent dans
son caractére, par des plaisanteries dépla-
cées. Il ne connoît plus de repos, il méne la
vie d'un Proscrit, il est sans cesse à cheval, il vient au devant des Lettres de son
ami jusqu'au Fauxbourg de Londres, &c.
Une longue lettre, de Madame Norton à
Clarisse, lui fait le récit d'un conseil tenu
entre M. Morden & la Famille ; mais avec
peu de succès, parce que « M. Morden
» justement choqué de l'arrogance de son
» Frere, a pris le parti de se retirer, en
» protestant contre tant de dureté ; résolu
» de rompre avec tous les Harloves, de
» mettre sa Cousine en possession de sa Terre,
» & de l'instituer son unique héritiere. Ce-
» pendant le Pere, la Mere, les Oncles,
» & la Sœur même, moitié attendris par
» les sentimens naturels, moitié convain-
» cus par les raisons de M. Morden, ou
» poussés peut-être par des motifs d'intérêt,
» commencent à parler avec plus de mo-
» dération. La Mere, sur tout, dépose
» souvent ses larmes dans le sein de cette
» sage Gouvernante. Elle se rendroit à Lon-
» dres, si de rigoureux ordres ne l'arri-
» toient encore. Elle est soutenue d'ailleurs
» par l'idée que la maladie de sa fille ne

» fauroit être mortelle, dans une fi grande
» jeuneffe, avec une conftitution fi faine,
» & fans autre caufe que le chagrin de fes
» infortunes. Madame Norton ne défefpere
» pas d'obtenir bien-tôt la permiffion de fe
» rendre auprès d'elle. « Miff Clariffe
répond à cette lettre, dans des termes qui
marquent fon indifference pour d'autres biens
que ceux qu'elle fe promet bien-tôt dans une
autre vie; mais qui confirment ce qu'on a vû
jufqu'à préfent de plus vertueux, de plus
tendre & de plus aimable dans fon caractere.)

LETTRE CCCXXXI.

M. BELFORD, à M. MORDEN.

A Londres, 4 Septembre.

M

LA nature des circonftances eft une
apologie fuffifante pour la liberté
que je prens de vous écrire ; d'autant
plus, que fi je n'ai pas l'honneur de vous
connoître perfonnellement, je n'en fuis
pas moins inftruit de votre mérite. J'apprens que vous emploiez vos bons offices
dans

dans la Famille de Miſs Clariſſe Harlove, pour la réconciliation de la plus
vertueuſe & de la plus digne de toutes
les femmes. Quelque généroſité qu'il y
ait dans cette entrepriſe, nous n'avons
que trop de ſujet de craindre ici, que
vos ſoins ne deviennent inutiles. Tous
ceux qui ſont admis à la familiarité de
Miſs Harlove ſont perſuadés qu'elle ne
peut vivre plus de trois jours : & ſi vous
ſouhaitez de la voir avant ſa mort, il
ne vous reſte point de tems à perdre.
Elle ignore que je vous écris. Je l'aurois fait plutôt, ſi je n'avois eſpéré, de
jour en jour, qu'elle apprendroit quelque heureux effet de votre obligeante
médiation. J'ai l'honnéur, Monſieur,
d'être. &c.

BELFORD.

LETTRE CCCXXXII.

M. BELFORD, à M. LOVELACE.

Mardi 5 Septembre, à 7 heures du ſoir.

LE Colonel Morden eſt arrivé cet
après midi, à cinq heures préciſes.
Il étoit à cheval, ſuivi de deux Laquais.
Tome VI. Partie II. K

Aiant trouvé Smith & sa femme, qui paroissoient tous deux fort affligés, il leur a demandé avec beaucoup d'impatience, comment se portoit Miss Harlove. Elle n'est pas morte, a répondu tristement Madame Smith ; mais je ne crois pas sa derniere heure éloignée. Bon Dieu ! s'est-il écrié, en levant les mains & les yeux. Puis-je la voir ? Mon nom est Morden. J'ai l'honneur de lui appartenir de fort près. Montez, je vous prie, & faites lui savoir que je suis ici. Qui est avec elle ? Sa Garde, lui a dit Madame Smith ; & Madame Lovick, une Dame Veuve, qui prend d'elle autant de soin que si c'étoit sa mere ; (Elle n'en prendroit aucun, a-t'il interrompu, si elle n'en prenoit pas davantage) ; avec un Gentilhomme, nommé M. Belford, qui lui rend tous les offices d'un bon ami. Si M. Belford est avec elle, a-t'il repris, je puis monter sans difficulté. Mais allez toujours, & dites à M. Belford, que je lui demande d'abord un moment d'entretien.

Madame Smith est venue m'avertir dans l'antichambre, où je venois d'achever la derniere lettre que tu as reçue de moi. Je me suis empressé d'aller au devant du Colonel, qui est réellement un homme de très-bonne mine, & qui m'a reçu avec beaucoup de politeſſe. Après les premiers complimens ; Miſs Harlove, m'a t'il dit, vous a plus d'obligation qu'à ſes plus proches Parens. Pour moi, je me ſuis efforcé en vain de toucher en ſa faveur des cœurs de marbre ; & ne me figurant point que cette chere Perſonne fût ſi mal, j'ai négligé de la voir, comme je le devois au premier moment de mon arrivée; & comme je n'y aurois pas manqué, ſi j'avois connu ſa ſituation & les difficultés que j'ai trouvées de la part de ſa famille. Mais, Monſieur, ne reſte-t'il pas d'eſpérance ?

J'ai répondu que les Médecins l'avoient quittée, avec la triſte déclaration qu'il n'en reſtoit plus.

N'a-t'elle manqué de rien ? a-t'il demandé. Son Médecin eſt-il un homme éclairé ? Je ſais que ces bonnes gens ont eu pour elle toutes les civilités & toutes les attentions imaginables.

Eh ! qui pourroit lui refuſer ſes adorations ? s'eſt écriée Madame Smith, en pleurant à chaudes larmes. C'eſt la plus aimable de toutes les femmes.

Tel eſt le témoignage, a dit le Colonel, que tout le monde lui rend. Bon Dieu ! comment votre cruel ami...

Et comment ses cruels Parens... ai-je interrompu. L'un n'est pas moins incompréhensible que l'autre.

J'ai pris soin de lui expliquer tout ce qu'on avoit tenté pour sa guérison. Il étoit fort impatient de la voir. Il l'avoit laissée, m'a-t'il dit, à l'âge de douze ans. Elle promettoit alors d'être quelque jour une des plus belles femmes d'Angleterre. Je l'ai assuré qu'elle avoit pleinement répondu à cette espérance ; que peu de mois auparavant, peut-être étoit-elle la plus belle femme de l'Europe ; & que sa maigreur même ne lui avoit pas fait perdre cet avantage, parce que ses traits étoient si réguliers, ses proportions si parfaites, & ses graces si supérieures, que n'eut-elle que la peau & les os, elle seroit toujours d'une incomparable beauté.

Madame Smith, étant montée à notre priere, nous est venue dire qu'elle paroissoit assoupie dans son fauteuil ; & que Madame Lovick & sa Garde, qui étoient avec elle, croioient lui devoir laisser prendre un peu de repos. Le Colonel a demandé, si, sans la troubler, il ne pouvoit pas la voir dans cet état ; pour satisfaire son impatience, & la considérer avec plus de liberté. Le dos de son fauteuil étoit tourné vers la porte. Ainſi nous avons cru qu'il pouvoit entrer ſans bruit, avec la précaution de ſe retirer de même, au moindre mouvement qu'il lui verroit faire ; dans la crainte que ſa préſence ne fît tout d'un coup trop d'impreſſion ſur elle. Madame Smith, marchant devant nous, a fait ſigne aux deux autres femmes de ne pas ſe remuer ; & nous nous ſommes avancés fort doucement.

Elle étoit dans une charmante attitude ; en robbe de ſatin blanc ; la tête appuiée ſur le ſein de Madame Lowick, qui étoit ſur une autre chaiſe auprès d'elle ; le bras gauche paſſé ſur ſon cou, comme pour ſe ſoutenir, car cette femme lui aiant tenu lieu de mere, elle aime une ſituation qui l'aide à ſe croire dans les bras maternels. Une de ſes joues touchant au ſein de Madame Lovick, la chaleur qu'elle en tiroit, joint à celle de ſa propre haleine, y avoit repandu une rougeur charmante, qui en ranimoit un peu la blancheur. L'autre étoit plus pâle, comme deja glacée par les froides approches de la mort. Ses mains auſſi blanches que le lis, avec leurs veines, dont le bleu étoit plus tranſparent que je ne l'avois jamais vû, pendoient languiſſamment , l'une devant elle , l'autre ferrée dans la main droite de l'obligeante Veuve , dont les larmes mouilloient le visage qui étoit appuié sur son sein ; soit qu'elle en versat sans les sentir, ou qu'elle craignit d'éveiller sa chere fille en changeant de posture pour les essuier. Son aspect dailleurs étoit calme & serein : & quoique par intervalles on la vît un peu tressaillir , son sommeil paroissoit aisé. A la verité, sa respiration étoit courte & frequente , mais assez libre , & ne ressembloit pas à celle d'une personne mourante.

Telle étoit sa situation lorsque nous nous sommes avancés vis - à - vis d'elle. Le Colonel , ne pouvant retenir ses soupirs , s'est mis à la regarder , les deux bras pliés sur sa poitrine , avec la plus profonde & la plus tendre attention. Il a joui assez longtems de ce triste spectacle, & je n'étois pas moins ému en le partageant avec lui. Enfin , un petit mouvement qu'elle a fait , avec plus de difficulté à retirer son haleine , nous a portés à nous retirer derrière un Paravent qui cachoit sa maison ; c'est le nom qu'elle donne à son cercueil. Il est placé, comme je vous l'ai marqué , au coin d'une fenêtre ; & dans les premiers momens que

j'avois paffés avec M. Morden, le fenti-
ment de notre douleur commune m'avoit
fait oublier de le prévenir fur ce qu'on ne
pouvoit gueres dérobber à fa vûe.

En paffant dans ce lieu, il a tiré fon
mouchoir ; & comme noié dans fa trifteffe, il n'a pû prononcer un feul mot.
Mais après avoir jetté les yeux derrière
le Paravent, il a bientôt retrouvé le pouvoir de parler. Frappé de la forme du
cercueil, il a levé auffi-tôt le tapis dont
il étoit couvert ; & reculant d'horreur,
jufte Ciel ! a-t'il dit, qu'apperçois-je !
Madame Smith étoit près de lui : pourquoi fouffre-t'on, a-t'il repris avec
beaucoup de chaleur, que ma coufine
ait près d'elle un objet fi capable de
nourrir fes triftes reflexions ? Hélas !
Monfieur, a repondu cette bonne femme,
qui oferoit combattre ici fes volontés ?
Nous fommes tous étrangers autour
d'elle. Cependant nous lui avons fait des
plaintes de cette noire imagination.

Je me fuis approché de lui, après avoir
obfervé qu'elle n'étoit point encore fortie de fon affoupiffement. Je devois, lui
ai je dit, vous prévenir fur ce fpectacle.
J'étois ici lorfque le cercueil eft venu,
& de ma vie je n'ai reffenti tant d'émotion. Mais elle n'avoit perfonne de fes

parens ; elle n'esperoit d'en voir aucun ;
& dans la certitude de ne pas survivre
longtems, elle vouloit, m'a-t'elle dit,
laisser aussi peu d'embarras qu'il lui étoit
possible à son Exécuteur. Ce qui est re-
voltant pour tout le monde ne l'est pas
pour elle.

Je n'avois pas achevé de parler, qu'elle
s'est reveillée, en poussant un profond
soupir. Le Colonel s'est avancé plus
loin derrière le Paravent, afin de ne pas
la surprendre tout d'un coup par sa présence.

Où suis-je ? a-t'elle dit, en ouvrant les
yeux. Que je suis assoupie ! Ai je dormi
longtems ? Ne sortez pas, Monsieur,
(car je me retirois). Je m'appesantis
extrêmement, & je suppose que cette
disposition ne fera qu'augmenter. Elle a
voulu se lever : mais sa foiblesse l'a forcée de demeurer assise & d'appuier sa
tête sur le dos de son fauteuil. Ensuite,
après quelques momens de silence ; je
crois, mes chers amis, nous a-t'elle dit
à tous, que vos soins obligeans finiront
bientôt. J'ai pris un peu de repos, mais
je ne me sens point rafraîchie. L'extrêmité de mes doits commence à s'engour-
dir. Je ne les sens plus. Il est tems de
faire partir mes lettres.

Je lui ai offert de les envoïer par un Exprès. Elle m'a repondu, qu'elles n'arriveroient que trop tôt par les voies ordinaires. Je lui ai dit, que ce n'étoit pas jour de poste. Est-il encore Mercredi ? a-t'elle repris. Je ne sais plus comment le tems va : mais sa marche est bien ennuieuse. Je crois qu'il faudroit penser à me remettre au lit. Tout s'y feroit avec plus de décence & moins d'embarras. N'est-ce pas, Madame Lovick ? Et se tournant vers moi ; il me semble, Monsieur, que je n'ai rien oublié. Ne me rappellerez-vous rien, qui puisse servir à rendre votre office plus aisé ?

Si M. Morden venoit, lui ai-je dit, je me figure, Madame, que vous ne feriez pas fachée de le voir.

Elle m'a répondu qu'elle étoit trop foible pour recevoir sa visite ; que s'il se présentoit néanmoins, elle le verroit sans doute, ne fût-ce que pour le remercier de ses dernières faveurs & de ses obligeantes intentions. Elle m'a demandé s'il avoit envoïé.

Je sais, Madame, qu'il seroit deja ici, s'il n'avoit appréhendé de vous surprendre.

Rien, rien, Monsieur, n'est capable de me surprendre à présent ; excepté la visite de ma mere, qu'un reste de bonté ameneroit pour m'accorder ses dernières bénédictions. Que cette surprise auroit de douceur pour moi ! Mais savez-vous si M. Morden est venu à Londres exprès pour me voir ?

Oui, Madame. J'ai pris la liberté de l'informer, par quelques lignes, de l'extrêmité où vous êtes.

Quelle bonté, Monsieur ! Vous m'accablez de bienfaits. Mais je crains d'avoir quelque peine à le voir, parce qu'il ne me verra pas lui-même sans en ressentir beaucoup. S'il vient, comment lui cacher le cercueil ? Il ne manquera pas de m'en faire un reproche. Peut-être, en m'appuiant sur le bras de Madame Lovick, retrouverai-je la force de l'aller recevoir dans l'antichambre.

Elle a fait un mouvement pour se lever : mais elle est retombée sur son fauteuil. Le Colonel étoit dans la plus vive agitation derrière le Paravent. Il s'est avancé deux fois, sans être apperçu de sa cousine ; mais la crainte de lui causer trop de surprise l'obligeoit aussitôt de se retirer. J'ai marché vers lui, pour favoriser sa retraite. Partez-vous, M. Belford ? m'a-t'elle dit. Seroit-ce M. Morden qui vous fait appeller ? J'ai repondu, que j'étois trompé si ce n'étoit lui. Elle a dit aux deux femmes : poussez le Paravent, aussi proche qu'il se peut de la fenêtre. Il faut que je prenne un peu sur moi, pour recevoir ce cher cousin ; car il m'aimoit autrefois fort tendrement. Donnez-moi, je vous prie quelques gouttes, dans une cuillorée d'eau, pour soûtenir mes esprits pendant cette entre-vûe. Ce sera vraisemblablement le dernier acte de ma vie. Le Colonel, qui entendoit jusqu'au moindre mot, s'est fait annoncer par son nom : & moi, feignant d'aller au-devant de lui, je l'ai introduit sans affectation.

Il a serré l'Ange entre ses bras, en flechissant un genou à ses piés : car, s'appuiant sur les deux bras de son fauteuil, elle a fait un effort inutile pour se lever. Excusez, cher cousin, lui a-t'elle dit, excusez si je ne puis me tenir debout.... Je ne m'attendois pas à la faveur que je reçois ; mais je suis ravie que vous me donniez l'occasion de vous remercier de vos généreuses bontés.

Ma chere, mon aimable cousine ! a-t'il répondu d'un ton passionné ; je ne me pardonnerai jamais d'avoir attendu si longtems à vous voir : mais j'étois fort

éloigné de vous croire fi mal ; & tous vos
amis ne fe l'imaginent pas non plus. S'ils
le croioient.....

S'ils le croioient , a-t'elle repété en
l'interrompant , peut-être aurois-je reçu
plus de marques de leur compaffion.
Mais de grace , Monfieur , comment les
avez-vous laiffés ? Etes vous réconcilié
avec eux ? Si vous ne l'êtes pas encore ,
je vous conjure , par l'amitié que vous
avez pour moi, de ne pas retarder la paix.
Tous les differends d'une famille fi chere
augmentent mes fautes, puifqu'elles en
font la premiére caufe.

J'efpérois , a-t'il repris , de recevoir
bientôt d'eux quelque heureufe explication en votre faveur , lorfqu'une lettre
de M. Belford m'a fait hâter mon départ
pour Londres. Mais j'ai à vous rendre
compte de la Terre de votre Grand-pere.
J'ai à vous remettre les fommes qui vous
font dues , & que votre famille vous
prie de recevoir , dans la crainte que
vous ne foiez expofée à quelque befoin.
C'eft un gage fi formel de la réconciliation qui s'approche , que j'ofe repondre
de l'avenir fi.....

Ah ! Monfieur , a-t'elle interrompû ,
obligée de s'arrêter par intervalles , je
fouhaite que cette demarche ne foit

pas plutôt une marque qu'ils ne voudroient plus rien avoir de commun avec moi, si le Ciel me condamnoit à vivre plus longtems. Je n'ai jamais eu l'orgueil d'aspirer à l'indépendance. Toutes mes actions en rendent témoignage. Mais que servent à présent ces reflexions ? Ce que je vous demande uniquement, Monsieur, c'est que de concert avec M. Belford, à qui j'ai d'extrêmes obligations, vous preniez la peine d'ajuster toutes ces affaires suivant mes dernières dispositions, que je laisse par écrit. M. Belford me pardonnera ; mais c'est, au fond, la nécessité plus qu'un choix libre, qui m'a fait penser à le charger du fardeau qu'il a la bonté d'accepter. Si j'avois eu le bonheur de vous voir plutôt, ou de savoir que vous conservez un peu d'amitié pour moi, il ne me seroit pas entré dans l'esprit de recourir à la générosité d'un Etranger. Mais, quoiqu'ami de M. Lovelace, il est homme d'honneur, & plus propre à rétablir la paix qu'à la rompre. Contribuez-y vous-même, mon cher cousin ; & souvenez vous que tout cher que vous m'avez toujours été, rien ne vous autorise à vanger des injures que je pardonne, lorsqu'il me reste des parens plus proches que M. Morden. Mais j'ai pris soin de vous expliquer là-deſſus mes idées & mes raiſons, & j'en eſpère l'effet qu'elles doivent produire.

Je dois rendre juſtice à M. Lovelace, a-t'il repliqué, en s'eſſuiant les yeux. Il eſt pénétré du repentir de ſa baſſe ingratitude, & diſpoſé à toutes les réparations qui ſont en ſon pouvoir. Il reconnoit ſes injuſtices & votre merite. S'il avoit balancé à s'expliquer, je n'aurois pû demeurer dans l'inaction, quoique vous aiez des parens plus proches que moi. Votre grand-pere, ma chere couſine, ne vous a-t'il pas confiée à mes ſoins ? Me croirai - je intereſſé à votre fortune, ſans l'être à votre honneur ? Mais puiſque M. Lovelace ſent vivement ſon devoir, j'ai moins à dire, & vous pouvez être abſolument tranquille ſur ce point.

Que de graces, Monſieur, que de graces j'ai à vous rendre ! Tout eſt au point que je demandois à la bonté du Ciel. Mais je me ſens très-foible. Je ſuis fâchée de ne pouvoir ſoutenir plus long-tems.... Sa foibleſſe ne lui permettant point d'achever, elle a panché la tête ſur le ſein de Madame Lovick. Nous ſommes ſortis, M. Morden & moi, après avoir donné ordre qu'on vint nous avertir chez un Traiteur voisin, s'il arrivoit quelque changement.

Comme nous n'avions dîné ni l'un ni l'autre, nous nous sommes fait préparer un repas fort simple ; & pendant qu'on se disposoit à nous servir, vous pouvez juger du sujet de notre entretien. Nous avions passé nous-mêmes chez le Medecin, pour le prier de lui faire encore une visite, & de nous en rendre compte à son retour. Il ne s'est pas arrêté cinq minutes avec elle ; & nous aiant rejoints, il nous a dit qu'il doutoit qu'elle fût demain en vie, & qu'elle souhaitoit de voir immédiatement le Colonel. On commençoit à servir notre petit dîner ; ce qui n'a point empêché M. Morden de partir sur le champ. Je n'ai pû toucher à rien ; & m'étant fait donner une plume & de l'encre, pour satisfaire votre impatience, je vous ai tracé à la hâte tout ce qui venoit de se passer à mes yeux. Vous comprendrez facilement que lorsque votre dernier Courrier est arrivé, il ne m'a pas été possible de sortir pour écrire, ni d'en trouver l'occasion jusqu'à ce moment. Cependant le pauvre malheureux craignoit de partir avec une réponse de bouche, qui con-

fiftoit, comme il vous l'a rendue fans
doute, à vous dire, que le Colonel étoit
chez Smith, & que fa coufine s'affoiblif-
foit à vûe d'œil.

M Morden eft lui même fort indifpo-
fé: cependant, il m'a déclaré, qu'il ne
s'éloigneroit pas d'elle, tandis qu'il la
verra dans une fituation fi douteufe; &
que fon deffein eft de paffer la nuit fur
une chaife, dans fon antichambre.

*(Les lettres fuivantes font des avis que
M. Belford envoie d'heure en heure, à M.
Lovelace, par une fuite continuelle de
Courriers. Il lui peint tous les dégrés par
lefquels Miſs Clariffe paroit avancer vers
la mort, fes fentimens, fes expreffions, &
jufqu'à fes moindres mouvemens pendant la
nuit & la matinée du jour fuivant. Ce font
autant de billets, dont voici quelques
exemples.)*

Mercredi 6, à 8 heures du matin,

Elle a donné fes ordres, avec beaucoup de préfence d'efprit, fur la ma-
niere dont elle doit-être placée dans fon
cercueil, auffi-tôt que fon corps fera
tour à fait réfroidi.

A 9 heures du matin.

Le Colonel m'a dit qu'il avoit dépêché un de ses gens au Château d'Harlove, pour y déclarer qu'on peut s'épargner la peine des débats, au sujet de la réconciliation ; parce qu'il y a beaucoup d'apparence que sa chere Cousine ne sera plus au monde, lorsque les délibérations seront finies.

Il est au désespoir, dit-il, d'être revenu en Angleterre, ou de n'être pas revenu plutôt. S'il perd sa Cousine, sa résolution est de retourner en Italie, pour s'établir à Florence, ou à Livorne.

A 10 heures du matin.

Elle a tiré de son sein un portrait de Miss Howe, en miniature, qu'elle y a toujours porté. Elle l'a confié à Madame Lovick, en la priant de le remettre sous une enveloppe, adressée à M. Hickman, & de le lui envoier par mes mains après sa mort. Elle l'a consideré longtems, avant que de l'abandonner. Aimable & tendre Amie... ma Compagne... ma Sœur ! a-t'elle dit, en le baisant quatre fois de suite à chaque nom.

J’ai renvoié votre dernier Courrier
fans réponfe. Votre impatience eft jufte.
Mais croiez-vous que je puiffe interrompre une converfation , pour courir à ma
plume ; vous écrire , vous envoier par
lambeaux tout ce qui fe préfente ?
Quand je le pourrois , ne voiez-vous
pas qu’en écrivant une partie , je perdrois l’autre ?

Cet événement n’eft guéres moins inté-
reffant pour moi , que pour vous. Si vous
étes plus défefperé que moi , je n’en connois qu’une raifon , Lovelace : elle eft au
fond de votre cœur. Je confentirois plus
volontiers à perdre tous les amis que
j’ai au monde , fans vous excepter , qu’à
la perte de cette divine perfonne. Je ne
me rappellerai jamais fes fouffrances &
fon mérite , fans me croire véritablement malheureux ; quoique je n’aie rien
à me reprocher fur le premier de ces
deux points. Au refte je fais moins cette
réflexion pour la faire tomber fur vous,
que pour exprimer toute la force de ma
douleur ; quoique votre confcience, peut-
être , vous la faffe prendre autrement.

Votre Courrier , qui fupplie , dit-il,

pour sa vie, en me preſſant de le faire partir avec une lettre, m'arrache celle-ci d'entre les mains. Un quart d'heure de plus (car on me fait appeller) pouroit vous rendre apparemment, ſinon plus tranquille, du moins plus certain : & dans un état tel que le votre, c'eſt un ſoulagement pour un homme tel que vous.

LETTRE CCCXXXII.

M. BELFORD, à M. MOWBRAI.

Mercredi, après-midi.

JE ſuis ravi, cher Mowbray, d'apprendre que tu ſois à Londres. Au moment que tu recevras cette lettre, jette toi, s'il eſt poſſible, avec Tourville, dans le chemin de l'homme, qui de tous les hommes du monde merite le moins l'affection d'un bon cœur, mais qui eſt aſſez digne de celle de Tourville & de la tienne. Les nouvelles que j'aurai vraiſemblablement à lui marquer, dans une heure ou deux, lui feront regarder comme ſon plus grand bonheur, d'étre annéanti.

Vous le trouverez entre le Fauxbourg & Kenſington, probablement à Cheval, courant devant lui comme un furieux, &

retournant auſſi-ôt ſur ſes traces ; ou deſcendu, peut-être, dans quelque Hôtellerie, pour obſerver le retour des
Courriers qu'il m'envoie.

Will, ſon valet de chambre, m'arrive
à l'inſtant. Il vous remettra ma lettre en
chemin, & vous ſervira de guide. Partez
ſur le champ ; en caroſſe, à cheval, n'importe comment. Votre préſence ſauvera
la vie au Maître, ou à quelqu'un de ſes
gens. Voilà, Meſſieurs, les heureux
effets du libertinage triomphant. Tot ou
tard ils retombent ſur nous, & tout ſe
change en fiel le plus amer. Adieu.

BELFORD.

LETTRE CCCXXXIII.

M. LOVELACE, à M. BELFORD.

Malédiction ſur tout ce qui t'empêche de m'écrire ; ſur le Colonel,
ſur ta dernière lettre, ſur le monde entier. Toi ! te prétendre auſſi intéreſſé
que moi au ſort de ma Clariſſe ! Et qui
es-tu, pour m'oſer tenir ce langage ? Il
eſt fort heureux pour l'un ou l'autre, que

tu n'aies eu cette audace que par écrit.
Morte ou vive, Clarisse Harlove est à
moi, à moi seul. Ne me coute-t'elle pas
assez ? N'est - il pas probable qu'elle
me coutera mon salut éternel, tandis
qu'une éternité de bonheur sera son partage ? Une éternelle séparation ! O
comble d'horreur ! Dieu ! Dieu ! Comment puis-je soutenir cette idée ? Mais
il lui reste encore un souffle de vie. J'es-
père encore. Oh ! Belford ; étens mes
espérances, & tu feras mon bon Genie,
le seul que je croirai jamais, que j'in-
voquerai comme le Dieu de ma vie & de
mon salut. Je te pardonnerai tout.

Pour la dernière fois. ... mais non ; ce
ne sera pas, ce ne peut-être la dernière.
Déclare moi, au moment que tu recevras ce billet, ce qu'il faut que je devien-
ne ; car, à présent, je suis le plus misérable de tous les hommes.

A Knigt's bridge, à 5 heures.

Will me dit que tu m'envoies Mowbray
& Tourville. Je n'ai pas besoin d'eux.
Mon ame est lasse d'eux & du monde en-
tier. C'est de moi-même, que je veux...
Cependant, comme ils me font assurer
qu'ils seront ici dans l'instant, je les

attendrai, … & … lettre….
Ah Belford, garde-toi bien de m'apprendre … hâte-toi, quel-
que malheur que tu aies à m'annoncer.

LETTRE CCCXXXIV.

M. BELFORD, à M. LOVELACE.

A 7 heures, Mercredi,
6 de Septembre.

CE qu'il me reste à t'apprendre, c'est
que tu ne saurois mieux faire à
présent que de partir, soit pour Paris,
soit pour tout autre lieu du monde où ta
destinée pourra te conduire !

BELFORD.

LETTRE CCCXXXV.

M. MOWBRAY, à M. BELFORD.

*A Uxbridge, 7 Septembre: entre
minuit & une heure.*

(*) JE t'envoie demander, à la prière
du pauvre Lovelace, les circonstances du fatal arrêt que tu as prononcé cette nuit. Il n'est pas capable
de se servir de sa plume : mais il veut savoir tout ce qui appartient aux derniers
momens de Miss Harlove. Je ne vois
pas néanmoins ce qui peut lui revenir de
cette curiosité. Elle est partie, n'est-ce
pas. Qui diable peut l'arrêter ?

De ma vie je n'ai entendu parler d'une
femme si singulière. Quel si grand mal
avoit-elle reçu, pour mourir de douleur?
Je souhaiterois que notre pauvre Ami ne
l'eût jamais connue. Quelles peines ne
lui a-t'elle pas causées, depuis le premier
moment jusqu'au dernier ? Le charmant
Garçon étoit comme perdu pour nous,
depuis qu'il s'étoit livré à cette fantaisie :

______

(*) On doit se rappeller le caractère de Mowbray.

& dis moi , je te prie , qu'y a t'il de plus rare dans une femme que dans une autre?

C'eft un g and bonheur pour ce pauvre diable , de nous avoir eus près de lui à l'arrivée de ton billet. Tes précautions font une bonne preuve de ton amitié. Ma foi, Belford , cette nouvelle l'a mis tout à-fait hors de lui-même. Il eft fou ; auffi fou qu'il y en ait jamais eu dans Bedlam (*). Will lui a rendu ta lettre au moment que nous l'avons joint, dans une Hôtellerie de Knight's bridge, & s'eft dérobbé auffitôt à fa vûe. Jamais il n'y eut de pareille fcéne. Il trembloit comme une feuille en la recevant. Ses doits paralitiques avoient peine à l'ouvrir. Le tremblement de fes mains étoit fi violent , qu'il l'a déchirée en deux avant que de pouvoir l'ouvrir entiérement. Après l'avoir lue , il eft devenu auffi pâle que la mort ; & pendant quelques momens, la voix lui a manqué. Il nous regardoit, la bouche ouverte & les yeux égarés. Mais, fes efprits fe ranimant tout d'un coup, il s'eft emporté, de paroles & d'actions , à des fureurs que je n'entreprens pas de te repréfenter. Aucune partie du monde n'eft échappée à fes execrations ; & fa rage fe tournant contre-

(*) Les Petites Maifons de Londres.

lui-même,

lui-même , après avoir cherché des yeux
son épée & ses piſtolets , que Will avoit
emportés en ſe retirant , il ſe ſeroit tué
contre le mur , ſi nous ne l'avions arrêté
fort heureuſement , lorſqu'il s'y élançoit
tête baiſſée. Il eſt demeuré entre Tourville & moi : mais n'eſperant rien de ſes
armes ni des nôtres , il s'eſt donné , ſur
le front , ſur les temples & ſur la poitrine , des coups de poing qui auroient aſ-
ſommé un taureau. J'ai voulu me ſaiſir
de ſes mains : il m'a repouſſé avec tant de
violence , que d'un coup , dont je n'ai pû
me garantir , il m'a fait ruiſſeler le ſang
du nez. C'eſt lui , c'eſt lui par bonheur ;
ſans quoi, je ne ſais comment j'aurois pris
cette injure. Tourville lui en a fait un
vif reproche, en lui repréſentant combien
il étoit horrible de maltraiter un ami, &
de perdre la raiſon pour une femme. Il
a repondu plus tranquillement , qu'il en
étoit fâché. Alors Will s'eſt hazardé à
m'apporter une ſerviette & de l'eau ; &
j'ai remarqué , aux yeux de ce coquin ,
qu'il ſe rejouiſſoit que j'euſſe reçu le coup
plutôt que lui.

Ainſi , par degrés , nous avons un peu
ramené le Furieux à la raiſon. Il a promis de tenir une conduite plus mâle , &
je lui ai pardonné. Nous l'avons fait mon-

ter à cheval , dans l'obscurité, & nous sommes venus ensemble chez Doleman. Chacun de nous a mis tout en usage pour lui faire honte de sa folie. Nous lui avons dit qu'il n'étoit question que d'une femme , & d'une femme obstinée, perverse. Dailleurs , quel reméde ? Et tu conviendras , Belford , comme nous n'avons pas manqué de le lui dire aussi , qu'il est honteux pour un homme qui s'est vû le maître de vingt femmes, pires ou meilleures que celle-ci , de faire tant de vacarme , par la seule raison qu'il a plu à la Belle de se laisser mourir. Nous lui avons conseillé de ne plus s'attaquer à des femmes orgueilleuses de leur caractère, & de ce qu'elles appellent leur vertu. A quoi bon ? Le plaisir ne vaut pas la peine ; & qu'ont-elles de plus que les autres ? Nous avons passé le tems à lui donner ainsi de la consolation & des conseils. Mais sa maudite imagination ne l'attache pas moins à une femme morte , que si elle étoit vivante. Morte , je dis; car je le suppose , Belford. Nous la croions morte certainement & de bonne foi. Sinon , que le diable t'emporte, pour nous avoir joués très-ridiculement. C'est sans doute une des raisons qui lui font demander les circonstances de son départ ; car je t'avertis , qu'il ne veut pas souffrir le nom de *mort*. N'admires-tu pas cette délicatesse? Que l'amour énerve un homme ! un homme de cette trempe, encore! l'amour en a fait un idiot, un imbe-cille. Par ma foi la patience me manque, à la vûe de toutes ses folies. Envoie nous donc le recit qu'on te demande ; & qu'il heurle dessus , comme je suppose qu'il n'y manquera point.

Mais il faut absolument que nous le fassions voïager. Dans un mois ou deux, nous le rejoindrons, toi, Tourville & moi, & nous l'aurons bientôt gueri de cette ex-travagance. Il aura honte de lui-même, & nous ne l'épargnerons pas alors. Au-jourd'hui , ce seroit pitié de le traiter comme il le mérite. Ainsi , retranche les refléxions ; car il paroît que tu ne l'as pas trop épargné.

J'ai voulu te donner quelque idée du service que nous avons rendu à ce violent Personnage , qui étoit un homme perdu, s'il ne nous avoit pas eus près de lui , ou qui auroit commis infailliblement quel-que meurtre. C'est de quoi je ne puis douter. A présent , il paroît un peu plus moderé. Il est assis , faisant des contor-sions & des grimaces, comme un furieux enchaîné sur la paille. Il jure. Il maudit. Toutes ſes facultés ſpirituelles ſont enveloppées d'épaiſſes ténébres. Quelque-fois, il ſe retire dans des coins & des trous, comme un vieux ſanglier haraſſé par les chaſſeurs. Bonſoir là-deſſus, Bel-ford. Tourville, & tout ce que nous ſommes ici, nous te deſirons impatiem-ment ; car perſonne n'a ſur lui tant d'in-fluence que toi.

MOWBRAY.

Comme je lui ai promis de t'écrire, j'ai pris la plume pendant que tout le monde eſt au lit. Le Courrier doit partir à la pointe du jour.

LETTRE CCCXXXVI.

M. BELFORD, à M. LOVELACE.

Mercredi, à minuit.

JE veux eſſaier d'écrire. Quand je me mettrois au lit, il me ſeroit impoſſible de fermer les yeux. Je n'avois jamais ſenti le poids de la douleur, comme je viens de l'éprouver, en recevant les der-niers ſoupirs de la plus admirable de

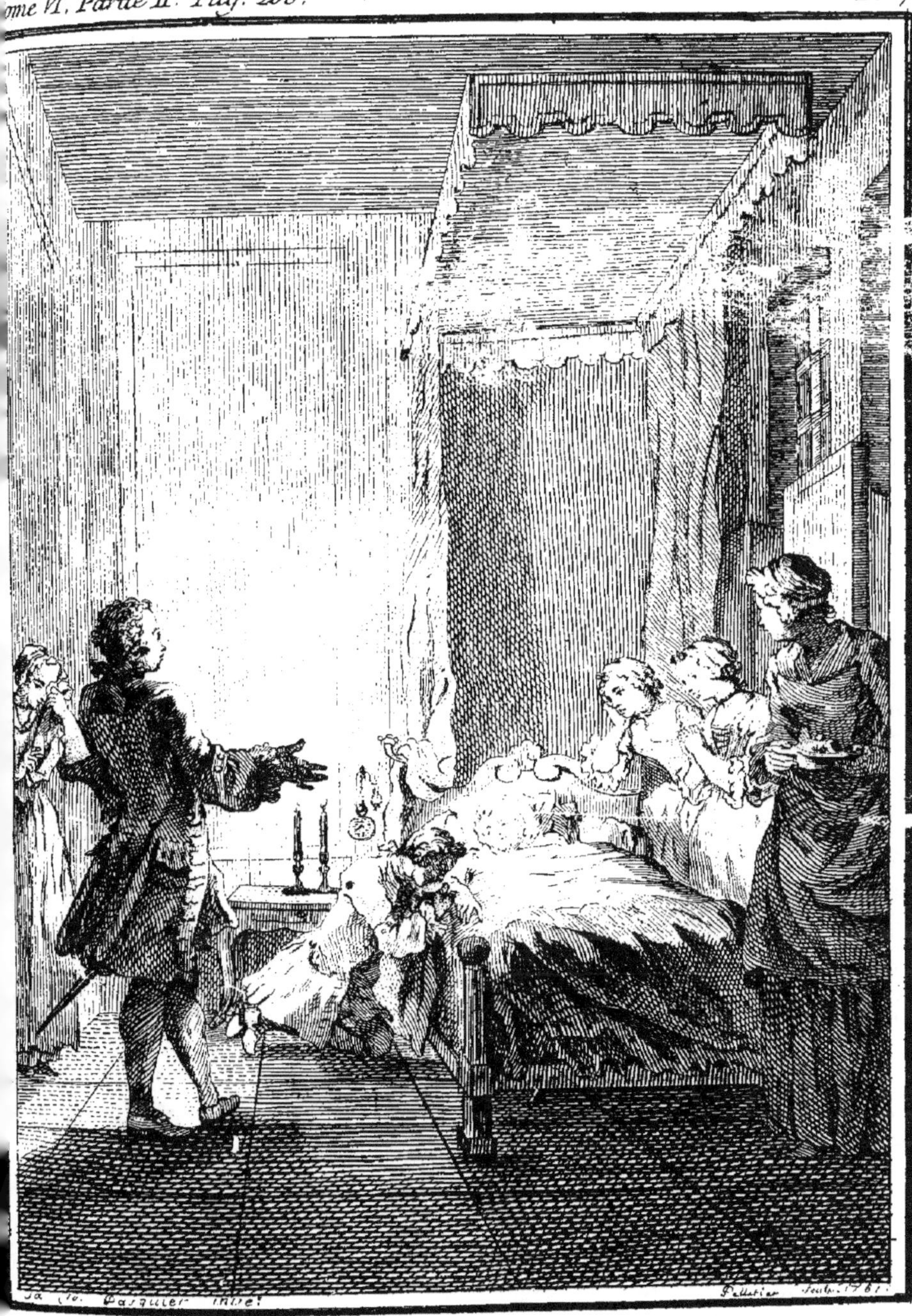

Pasquier invt.
Pelletier sculp. 1761.

toutes les femmes, qui jouit à présent de la recompense de ses vertus dans le séjour du bonheur.

Vous apprendrez volontiers les circonstances de son heureux passage. J'ai le tems de rappeller mes esprits. Tout est tranquille autour de moi : c'est-à-dire, que chacun s'est retiré ; quoique personne, j'ose le dire, n'ait pû se promettre de reposer cette nuit, & le triste Colonel moins que tous les autres.

A quatre heures, comme je vous l'ai marqué dans ma dernière lettre, on m'a fait appeller. Vous aimez le détail : il faut vous peindre la scéne qui s'est présentée à moi, lorsque je me suis approché du lit. M. Morden s'est attiré le premier mon attention. Il étoit à genoux, tenant une main de Miss Harlove entre les siennes, le visage baissé dessus, & la mouillant de ses larmes. De l'autre côté, Madame Lovick, noiée dans les siennes, avoit la tête appuiée négligemment contre le chevet du lit ; & la tournant vers moi aussitôt qu'elle m'a vû, ô M. Belford, s'est elle écriée les mains jointes, la chere, l'incomparable Miss.... un sanglot ne lui a pas permis d'achever. Madame Smith étoit debout près d'elle, les yeux levés, & joignant aussi les mains, qu’elle preſſoit l’une contre l’autre, pour implorer le ſecours du ſeul Pouvoir dont on pouvoit en attendre. Les larmes s’entre-ſuivoient rapidement ſur ſes deux joues. La Garde étoit au deſſous de Madame Lovick & de Madame Smith, la tête pane hée. Elle tenoit dans une main, un cordial inutile, qu’elle venoit de préſenter à ſa Maitreſſe mourante. Ses yeux paroiſſoient enflés à force de pleurer, quoiqu’elle dût être endurcie par l’habitude à ces triſtes ſpectacles ; & les tournant vers moi, elle a paru m’inviter à joindre ma douleur à celle de l’aſſemblée. La ſervante de la maiſon, appuiée contre le mur, preſſant des deux mains ſon tablier ſur ſes yeux, faiſoit entendre encore plus diſtinctement ſes ſanglots, parce qu’avec moins d’empire ſur elle-même, elle étoit moins capable de les retenir.

Miſs Harlove avoit gardé le ſilence depuis quelques minutes ; & ſemblant avoir perdu le pouvoir de parler, elle remuoit quelquefois les levres, ſans en faire ſortir aucun ſon. Mais, à mon approche, Madame Lovick avoit à peine prononcé mon nom, que d’une voix foible & interieure, elle s’eſt efforcée de le prononcer auſſi. O Monſieur Belford ! a-t’elle dit, en reprenant haleine presque à chaque mot, c'est à présent, c'est-à présent, (j'en remercie la bonté du Ciel!) que je touche à la fin de tous mes maux. Quelques momens de plus vont me délivrer du fardeau de la vie, & je sens que je vais être heureuse. Consolez, Monsieur, consolez le Colonel. Voiez si son affection n'est pas blâmable! il souhaiteroit de pouvoir retarder mon bonheur.

Elle s'est arrêtée quelques momens. Ensuite, tournant les yeux sur lui : pourquoi cette profonde tristesse ? La mort n'est-elle pas notre partage commun ? Le corps peut paroître un peu abbatu ; c'est tout. Il n'est pas si pénible de mourir que je l'avois crû. La difficulté consiste dans les préparations : mais, graces au Ciel, le tems ne m'a pas manqué. Le reste, je le vois bien, est plus fâcheux pour les spectateurs que pour moi. L'avenir, auquel je touche, ne me présente rien que d'agréable.

En effet, un doux sourire sembloit faire raionner la joie sur son visage. Après quelques momens de silence ; encore une fois, mon cher Cousin, a-t'elle dit au Colonel, chargez-vous de mes derniers sentimens pour mon Pere & ma Mere.... pour ma sœur, pour mon frere, pour mes oncles...... Dites-leur , qu’en expirant, je benis toutes leurs bontés ... & même leurs rigueurs.... Heureuse, heureuse, d’avoir reçu ma punition dans cette vie !

La douce langueur de sa voix, & ses périodes interrompues, remplissent encore mon oreille. Cette impression me sera présente toute ma vie. Elle a continué , par intervalles, d’adresser quelques mots au Colonel, à moi, aux femmes mêmes , qui n’ont pas cessé d’avoir les yeux attachés sur elle jusqu’au dernier moment. Une fois, elle s’est doucement écriée ; » ô Mort ! où est ton » aiguillon ! quatre mots, que je me souviens d’avoir entendus aux funerailles de mon oncle & du pauvre Belton. Une autre fois, elle a dit d’un ton paisible : » qu’il est heureux pour moi d’avoir » senti l’affliction ! C’est apparemment quelque passage de l’Ecriture.

Tandis que la douleur nous tenoit comme ensevelis dans un profond silence , elle a tourné la tête vers moi : » di- » tes , Monsieur, dites à votre Ami, » que je lui pardonne , & que je prie le » Ciel de lui pardonner. Apprenez-lui » que je meurs heureusement, & que je » souhaite, pour son intérêt, que sa » dernière heure ressemble à la mienne,

Quelques momens après, elle a dit, d'une voix encore plus baſſe : ma vûe ſe trouble. Je ne vous vois plus qu'au travers d'un nuage. N'eſt-ce pas la main de M. Morden que je tiens? en la lui preſſant de la ſienne. Où eſt celle de M. Belford ? en tendant l'autre vers moi. Je lui ai donné auſſitôt la mienne. Que le Ciel, nous a-t'elle dit, vous comble tous deux de ſes bénédictions, & rende votre mort auſſi douce que la mienne. Vous verrez ma chere Miſs Howe : dites-lui que je fais les mêmes vœux pour elle, & qu'en échange du portrait que je lui ai rendu, j'emporte ſon image au fond du cœur. Apprenez, par mon exemple, a-t'elle ajoûté, avec beaucoup de peine à ſe faire entendre, comment tout finit ; & puiſſiez-vous..... ſa tête s'eſt appeſantie ſur ſon oreiller ; ſes mains ont quitté les nôtres, & la pâleur de la mort s'eſt répandue ſur ſon viſage.

Nous avons crû qu'elle venoit d'expirer, & la douleur nous a fait pouſſer un cri. Mais quelques ſignes de vie, qu'elle a recommencé à donner, ont rappellé auſſitôt notre attention. Ses yeux ſe ſont ouverts encore une fois. Elle nous a regardés ſucceſſivement, avec un petit mouvement de tête vers chaque perſonne

de l'assemblée, qui nous a fait juger
qu'elle nous distinguoit. Enfin, levant
les mains à demi, & prononçant d'une
voix confuse, Ciel ! reçois une ame qui
n'aspire qu'à toi, elle a rendu le dernier
soupir.

O Lovelace ! .... mais il m'est impossible d'en écrire davantage.

Je reprens la plume, pour ajoûter
quelques lignes. Tandis qu'il lui restoit
de la chaleur, nous avons pressé sa main
de nos levres. Quelle sérénité sur son
visage ! Que de charmes, au milieu des
horreurs de la mort ! Le Colonel & moi,
nous sommes passés dans la chambre
voisine, en nous regardant l'un l'autre,
dans l'intention de parler : mais, pénétrés
du même sentiment & gouvernés par la
même cause, chacun s'est assis de son
côté sans prononcer un seul mot. Le
Colonel soupiroit, comme si son cœur
eût été prêt à se fendre. Enfin, le visage
& les mains levées, avec aussi peu d'attention à moi que s'il eût été seul dans
la chambre ; Bonté du Ciel ! s'est-il écrié,
soutiens moi. Est-ce-là le sort du plus
parfait ouvrage de la nature ! Ensuite,

après s'être arrêté un moment ; eh ! c'est donc pour jamais, ma chere, mon adorable coufine ! Mais , paroiffant revenir à lui-même,& s'adreffant à moi ; pardon, Monfieur.... mille excufes, M. Belford. Il s'eft levé alors, fans rien ajoûter ; & fe gliffant vers la porte, j'efpére, Monfieur, m'a-t'il dit en fortant, que nous nous reverrons demain. Il eft defcendu, il eft forti de la maifon ; & je fuis demeuré comme une ftatue.

Lorfque j'ai commencé à rappeller mes efprits, j'avoue que mes premiers mouvemens m'ont porté à trouver de l'injuftice dans la difpenfation des deftinées humaines. J'ai perdu de vûe, pendant quelques momens, l'heureufe préparation de Mifs Harlove, fon paffage encore plus heureux, fon triomphe dans un évenement qui n'eft après tout que le fort commun ; & j'oubliois que demeurant après elle, avec la certitude d'arriver au même terme, nous fommes bien éloignés d'être affurés du même bonheur.

Elle eft partie pour une meilleure vie, quatre minutes précifes après fix heures. Je venois de jetter les yeux fur fa montre, qui étoit fufpendue à côté de moi.

Tels ont été les derniers momens de

Miſs Clariſſe Harlove , dans la fleur de ſa jeuneſſe & de ſa beauté. Si l'on conſidere un âge ſi tendre , elle n'a laiſſé perſonne après elle , qui la ſurpaſſe en étendue de connoiſſances & en jugement; perſonne qui l'égale, peut-être , en vertu, en piété , en douceur, en politeſſe , en généroſité , en diſcretion , en charité veritablement Chrétienne. La modeſtie & l'humilité , qui relevoient en elle tant de qualités extraordinaires , ne l'empéchant point de faire éclater dans l'occaſion une rare préſence d'eſprit , & beaucoup de grandeur d'ame , on peut dire qu'elle faiſoit non ſeulement l'honneur de ſon ſexe , mais l'ornement de la nature humaine.

Une meilleure plume que la mienne peut lui rendre juſtice avec plus d'éclat. Je parle de la tienne, Lovelace ; car tu ſais mieux que perſonne combien elle étoit ſupérieute à toutes les femmes du monde par les graces de l'eſprit & de la figure , & par toutes les qualités naturelles & acquiſes. Perſonne ne rendroit mieux compte auſſi , des veritables cauſes d'une mort ſi prématurée, & de tant d'infortunes , qui, du plus haut point de la felicité , ont conduit dans un eſpace ſi court une femme adorée de tout le monde , à une fin , heureuse à la verité pour elle-même ; mais si peu naturelle , & si déplorable pour tous ceux qui ont eu l'honneur de la connoître. C'est donc une entreprise que je t'abandonne. J'ajoûte seulement que je partage avec toi toutes tes peines ; à l'exception , ce qui est cruel à dire , de celles qui doivent naître de ton crime & de tes remords.

Jeudi , à 9 heures du matin.

Je reçois une lettre que Mowbray m'écrit en ton nom : mais j'ai prévenu tes desirs ; & divers ordres que j'ai à donner, dans cette triste occasion , ne me laissent pas le tems d'entrer dans un nouveau détail. On ne me fait pas une peinture agréable de ta situation. Elle ne m'étonne point. Le tems seul peut te la rendre plus suportable ; c'est-à-dire , si tu parviens à composer avec ta conscience ; sans quoi le mal ne fera qu'augmenter de jour en jour.

Tourville , qui arrive à ce moment , me représente ton affliction. J'espére que tu ne penseras point à te rendre ici. Miss

Harlove defire, dans fon teftament, qu'on
ne t'accorde point la liberté de la voir.
J'en fais tirer quatre copies. Il eft affez
long ; car chaque article porte l'explication de fes motifs. Je te promets d'autres éclairciffemens , auffitôt que je trouverai le tems de t'écrire.

On m'a remis trois lettres , adreffées
à Mifs Clariffe Harlove. Mon office me
donnant le droit de les ouvrir, je les ai
lues, & je t'en promets une copie. Elles
font capables de me faire perdre l'efprit.
Quelle joie n'auroient-elles pas caufée à
la malheureufe Clariffe ! Cependant elles
feroient venues trop tard pour changer
rien à fon fort ; & fi ce bonheur lui étoit
arrivé avant le dernier moment de fa
vie , elle n'auroit pû dire , avec tant de
nobleffe , » que le Ciel ne lui avoit pas
»laiffé d'autre confolation que lui même.

LETTRE CCCXXXVII.

Madame NORTON *, à Miſs* CLARISSE HARLOVE.

Mercredi , 6 de Septembre.

ENfin , enfin , ma très chere Miſs Clary , tout repond heureuſement à nos vœux. L'unanimité des voix eſt en votre faveur. Votre frere & votre ſœur mêmes ſont devenus les plus ardens pour la réconciliation. Je l'avois prévû. Quel triomphe la patience & la douceur vous font remporter !

Cet heureux changement eſt dû aux derniers avis de votre couſin Morden. Mais il vous aura vûe , ſans doute , avant que vous puiſſiez recevoir ma lettre ; avec ſa poche remplie d'or & de billets de banque , pour ne laiſſer rien manquer à votre repos & à vos beſoins.

Tous nos déſirs , toutes nos prières , ſont à préſent pour le retabliſſement de votre ſanté & de vos forces. Je ſais combien votre cœur reſpectueux ſera conſolé par cette joieuſe nouvelle ; & par mille détails que j'ai à vous faire , lorsque j'aurai la satisfaction de vous embrasser. Ce sera Samedi prochain au plus tard ; peut-être dès Vendredi , vers le tems auquel vous recevrez cette lettre.

On m'a fait appeller aujourd'hui , de la part de votre famille entière. J'ai été reçue de tout le monde avec beaucoup de caresses & de bonté. On m'a suppliée , (car c'est le mot dont on s'est servi , & jugez si j'avois besoin d'être pressée dans ces termes) de me rendre auprès de vous sans perdre un moment, pour vous assurer de l'affection de tous vos Proches. Votre pere m'a donné ordre de vous dire, en son nom, tout ce que mon cœur pourroit m'inspirer de plus tendre, dans la vûe de vous consoler & de fortifier votre courage. Ils se font engagés tous à ratifier les expressions de ma tendresse & de ma joie.

Quelle douce commission pour votre fidelle Norton! Mon cœur ne manquera point d'expressions tendres ; soiez là-dessus sans crainte. Je médite deja ce que je dois vous dire , pour relever le vôtre , au nom de tout ce que vous avez de plus proche & de plus cher au monde. Mon chagrin est de ne pouvoir partir à l'instant, comme je le ferois aulieu de vous

écrire, si l'on m'avoit offert un carosse
du Château : mais il y auroit eu de l'in-
discretion à le demander. J'aurai demain
une chaise de louage. Qu'il me tarde de
presser ma chere, ma précieuse fille, dans
mes bras, & j'ose dire contre mon sein
maternel !

Votre sœur a promis de vous écrire,
& d'envoier par un Exprés ma lettre avec
la sienne. Votre oncle Harlove vous
écrira aussi, & dans les termes les plus
obligeans. Ils sont tous extrêmement al-
larmés de votre situation. Ils sont char-
més de votre conduite & de vos sentimens. Que n'ont-ils reçu plutôt les
mêmes informations ! Mais ils mettent
leur consolation & leur confiance dans
l'idée, que M. Morden ne leur auroit pas
écrit en arrivant à Londres, s'il avoit
jugé qu'il fût trop tard.

Ils sont resolus, ma très-chere Miss,
de ne vous prescrire aucune loi. Tout
sera laissé à votre discretion. Seulement,
votre frere & votre sœur déclarent qu'ils
ne consentiront jamais à donner le nom
de frere à M. Lovelace ; & je crois que
votre pere ne se laissera pas engager facilement à le recevoir pour fils.

J'ai ordre de vous amener avec moi,
aussitôt que votre inclination vous le fera

défirer & que votre fanté vous le permettra. Vous ferez reçue à bras ouverts.
Tout le monde languit, de l'impatience
de vous revoir. Que le Ciel vous conferve pour cette heureufe entre-vûe ! Je
me le promets de fa bonté, & je le
fatigue par mes continueiles prières. Il
n'eft pas befoin que j'ajoûte avec quelle
tendreffe & quel attachement je fuis,&c.

JUDITH NORTON.

P. S. Un malheureux, délai pour la
chaife, ne me permettra point d'être à
Londres avant Samedi matin.

LETTRE CCCXXXVIII.

Miſs ARABELLE HARLOVE,
à Miſs CLARISSE.

Mercredi, 6 Septembre.

NOus apprenons, chere fœur, que
vous êtes dangereufement malade.
Nous vous avons aimée avec une tendreffe,qu'on n'a jamais eue pour perfonne ; vous le favez, chere Clary, & vous

y avez mal répondu. Mais nos ressentimens ne peuvent toujours durer.

La nouvelle de votre situation nous
afflige , en verité , plus que je ne puis
vous l'exprimer. Comme vos infortunes
nous semblent plus grandes que votre
faute , & que sous le poids du malheur
votre bon caractère s'est fidellement soû-
tenu , je prévois qu'après cette separa-
tion vous allez nous être plus chere que
jamais. Consolez - vous donc , chere
sœur , & gardez-vous d'un excès d'abbattement. Quelque mortification que
puissent vous causer l'obscurcissement de
votre ancienne perspective , & les réflexions que vous ferez dans vous même
sur votre fausse demarche , & sur le
malheur que vous avez eu de ternir un
aussi charmant caractère que le votre ,
vous n'en recevrez aucune de nous. Pour
gage de faveur & de reconciliation ,
mon pere & ma mere vous assurent , par
ma main, de leur bénédiction & de leurs
prières. Ils pensent même à vous consoler plus efficacement ; car s'ils apprennent
que cette lettre ait été reçue comme ils
s'y attendent , (ils en jugeront par l'effet qu'elle produira pour votre santé),
ma mere ira vous voir elle-même à Londres. Dans l'intervalle, Madame Nor-

ton , pour laquelle vous avez toujours eu tant d'amitié , ne tardera point à se rendre auprès de vous. Elle vous écrit, pour vous annoncer son arrivée & l'affection renaissante de toute votre famille.

Nous esperons que de si bonnes nouvelles vous rendront un peu de goût pour la vie. Hâtez-vous de nous en assurer. Votre premiére lettre à cette occasion , sur tout si nous y apprenons que vous vous portiez mieux , nous causera autant de plaisir que nous en prenions autrefois aux plus jolies productions de votre plume. Adieu ma chere Clary. Je suis votre sœur très-affectionnée & votre veritable amie ,

ARABELLE HARLOVE.

LETTRE CCCXXXIX.

M. JULES HARLOVE , à Miss CLARISSE.

Mercredi , 6 Septembre.

VOtre faute , ma très-chere Niéce , nous avoit jettés dans un mortel chagrin ; mais nous en ressentons encore plus , s'il est possible , d'apprendre que

vous êtes si mal , & nous sommes extrêmement fâchés que les choses aient été
poussées si loin. Nous connoissons vos
talens , ma chere , & combien votre
plume est touchante lorsque vous entre-
prenez d'attendrir. Nous avons crû que
vous vous reposiez sur une qualité dont
l'exercice vous à souvent reussi ; & nous
imaginant peu que votre maladie fût si
dangereuse & que vous eussiez mené
une vie si penitente & si reguliére , nous
sommes réellement très-consternés, votre
frere & tous les autres , de vous avoir
traitée avec tant de rigueur. Pardonnez
la part qu'on m'y a fait prendre , ma
très-chere Clary. Je suis votre second
Pere , vous le savez ; & vous m'avez
toujours aimé.

J'espére que vous serez bientôt en
état de vous rendre ici ; & qu'après y
avoir passé quelque tems , vous m'accorderez un mois entier , lorsque votre pere
& votre mere auront la bonté d'y consentir , pour rejouir mon cœur & regler
comme autrefois mes affaires domestiques. Mais si votre maladie ne vous permettoit pas de venir aussitôt que nous le
desirons , j'irois moi-même à Londres ;
car je meurs d'envie de vous voir. Jamais
je ne l'ai souhaité avec tant d'impatience;

quoique vous aiez toujours fait les délices de mon cœur, comme vous ne sauriez l'avoir oublié.

Mon frere Antonin vous embraffe de tout le fien, & fe joint à moi dans la tendre affurance que tout ira parfaitement; & mieux, s'il eft poffible, que jamais. Nous avons été fi longtems privés de vous, que nous fentons vivement le befoin de vous revoir, & la faim, la foif, fi cette expreffion peut fervir à me faire entendre, de vous ferrer encore une fois fur notre cœur. Soiez fure que vous n'en avez jamais été bannie fi loin, que notre chagrin nous l'a fait croire, & que vous vous l'êtes imaginé.

Votre frere & votre fœur parlent de vous aller voir à Londres, & je crois que c'eft auffi le deffein de votre indulgente mere. Que le Ciel vous rende à nous dans fa bonté ! fans quoi, je ne fais ce que deviendroit votre affectionné oncle & votre fecond pere,

JULES HARLOVE.

LETTRE CCCXL.

M. BELFORD, à M. LOVELACE.

Vendredi au soir, 8 Septembre.

IL faut vous rendre compte de toutes mes actions, depuis ma letrre précédente, qui contenoit la dernière scéne de l'incomparable Clariffe.

Auffitôt qu'elle fût expirée, nous laiffames le corps à la garde des femmes de la maifon, qui, fuivant les ordres qu'elle leur avoit donnés le même jour, le mirent en poffeffion de ce logement funefte, qu'elle s'étoit préparé avec un courage fi ferme & fi tranquille. Hier au matin, le Colonel vint me prendre chez moi. Il n'étoit pas encore revenu de fon trouble. Nous nous rendimes enfemble chez Smith, où nous ne pûmes nous defendre, en arrivant de jetter encore une fois les yeux fur l'aimable corps, & d'admirer la férenité qui régnoit fur fon vifage. Les femmes nous dirent qu'elles n'avoient jamais vû la mort fous une figure fi charmante. On l'auroit crue dans un doux affoupiffement. Ses joues & fes levres n'avoient pas encore perdu tout-à-fait leur couleur vermeille.

J'ouvris un tiroir, dans lequel je favois d'elle-même que je devois trouver fes papiers. Le premier qui s'offrit à ma vûe étoit un pacquet cacheté de trois fceaux en cire noire, avec cette infcription: » Auffitôt que je ferai morte, M. » Belford prendra la peine de lever l'en- » veloppe. Je me reprochai beaucoup de ne l'avoir pas fait la veille: mais j'étois réellement incapable de toute forte d'attention.

Je rompis les cachets. Je trouvai, fous l'enveloppe, onze lettres, toutes cachetées en noir, dont l'une m'étoit adreffée. Je ne fais pas difficulté de vous en envoier une copie.

A Monfieur B E L F O R D.

Dimanche au foir , 3 *de Septembre.*

M

Dans cette dernière & folemnelle occafion, je dois vous renouveller mes remercimens, pour les importans fervi-
vices

vices que vous m'avez rendus , dans un tems où j'avois befoin de fecours & de protection. Permettez que de la region des Morts, où je ferai lorfque vous lirez cette lettre , je profite des circonftances pour vous donner la matière de quelques reflexions, avec toute la chaleur d'une fincére amitié.

Je me flatte humblement que dans la dernière heure d'une perfonne , qui vous fouhaitera éternellement toutes fortes de biens , vous venez d'avoir un exemple de la vanité des fortunes du monde , & de l'importance d'être en paix avec foi-même.

Un grand Homme, dont j'ai fu le nom (*) fe voiant au lit de la mort, déclara qu'il auroit mieux aimé pouvoir fe rappeller le fouvenir d'un verre d'eau , qu'il auroit donné à quelque miférable , que celui d'un grand nombre de batailles qui lui avoient acquis la reputation d'un Héros. Toutes les idées de grandeur mondaine s'évanouiffent, dans ce moment inévitable , qui décide de la deftinée des hommes.

S'il eft donc vrai , Monfieur , que dans ces inftans terribles, les Conquerans, les Vainqueurs des Nations foient reduits

______

(*) Le Duc de Luxembourg.

à de tels aveux, quelles doivent être alors les reflexions de ceux qui ont vécu dans le crime, qui ont emploié leurs efforts & mis honteufement leur gloire à feduire les ames innocentes, à ruiner les foibles, après avoir commencé par les arracher à leurs Protecteurs & par les éloigner de leurs veritables amis ? Ah ! Monfieur, pefez, pefez l'horreur de leur fituation ; tandis que la fanté, la vigueur d'efprit & de corps, vous mettent en état de tirer quelque utilité de cette affreufe image. Quelle baffeffe, quelle inhumanité, quelle barbarie dans le fujet de leur orgueil ! & quelle honte par confequent, quels remords, quelle confternation, à l'approche de la fentence & du chatiment !

En fecond lieu, Monfieur, j'attens de vous, pour l'amour de moi, qui me fuis vûe dans la néceffité de vous confier l'exécution de mon Teftament, que fi ce choix même donnoit naiffance à quelque demêlé fâcheux, vous fupporteriez, avec la générofité dont je vous ai cru rempli, les foibleffes de mes Proches, fur tout celles de mon frere, qui eft réellement un jeune homme de merite, mais un peu trop ardent & trop livré à fes préventions. J'efpére que la paix fera votre étude , & que vous apporterez tous vos soins à réconcilier les cœurs divisés: que vous emploierez particuliérement votre influence sur un ami encore plus violent , pour arrêter de nouveaux dé-saltres : car assurément cet esprit fou-gueux peut se croire satisfait des maux qu'il a causés ; sur tout de l'odieux af-front qu'il a fait à ma famille , en la blessant dans la plus tendre partie de son honneur. J'ai deja votre promesse sur tous ces points. J'en demande l'observa-tion comme une dette.

Une autre prière que j'ai à vous faire, c'est d'envoier à leur adresse , par un Ex-près , toutes les lettres que vous trou-verez sous cette enveloppe.

A présent, Monsieur , permettez que j'emporte l'espoir de devenir un humble instrument dans les mains de la Provi-dence , pour rappeller solidement à la vertu un homme de votre esprit & de votre merite. Si la malheureuse démar-che , qui a précipité la fin de mes jours , fait perdre à la sociecé humaine une jeune personne dont on pouvoit espérer quelque utilité , cette perte sera reparée fort heureusement par la grace que je demande pour vous au Ciel , & dont je tirerai moi-même un infaillible avantage:

sans compter l'espérance de pouvoir vous remercier, dans une meilleure vie, comme je le ferai jusqu'à mon dernier soupir, de tout le bien que vous m'avez fait ; & de l'embarras où vous vous êtes engagé, Monsieur, pour votre très-humble, &c.

CL. HARLOVE.

Les autres lettres sont pour son pere, pour sa mere, pour ses deux Oncles, pour son frere & pour sa sœur, pour sa tante Hervey, pour M. Morden ; pour Miss Howe, pour Madame Norton, & la dernière pour vous, en execution de la parole qu'elle vous a donnée, de vous écrire aussitôt qu'elle seroit arrivée à la maison de son Pere. J'attendrai, pour vous envoier cette lettre, que vous soiez dans une meilleure disposition que Tourville ne représente la vôtre.

Elle a pris soin de me laisser, sous une enveloppe particuliére, avec d'autres papiers que je n'ai pas encore eu le tems de lire, une copie de ces dix lettres posthumes. Je ne suis plus surpris qu'elle écrivit continuellement : & jamais d'ailleurs je n'ai connu de jeune personne, qui se servit plus facilement de sa plume.

Ses idées paroissant se présenter à mesure qu'elle les jettoit sur le papier, j'ai remarqué plus d'une fois qu'elle s'arrêtoit rarement, & qu'elle changeoit ou qu'elle effaçoit encore moins. C'étoit un talent naturel, qu'elle joignoit à mille autres.

Je remis au Colonel la lettre qui étoit pour lui, & je donnai ordre à mon valet de chambre de se tenir pret à porter les autres. Ensuite, étant passés dans l'appartement voisin, nous fimes l'ouverture du Testament. Cette lecture nous causa une émotion si vive, que le Colonel s'interrompant quelquefois lui - même me prioit de lire à sa place, & que j'avois besoin aussi de lui faire quelquefois la même prière à mon tour. Notre attendrissement paroissoit jusques dans le son de nos voix. Je n'entrerai ici dans le détail de ses dernières volontés, qu'autant qu'il a rapport au fil de ma narration ; parce que j'ai dessein de vous envoier une copie du Testament.

Le Colonel me dit qu'il étoit prêt à me rendre compte des sommes qu'il avoit apportées de la famille, & qu'elles me mettroient en état d'exécuter sans aucun délai cette partie des dispositions. Il me força de recevoir un papier qui en contenoit l'état , & que je mis dans mon portefeuille fans l'avoir lû. Mais je lui repondis que dans l'efpérance où j'étois qu'il contribueroit de tout fon pouvoir à l'exécution litterale du Teftament , je lui demandois d'avance fon fecours & fes avis.

Le défir qu'elle marque , dans le premier article , d'être enterrée avec fes ancêtres , nous obligeoit d'écrire au Château d Harlove. J'ai engagé le Colonel à fe charger de cette commiffion , parce que je n'ai pas voulu , du moins tout d'un coup, faire l'officieux aux yeux d'une famille , qui fouhaitera probablement de n'avoir aucune communication avec moi. Voici la lettre de M. Morden , qui eft adreffée au jeune Harlove.

M

Les ordres, dont le Porteur eft chargé , me difpenfent de vous apprendre le fort de la plus excellente de toutes les femmes. Mais je fuis prié par fon Exécuteur Teftamentaire , qui vous enverra inceffamment une copie de fes derniéres volontés , de vous faire favoir qu'elle demande inftamment d'être enfevelie dans le caveau de la famille , aux pieds de fon Grand pere. Si fon pere s'y oppofe , elle ordonne que fon corps foit enterré dans le cimetière de la Paroiffe où elle eft morte. Il n'eft pas befoin d'ajoûter , que cette propofition demande une prompte réponfe.

Son bonheur commença hier au foir , quatre minutes après fix heures. Je fuis &c.

MORDEN.

Le Colonel & moi , nous avons ordonné le grand deuil , pour nous & pour tous nos gens.

LETTRE CCCXLI.

M. BELFORD , à M. LOVELACE.

Samedi , à 10 heures.

LA pauvre Madame Norton eft arrivée. Elle étoit defcendue à la porte, & fon empreffement la faifoit aller droit à l'efcalier ; mais Madame Smith & Madame Lovick étant à pleurer enfem-

M iv

ble , & la premiére aiant informé trop brufquement cette vénérable femme de la fatale nouvelle , elle eft tombée fans connoiffance à leurs pieds. Cet accès a duré fi longtems , que pour la faire revenir , elles ont été forcées de lui faire tirer du fang. Je fuis arrivé dans le moment qu'elle commençoit à reprendre fes efprits. Elle s'eft livrée alors aux expreffions de fa douleur , aux louanges de fon incomparable Eleve , & comme vous devez le juger , à d'amères invectives contre vous ; mais fi mefurées néanmoins, que j'y ai pû reconnoître une femme bien élevée , comme j'ai reconnu le ton chrêtien dans fes lamentations.

Elle étoit impatiente de voir le corps. Les deux autres femmes font montées avec elle : mais elles m'ont avoué qu'elles étoient elles-mêmes trop touchées de ce qu'elles avoient vû , pour décrire un fpectacle fi tendre. Elle a pouffé le deffus du cercueil , en tremblant de douleur & d'impatience. Elle s'eft jettée fur le vifage , qu'elle a baigné de fes larmes. Elle a baifé plufieurs fois le front & les joues , comme fi fon Eleve eût été vivante. C'étoit elle-même , a-t'elle repété vingt fois ! fa chere fille ! l'unique objet de fon affection dans ce malheureux monde ! la mort, qui défigure tout, n'avoit point eu le pouvoir d'alterer ses aimables traits. Elle a longtems admiré la sérénité de son aspect. Sa fille étoit heureuse, a-t'elle dit; il n'y avoit aucun doute; mais combien de misérables avoit-elle laissés après elle ! L'excellente femme s'est plainte au Ciel, d'avoir assez vêcu pour être du nombre.

C'est avec une peine extrême, qu'on est parvenu à lui faire quitter le cercueil & la chambre. Lorsqu'elle est passée dans l'appartement voisin, je me suis approché d'elle, & je l'ai informée du leg avantageux que sa chere fille a fait en sa faveur : mais sa douleur n'a fait qu'augmenter. Elle devoit mourir avec elle, m'a-t'elle dit avec un ruisseau de larmes. Que lui restoit-il au monde, après avoir perdu tout ce qui pouvoit l'attacher à la vie : Sa principale consolation étoit de n'avoir pas longtems à lui survivre. Elle croioit, a-t'elle ajoûté, ne pas offenser le Ciel, en lui demandant cette grace. Il étoit aisé d'observer, par la ressemblance des sentimens, que la divine Clarisse devoit à cette vertueuse femme une partie de ses principes.

Pour faire quelque diversion à sa douleur, je lui ai parlé de prendre elle-même le foin de fon deuil ; & je lui ai remis trente guinées, que fa fille, puifqu’elle lui donne ce nom, legue en particulier dans cette vûe, pour elle & pour fon fils. Ces petits foins reveillent ordinairement les bons cœurs, d’une noire efpéce de léthargie, qui fuccéde aux attaques d’une violente affliction. C’eft le feul deuil dont le Teftament faffe mention. Je l’ai priée de ne pas perdre de tems à le faire préparer, parce que je ne doutois pas qu’elle ne fût refolue d’accompagner le corps, fi l’on obtient la permiffion de le faire tranfporter.

Le Colonel fe propofe de mener le convoi. Il fe chargera d’une copie du Teftament ; & fa bonté le faifant penfer à donner de favorables idées de moi à la famille, il veut prendre auffi une copie de la lettre, que j’ai reçue de Mifs Harlove après fa mort. Il eft fi obligeant, qu’il me promet le recit de tout ce qui fe paffera dans cette trifte occafion. Nous avons commencé une amitié & reglé une correfpondance, dont je ne connois qu’un accident qui puiffe interrompre la continuation jufqu’à la fin de nos vies : & je fuis dans une ferme efpérance que cet accident n’arrivera point.

Mais quelle doit être la douleur, le

remord, dont les cœurs de cette inexorable famille seront saisis, en recevant les lettres posthumes, & celle de M. Morden !

J'ai donné des ordres, dans la supposition que le corps sera transporté ; & les femmes ont eu soin de remplir le cercueil de parfums.

Le Colonel m'a forcé de prendre les billets de Banque & les lettres de change qu'il avoit apportés. La somme, qui s'est accrue depuis la mort du Grand - pere, est très-considérable.

Depuis que M. Morden s'est retiré, je me suis donné la satisfaction de lire les copies des lettres posthumes, que mon Valet de chambre est allé porter à leur adresse. Que j'ai raison de donner, à cette admirable personne, le nom de femme divine ! Elle paroît s'être occupée, dans chaque lettre, à consoler ses Parens, plutôt qu'à leur reprocher leur cruauté. Mais, si j'étois à leur place, combien n'aimerois-je pas mieux qu'elle m'eût accablé des plus sanglantes recriminations, que de la voir triompher si noblement de mon injustice, par une générosité sans exemple !

M vj

Je vous envoie quelques-unes de ces copies. Vous ne manquerez pas de me les renvoier auſſi promptement que vous le pourrez.

(Elles ſuivent ici , dans la collection An-gloiſe , à la reſerve de celles qui étoient pour M. Lovelace & M. Morden , parce que la prudence ne permettoit point à M. Belford de les communiquer ſitôt. Celles-ci reparoîtront à la ſuite. On ſe diſpenſe de donner les pre-mières , quoiqu'elles ſoient remplies des plus tendres & des plus vertueux ſentimens).

LETTRE CCCXLII.

M. BELFORD, à M. LOVELACE.

Samedi après-midi.

J'Apprens que dans tes fureurs , tu ne reſpires que vangeance contre moi, pour t'avoir traité un peu librement ; & contre la maudite Sinclair & ſa trouppe infernale. Les menaces, qui ne regardent que moi, me cauſent peu d'inquiétude. Mon deſſein étant de te picquer au vif, je me rejouis que l'effet reponde à mes intentions ; & je te felicite de n'avoir pas perdu le sentiment.

À l'égard de tes détestables femmes, je trouve qu'elles meritent le feu dont tu les ménaces, & le feu de l'avenir, qui les attend. Mais je reçois à ce moment des nouvelles, qui t'épargneront vraisemblablement le nouveau crime de punir ton vieux monstre, pour la part que tu lui a fait prendre à ta méchanceté. Si tu la vois tomber dans toutes les horreurs dont je la crois menacée, ne trembleras-tu pas de ce qui peut arriver à son chef?

Je ne veux pas te tenir en suspens. La nuit précédente, cette infame créature s'étant enivrée d'arrack, sa liqueur favorite, a pris un chemin pour un autre, & s'est laissée tomber du haut de son escalier. Entr'autres blessures, elle s'est cassé une jambe. Après une nuit terrible, elle est actuellement à jurer, rugir, écumer, dans les ardeurs d'une fiévre violente, qui n'a pas besoin d'autre feu pour lui faire éprouver des tourmens plus vifs & plus durables que tu ne lui en destinois dans ta vangeance.

La Misérable m'a fait prier de l'aller voir ; & de peur qu'un Messager ordinaire ne lui fît obtenir qu'un refus, elle a un devoir m'envoier ſa digne aſſociée, Sally Martin, qui ne m'aiant pas trouvé chez moi, eſt venue me chercher ici, parce qu'une partie de ſa commiſſion étoit de demander grace, à Miſs Harlove, pour toutes les méchancetés du vieux monſtre.

Cette effrontée Sally n'a jamais été ſi décontenancée, qu'en apprenant ſa mort de ma bouche. Elle a tiré ſon flacon, dans la crainte de s'évanouir. Après avoir un peu rappellé ſes forces, elle s'eſt reproché ſa part aux outrages que cette divine perſonne avoit eſſuiés. Polly Horton, m'a-t'elle dit, ſe devoit le même reproche : & verſant beaucoup de larmes, elle a confeſſé que le monde n'avoit jamais rien produit de ſi parfait. Elle l'a nommée la gloire & l'ornement de ſon ſexe. Elle a reconnu que tout barbare que tu es, ſa ruine ve-noit moins de ta propre baſſeſſe que de leurs inſtigations, puiſqu'elles t'ont vû prêt plus d'une fois à lui rendre juſtice, ſi, de concert avec les eſprits infernaux, elles n'avoient échauffé tes malheureuſes diſpoſitions.

Elle auroit ſouhaité de voir le corps : mais j'ai rejetté ſa demande avec exécra-tion. Ce qu'elle ſe pardonnoit le moins, m'a-t'elle dit, c'étoient les inſultes dont elle l'avoit accablée pendant qu'elle étoit arrêtée pour une fauſſe dette. Le reſte, a-t'elle ajoûté, n'étoit venu que de la néceſſité de vivre, où elle ſe trouvoit reduite après de meilleures eſpérances, & qui étoit, après-tout, le ſort commun de mille autres filles. Je ne lui ai pas demandé qui l'avoit reduite à ce ſort.

En me quittant, elle m'a dit que les meurtriſſures de la vieille Furie étoient beaucoup plus dangereuſes que ſes plaies; qu'on appréhendoit de la corruption; qu'elle paroiſſoit épouvantée de ce qu'elle a fait ſouffrir à Miſs Harlove : & qu'elle avoit ſi fort à cœur d'en obtenir le pardon, qu'il étoit à craindre que la nouvelle d'une mort ſi peu prévûe n'avançât la ſienne.

Ton Courrier me fait une peinture étonnante de tes emportemens. Je m'y ſuis attendu. Mais comme rien de violent n'eſt durable, je ne prévois pas moins que ta gaieté habituelle l'emportera bientôt ſur ta fréneſie. Je ſuis d'autant plus porté à le croire, que tes accès ſont du genre furieux, c'eſt-à-dire, convenables à ton impétuoſité naturelle; & non de l'eſpéce mélancolique, qui eſt le partage des ames plus lentes.

(La lettre suivante contient le recit des effets que les lettres posthumes de Miss Clarisse produisirent sur tous les Harloves & sur Miss Howe, sur sa mere, sur M. Hickman. On n'est pas surpris que Miss Howe ressente tous les excès de la douleur ; mais par une révolution fort étonnante, le frere même & la sœur de Miss Clarisse, à l'exemple du pere, de la mere & des oncles, se livrent à la plus vive désolation, & pleurent amérement une sœur dont ils ont les malheurs à se reprocher. Le messager de M. Belford apporta la réponse suivante à la lettre de M. Morden).

Samedi, 9 Septembre.

Cher Cousin,

Toutes mes expressions ne vous représenteroient pas la consternation qui s'est ici répandue, à la plus funeste nouvelle qui nous ait jamais été communiquée. Ma sœur Arabelle (mais helas ! je n'ai plus d'autre sœur) se disposoit à suivre Madame Norton. J'étois résolu de l'accompagner, & d'aller porter ici même de justes consolations à notre chere infortunée. Jamais le Ciel n'avoit rien formé de plus admirable. Mourir, sans quelqu'un de nous auprès-d'elle ! Helas Monſieur , je crains bien que ma mere ne revienne pas d'un coup ſi terrible. Elle s'évanouit à chaque moment, depuis qu'elle a reçu vos triſtes informations. La goute de mon pere s'eſt jettée ſur l'eſtomac , & le Ciel ſait. … O cher couſin ! O Monſieur ! Je n'ai pas eu d'autre vûe que l'honneur de la famille ; cependant tout le poids des reproches tombe ſur moi. Le déteſtable Lovelace ! Que la vangeance du Ciel me pourſuive , s'il échappe à la mienne (*).

Nous avions commencé à nous faire un triomphe , de l'eſperance de la revoir. Juſte Ciel ! Faut-il que ſa premiére entrée dans cette maiſon , après nous avoir abandonnés ſi précipitamment , ſe faſſe dans un cercueil !

Nous ne voulons rien avoir à démêler avec ſon Exécuteur teſtamentaire. (Autre étrange demarche de cette chere créature !) Il ne peut s'attendre que nous le voulions ; & , s'il eſt galant homme , il ne s'obſtinera point à faire valoir ſes droits. Ainſi , Monſieur , chargez-vous s'il vous plaît du ſoin de nous faire apporter le corps. Ma mere regarderoit

____

(*) M. Belford ſupprima cette ménace dans ſa copie.

comme un malheur dont elle ne se con-
soleroit jamais, de ne pas voir, après la
mort, une chere fille qu’elle n’a pû voir
en vie. Vous aurez donc la bonté d’or-
donner que le cercueil soit fermé seulement avec des vis ; pour nous mettre en
état de lui procurer la satisfaction qu’elle
desire, si nous ne pouvons l’engager à
se priver d’un spectacle si chocquant.
Qu’on nous fasse savoir les dispositions
du Testament sur ce qui regarde les funerailles. Elles seront exécutées ponctuel-
lement, comme tous les autres articles
qui nous paroîtront justes & raisonnables : & cela, sans l’intervention des
étrangers.

Ne nous accorderez-vous pas, Monsieur, l’honneur de votre présence dans
cette mélancolique cérémonie ? Nous
vous demandons cette faveur, & celle
d’oublier ce qui s’est passé dans nos dernières entre-vûes, avec la générosité qui
est naturelle au brave & au sage. J’ai
l’honneur, Monsieur, d’être, &c.

JAMES HARLOVE.

Comme tout ce qui leur paroîtra juste &
raisonnable ! ai-je repété au Colonel,
d’après la lettre qu’il avoit pris la peine

de me lire : C'eſt-à-dire aſſurément tout
ce qui ne ſera pas impoſſible ; & j'eſpére
qu'en effet je n'aurai rien à démêler avec
eux. Je n'ai pas plus d'empreſſement pour
leur amitié qu'ils n'en marquent pour la
mienne. Mais je me flatte, Monſieur,
que vous prendrez la qualité de média-
teur entre eux & moi ; car j'inſiſterai ſur
l'exécution litterale de chaque article.

Le Colonel m'a promis de ſe joindre à
moi, pour ſoûtenir ma reſolution.

Dimanche, à 8 heures du matin.

Je n'ai pas quitté la maiſon de Smith
juſqu'au moment où j'ai vû, pour la
dernière fois, les dépouilles mortelles
de la divine Clariſſe. La triſte Madame
Norton, voiant fermer le cercueil, a
coupé quatre boucles de ſes charmans
cheveux, dont elle a donné une au
Colonel, qui veut la faire enchaſſer dans
ce qu'il trouvera de plus précieux, pour
la porter toute ſa vie ſur ſon cœur

Le convoi funebre eſt parti entre quatre
& cinq heures du matin. M Morden
l'eſcorte à cheval, avec tous ſes gens. Il
m'a promis, non-ſeulement d'entrer

dans mes intentions , que toutes les puif-
fances de la terre ne m'empécheront
point de regarder comme un devoir facré , mais encore de me rendre compte,
par un Exprés , des obftacles ou des fa-
cilités auxquelles je dois m'attendre.

LETTRE CCCXLIII.

M. MOWBRAY, à M. BELFORD.

Uxbridge , Dimanche à 9 heures du matin.

JE vous envoie, cher Belford, une
lettre du pauvre Lovelace , qui vous
fera connoître l'étrange défordre de fa
tête. Il nous l'a lue , du ton d'une fcéne
de tragedie. Vous y verrez quel étoit fon
deffein , fi nous ne nous y étions tous
oppofés. Il vouloit partir avec un Chirurgien , pour faire ouvrir le corps de
Mifs Harlove & le faire embaumer. Si
cette fantaifie avoit pû reuffir , que je
meure fi je ne fuis pleinement perfuadé
qu'on auroit trouvé , à la Belle, un cœur
de fer ou de marbre.

Nous avons engagé Milord M.... à
fe rendre ici. Il paroît auffi très-affligé

de cette mort. Ses sœurs & ses niéces, dit il, en sont inconsolables. Que de bruit pour une femme ! car, après tout, qu'étoit-elle de plus ?

On a tiré, à Lovelace, un plein seau de gros sang noir & brûlé. Cette saignée modére un peu ses transports. Mais il menace le Colonel Morden ; il te menace, pour tes cruelles refléxions ; il maudit toute l'espéce humaine, & lui par dessus. On apporta hier tout son deuil, qui est aussi profond que celui d'un mari pour sa femme. Quoiqu'il fût huit heures du soir, il voulut s'en revêtir aussitôt, & que ses gens le prissent aussi pour le servir.

Je vois que tout le monde le blâme & prend parti pour cette Miss Harlove : mais au fond, je ne comprens pas pourquoi. Elle avoit de la rudesse dans sa vertu : & ses parens dailleurs sont vingt fois plus à blamer que lui. C'est ce que je leur prouverai, quand ils voudront, en depit de toute l'orgueilleuse famille. S'ils ont été capables d'en user mal avec elle, de quel droit se plaignent-ils qu'il n'en ait pas usé mieux ? Toi, moi, Tourville, n'aurions-nous pas fait comme lui? Toutes les filles ne doivent-elles pas être en garde ? Lovelace a-t'il imité ce coquin de *Miller*, qui après avoir débauché la fille d'un honête Marchand, lui a laissé le soin de paier la dépense qu'il avoit faite avec elle, a souffert tranquillement qu'on l'ait jettée dans une prison pour cette dette, & ne s'est point embarrassé de l'y voir mourir de misère & de chagrin ? Tu sais le fond de cette avanture. Miller est un scélérat, qui merite la damnation. Mais peut-on dire que notre ami lui ressemble ? N'a-t'il pas paié jusqu'au dernier sou ? N'auroit il pas épousé la Dame au cœur d'acier ? Ainsi je le trouve parfaitement justifié. Pourquoi donc se livre-t'il à tant d'extravagances ? Qui se seroit attendu à cette foiblesse ? N'est-ce pas une honte de le voir assis en silence dans un coin, lorsqu'il s'est fatigué à force de mouvemens & d'exclamations ; l'œil morne, la tête panchée, apprenant à son ombre à faire des grimaces contre le mur ? Morbleu, il me fait perdre patience.

Mais il n'a pas pris un moment de sommeil depuis dix jours. Tout le mal vient de-là. Ecrivez lui, Belford. Il faut le flatter, lui envoier ce qu'il demande, & satisfaire toutes ses fantaisies. On ne le rendra pas traitable autrement. Il faut enterrer Miss Harlove le plutôt que vous pourrez, & se bien garder de nous apprendre le lieu de fa fepulture.

Cette lettre devoit partir hier. Nous lui avons dit qu'elle étoit en chemin, & nous efpérions qu'il n'y penferoit plus. Mais il eft furieux de n'avoir pas encore reçu la reponfe.

Je mene ici la plus fotte vie du monde. Ce que j'ai vû, peu auparavant, du pauvre Belton, & ce que j'ai actuellement devant les yeux, eft capable de me rendre auffi foible qu'eux, ou prefque auffi lourd que toi, Belford. Il faut que je penfe à chercher meilleure compagnie. L'ennui m'a forcé de lire quelque chofe, pour me divertir ; & tu fais que je détefte la lecture. Elle m'affoupit & me fait bâailler tout d'un coup. Cependant je fuis tombé à ce moment fur un paffage de Dryden, qui a beaucoup de rapport à la fituation de notre ami. Je veux t'en faire le juge. (Il tranfcrit quelques vers de ce Poëte, qui repréfentent un homme furieux d'infortune & de douleur ; il compare cette peinture avec celle de M. Lovelace ; & s'applaudiffant de fon effai, il continue) : tu vois que fi je m'étois appliqué à l'écriture, d'auffi bonne heure que toi & Lovelace, peut-être n'aurois-je pas moins reuffi. Pourquoi non, je te prie? Mais j'ai toûjours eu de la haîne pour les livres. C'eſt perdre le tems. J'aime l'action ; je hais l'indolence ; & dans les premiers tems de ma vie j'ai détourné plus d'écoliers de leurs études, que jamais maître n'en a forcés à s'appliquer. Le jeu ou les combats ont toûjours fait mes délices.

Mais je me laſſe d'écrire. De ma vie je n'ai fait une ſi longue lettre. La crampe gagne mes doigts, & ma plume peſe cent livres. Adieu.

LETTRE CCCXLIV

M. LOVELACE, à M. BELFORD.

A Uxbridge, Samedi 9 Septembre.

BElford, il convient abſolument que ma très-chere Femme ſoit ouverte, & qu'elle ſoit embaumée. Ne perdons pas un inſtant. Je ſerai à Londres cet après - midi. J'ai deja prévenu deux Chirurgiens, que je menerai avec moi.

Je veux que tout ſe faſſe avec la dé- cence, que le cas, & la perſonne ſacrée de mon adorable Clariſſe exigent néceſ- ſairement.

fairement. Nous ferons auffi tout ce qui fera poffible pour garantir fes précieux reftes, de toute alteration : & lorfqu'elle fera reduite en pouffiere, ou qu'on ne pourra la conferver plus longtems, je la ferai placer dans le tombeau de mes ancetres, entre mon Pere & ma Mere. Moi, moi feul, je ferai à la tête du deuil. Mais fon cœur, fur lequel j'ai des droits inconteftables, fon cœur que j'ai poffedé fi longtems, & qui m'eft plus cher que le mien, je veux le garder toute ma vie. Je le conferverai, en dépit du tems & de la nature. Il fera toujours préfent à ma vûe : & tous les frais de la fepulture me regardent feul.

Qui me difputeroit mes droits ? A qui étoit-elle pendant fa vie ? N'eft-elle pas morte à moi ? Ses déteftables Parens, dont la barbarie a feule caufé fa mort, n'y avoient-ils pas renoncé depuis longtems ? Elle les avoit abandonnés pour me fuivre. J'étois par confequent fon choix. J'étois fon mari. Qu'importe, fi je l'ai maltraitée ? N'en fuis-je pas cruellement puni ? Et fi je n'avois pas le malheur de l'être, ne m'auroit-elle pas appartenu ? Ne m'avoit-elle pas pardonné ? Je fuis donc rentré dans mes premiers droits. J'y fuis retabli, comme fi je ne l'avois jamais offenſée. Qui me les oſeroit conteſter ? Qu'il parle. Qu'il ait l'audace de ſe montrer.

En vertu d'un pouvoir ſi juſte, je te décharge, Belford, toi & tout le reſte du monde, des ſoins & des ſervices qui regardent ſa memoire. A l'égard de ſon teſtament, c'eſt moi qui l'exécuterai moi-même. Il n'y avoit point de contrat, point de termes réglés entre-elle & moi ; & je viens de prouver qu'elle étoit ma femme. Elle n'a donc pû diſpoſer d'elle-même independamment de ma volonté. Que je périſſe à jamais, ſi je ne fais valoir mes droits contre toutes ſortes d'oppoſitions.

En attendant, je te fais demander, par le Porteur, une boucle de ſes cheveux. Mais ſouviens-toi, que je te défens la moindre demarche ſans ma permiſſion. Je veux que tous les ordres viennent de moi. Ne ſuis-je pas ſon mari ? N'ai-je pas été pardonné ? Que ſignifieroit autrement le pardon que j'ai obtenu ?

Les deux inſuportables perſonnages, que vous m'avez envoiés, me cauſent une peine mortelle. Ils me traitent comme un enfant. Quelle peut être leur vûe ? Cependant ce traitre de Doleman les imite. Je leur entens dire entre-eux, qu'ils ont envoié prier Milord de se rendre ici. C'est apparemment pour combattre mes volontés. Que peuvent-ils se proposer ? En verité tout le monde me paroît fou. Ils observent mes mains. Ils me considérent d'un air égaré. Ils me tiennent un langage, que j'ai quelque fois peine à comprendre.

Souviens-toi que je t'écris, pour te défendre de rien commencer sans mes ordres. Je defens aussi à Morden de se mêler de rien. Je m'imagine qu'il n'a point épargné contre moi les maledictions & les menaces. Mais je lui conseille de ne pas demeurer auprès d'elle, s'il veut éviter mon ressentiment. Tu m'enverras donc une boucle de ses cheveux. Tu feras préparer tout ce qui est nécessaire pour l'embaumer, & je me ferai accompagner d'un Chirurgien. Tu tiendras le testament & tous les papiers prêts pour mon arrivée. Songe que je veux être en possession de son cœur dès cette nuit. Je prendrai les papiers. Mon dessein est d'en faire usage, pour rendre justice à sa memoire. A qui cet office convient-il mieux qu'à moi ? Qui peut mieux apprendre à tout l'Univers ce qu'elle étoit, & quel infâme je suis, d'avoir été capable de la maltraiter ? Le public apprendra aussi quelle est son implacable & son odieuse famille. Tout sera exposé sans menagement ; les noms aussi peu deguisés que les faits. Comme c'est moi qui ferai la plus honteuse figure dans cet interessant Manifeste, j'ai droit de me traiter moi-même avec une liberté que tout autre ne prendroit jamais. Qui s'en plaindra ? Qui seroit assez hardi pour s'y opposer ?

Hâte-toi de m'apprendre si la maudite Sinclair existe encore pour ma vangeance. Ce vieux monstre est-il mort ou vivant ? Il faut que je me signale par quelque forfait exemplaire. Je veux exterminer de la face de la terre, & ce diable incarné, & toute la cruelle famille des Harloves. Il faut des Hecatombes entieres, pour appaiser les mânes de ma Clarisse.

Quand les articles du testament ne s'accorderoient pas avec mes volontés, je ne prétens pas moins être obei. C'est à moi qu'il appartient d'interprêter les siennes Ses ordres seront suivis après les miens. Elle est ma femme. Elle le sera éternellement. Je n'en aurai jamais d'autre.

Adieu, Belford. Je me prépare à t

joindre. Mais garde toi , si tu fais cas de ma vie ou de la tienne , de me contredire sur tout ce qui touche ma Clarisse.

Mon humeur est tout à fait changée. Je ne sais plus badiner , sourire , faire le plaisant. Je suis devenu impatient , colére. Tout me blesse. Aussi n'a-t'on jamais été plus cruellement tourmenté par des impertinens.

J'ajoûte , en chiffre , que je me sens dans une situation terrible. Ma cervelle est aussi bouillante , qu'une chaudière sur une fournaise embrasée. De quoi donc est-il question ? Je m'en étonne. De ma vie , je ne me suis vû dans cette étrange agitation.

Au fond , Belford , je suis un exécrable Mortel. Et lorsque je considére dequoi j'ai été capable. à l'égard de cette femme Angelique , dont j'ai détruit le repos , l'esprit, la beauté , l'honneur & la vie, je me condamne & me devoue moi-même à l'éternelle vangeance. De quelle part puis - je attendre de la pitié ! Je crains de ne pouvoir te supporter toi-même , lorsque je vais te revoir. Tes insultantes reflexions, tes cruels reproches, m'ont renversé l'esprit.

Mais on m'avertit que Milord est arrivé. Que le Ciel le confonde & ceux qui l'ont fait appeller. O Belford! je ne fais ce que j'écris.

Son cher cœur, une boucle de ses cheveux, garde toi bien d'y manquer. N'est-elle pas à moi? Helas! à qui seroit-elle? L'infortunée n'a ni pere, ni mere, ni frere, ni sœur! Elle n'a que moi.... Mais quoi? Elle n'est plus!... Je l'ai donc perdue! Je l'ai perdue pour jamais! Dieu, Dieu! comment ne suis-je pas encore annéanti!

LETTRE CCCXLIV.

M. BELFORD, à M. MOWBRAY.

Dimanche, 10 Septembre,
à 4 heures après-midi,

J'Ai reçu votre lettre, avec celle de notre malheureux Ami. Je suis charmé que Milord soit venu travailler à sa guérison. Comme il y a beaucoup d'apparence que cette frénésie durera peu, je

souhaite ardemment qu’auſſitôt qu’il ſera
rétabli, on puiſſe l’engager à paſſer dans
les païs étrangers. M. Morden, qui eſt in-
conſolable, a vû, dans le Teſtament, que
le cas n’eſt pas une ſéduction ordinaire.
J’entrevois, par quelques mots échappés, qu’il ſe croit dégagé par cette raiſon de la parole qu’il a donnée à ſa Couſine mourante, de ne pas chercher à
vanger ſa mort.

Il faudra, mon cher Mowbray, lui donner ſa ſanté pour motif de vos inſtances ;
car ſi vous lui parlez de ſa ſureté, non-ſeulement il ne partira point, mais il cherchera le Colonel. A l’égard de la boucle de
cheveux, comme vous avez vû autre fois
Miſs Harlove, il vous ſera aiſé de le ſatiſ-
faire en lui donnant quelques cheveux de
la même couleur, s’il s’obſtine à demander
cette conſolation. Je continuerai de lui
écrire, puiſqu’il le ſouhaite, & je le ferai
comme ſi je ne lui ſuppoſois aucun déſor-
dre|dans l’eſprit:c’eſt-à-dire,que mes réflé-
xions ne ſeront pas plus menagées ; dans
l’eſperance qu’après ſa guériſon, elles
pourront pénétrer juſqu’à ſon cœur.

Comme je n’aurai pas toujours le tems
de tirer une copie de mes lettres, & que
pluſieurs raiſons me font ſouhaiter de les
avoir ſous mes yeux, j’exige abſolument

qu'elles me foient renvoiées lorfque je les demanderai. C'eft une condition à laquelle M. Lovelace a confenti, & qui s'eft exécutée jufqu'à préfent.

Ta lettre, Mowbray, eft une piéce inimitable. Tu es réellement une étrange créature. Mais fouffre que je te conjure, toi & l'évaporé Tourville, par la fin du pauvre Belton, dont vous avez été temoins tous deux, par la frénézie de Lovelace & par fa caufe, & par le terrible état de la miférable Sinclair, de penfer ferieufement à changer de vie. Pour moi, quelque ufage que vous faffiez de ces exemples, je fuis déterminé à fuivre l'avis que je donne, & j'en figne volontiers l'engagement.

B E L F O R D.

(Les lettres fuivantes contiennent, 1º. Le recit que M. Belford fait à M. Lovelace, de l'épouvantable mort de la Sinclair. Ce tableau eft purement Anglois ; c'eft-à-dire, revêtu de couleurs fi fortes, & malheureufement fi contraires au goût de notre Nation, que tous mes adouciffemens ne le rendroient pas fuportable en François. Il fuffit d'ajoûter que l'Infame & le Terrible compofent le fond de cette étrange peinture.

2º. Un très - long recit que M. Morden

fait à *M. Belford*, de la reception du corps de Clariffe au Château d'Harlove, de fes funerailles, de l'affliction & des regrets de fa famille, mais particuliérement de la tendre & noble douleur de *Mifs Howe*, qui après avoir fait demander la permiffion d'entrer pour quelques minutes au Château, & celle de n'en pas voir les habitans, fe fait conduire au cercueil par *M. Morden*, embraffe mille fois fa chere amie, malgré les horreurs de l'appareil funébre, dit & fait mille chofes touchantes. Cette narration, qui contient cinq grandes lettres, eft fuivie d'une reponfe de *M. Belford*, digne du plus honnête homme du monde.

3°. Une lettre de *M. Harlove* le fils à *M. Belford*, pour l'engager par des raifons affez plaufibles à refigner fa qualité d'Exécuteur; avec la réponfe de *M. Belford*, qui fe fonde fur des raifons beaucoup plus fortes pour declarer qu'il regarde un office fi cher & fi facré comme le premier devoir de fa vie.

4°. Le Teftament de *Mifs Clariffe Harlove*, piéce fingulière par la beauté des fentimens & par le détail des difpofitions. Il fuffira d'obferver que rien n'échappe aux attentions de la Teftatrice. Ses parens, fes amis, fes bienfaicteurs, & fes ennemis mêmes, ou ceux qui meritent ce nom, paroiffent fuccef-

fivement fur la fcéne. Les Pauvres ne font pas
oubliés. Sa terre eft leguée à fon pere, pour
la faire rentrer dans l'ordre de la fucceffion:
mais elle y donne un logement commode à
Madame Norton, avec une forte penfion
pour le refte de fes jours. Mifs Howe eft partagée en Amie favorite, c'eft-à-dire, qu'on
lui laiff: un Portrait d'après nature, & plufieurs bijoux précieux dont la vûe doit fervir
à l'éternel entretien de fon amitié. Le projet
de recueillir toutes les lettres qui compefent ce
recueil, pour juftifier la conduite & la memoire de la malheureufe Clariffe, eft repêté
en termes formels. L'exécution en eft confiée à
M. Belford & à Mifs Howe.

M. Morden s'étant joint ouvertement à
l'Exécuteur teftamentaire, toutes les objections & les plaintes de la famille ne purent
empêcher l'accompliffement de chaque article.
On lit, dans une lettre du Colonel à M.
Belford, que les regrets des Harloves, pour
quelques legs qu'ils traitoient d'exceffifs, fai-
foient affez connoître combien fa Coufine avoit
eu raifon de choifir un étranger pour Exécuteur
de fes dernières volontés. >> Si fon choix,
>> dit-il, étoit tombé fur un de fes Proches,
>> il n'y a que trop d'apparence que le tefta-
>> ment n'auroit pas été plus confulté que
>> celui d'un Roi. Mais M. James Har-

» love ne fait pas attention que son avidité
» pour des bagatelles, peut lui faire perdre
» de plus grosses sommes s'il me survit. Une
» ame si étroite & si intéressée aura peu de
» part à mon héritage.

LETTRE CCCXLV.

M. BELFORD, *à Milord M.....*

A Londres, 14 *de Septembre.*

MILORD,

J'Appréhende extremement que mal-gré les dernières déclarations de Miss Clarisse Harlove, ses infortunes ne produisent quelque nouveau désastre après sa mort. Cette crainte, Milord, me porte à vous proposer de le faire partir incessament pour l'Italie, où je compte que son sejour éteindra bientot tous les ressentimens. Mais comme il ne faut pas espérer qu'il s'éloigne de cette Ile, s'il se défie des motifs qui doi-vent vous le faire souhaiter, on peut lui donner, pour prétexte, son propre repos &

fa fanté. Tous les païs du monde font égaux pour M. Mowbray & M. Tourville. Ils confentiront peut-être à l'accompagner. J'apprens avec joie qu'il commence à fe retablir : mais c'eft une raifon de plus pour prefler fon départ, & je crois que le délai feroit dangereux.

Vous n'ignorez pas, Milord, que cette incomparable perfonne m'a fait l'honneur de me confier l'exécution de fes dernieres volontés. J'en vais tranfcrire un article, qui regarde votre illuftre famille ; & je prens la liberté de mettre fous mon enveloppe, une lettre, dont il feroit inutile de nommer l'auteur & d'expliquer le fujet. Votre prudence, Milord, vous fera juger s'il eft à propos, & dans quelles circonftances il convient, qu'elle foit remife à fon adreffe. J'ai l'honneur, &c.

BELFORD.

(Mifs Clariffe laiffoit par fon Teftament, une bague, fuivant l'ufage d'Angleterre, à Milord M...., aux deux Dames fes fœurs, & à fes deux niéces, avec des témoignages fort vifs de reconnoiffance & d'affection. La lettre que M. Belford envoie à Milord, eft celle que Mifs Clariffe avoit laiffée en mourant, pour M. Lovelace).

A Monsieur *LOVELACE.*

JE vous ai dit, Monsieur, dans ma dernière lettre, que vous en recevriez une autre de moi lorsque je serois arrivée à la maison de mon Pere. Je présume, avec une humble confiance, qu'au moment où vous la recevez, je suis dans cette heureuse demeure ; & je vous invite à me suivre, aussitôt que vous serez préparé pour cet important voiage.

Sans pousser l'allegorie plus loin, mon sort est accompli dans le moment que ces caractères frappent vos yeux. Ma sentence est prononcée, & je suis un Etre heureux ou misérable à jamais. Si je suis heureuse, je n'en ai l'obligation qu'à la bonté infinie du Ciel. Si je suis condamnée à des malheurs sans fin, je les dois à votre injuste cruauté. Considérez donc, pour votre propre intérêt, leger, cruel, malheureux jeune Homme ! considerez si le barbare & perfide traitement que j'ai reçu de vous, meritoit le hazard où vous avez mis votre ame immortelle ; puisque vos criminelles vûes ne pouvoient être remplies que par la violation libre & volontaire des fermens les plus folemnels , aidée d'une violence & d'une baffeffe indignes de l'humanité.

Il en eft tems encore , & je vous avertis, pour la dernière fois, d'ouvrir les yeux fur votre conduite. Votre fonge doré ne peut durer longtems. La carrière où vous marchez ne peut avoir de charmes, qu'autant que vous en écartez les reflexions. Une malheureufe infenfibilité eft le feul fondement fur lequel votre paix intérieure eft établie. Lorfque vous deviendrez la proie des maladies , lorfque les remords commenceront à vous faire fentir leur pointe , que votre condition fera terrible ! Quel triomphe vous ferez-vous alors , d'avoir été capable, par une fuite de noirs parjures & de lâchetés étudiées , fous le nom de galanterie & d'intrigue , de trahir de jeunes perfonnes fans expérience , qui ne connoiffoient peut-être que leur devoir avant que de vous avoir connu! Pas une bonne action à vous rappeller , dans ce tems de langueur ; pas même une intention vertueufe ! D'horribles fouvenirs de toutes parts , & les cris d'une confcience épouvantée ! Reduit à fouhaiter envain l'anéantiffement , pour lequel vous vous croiriez heureux de pouvoir compofer !

Songez, Monfieur, que je ne puis avoir d'autres motifs dans cette lettre que votre propre intérêt, & celui de l'innocence, qui peut encore être abufée par vos noires inventions & par vos parjures. Mes vœux pour votre reformation ne font pas ceux d'une Epoufe fuppliante, qui s'efforceroit de vous infpirer des fentimens dont elle auroit à tirer autant d'avantage que vous. Ils font defintéreffés, & je ne connois aucun devoir qui m'y oblige. Mais je me défierois de mon propre repentir, fi j'étois capable de rendre le mal pour le mal ; & quelque noirs qu'aient été vos outrages, je dois être capable de vous pardonner, comme je fouhaite le pardon du Ciel pour moi-même.

Je repéte donc que je vous pardonne, & que je prie le Tout-puiffant de vous pardonner auffi. Au moment que j'écris cette lettre, il ne me refte point d'autre regret que celui d'avoir caufé à des Parens, les plus indulgens du monde jufqu'au moment où je vous ai connu, un mortel chagrin par le fcandale que j'ai donné au public, par le deshonneur dont j'ai couvert ma famille & tout mon fexe, & par le tort irréparable que j'ai fait à la vertu. Si je ne confidére que moi-même, vous ne m'avez dérobbé que des avantages passagers, dont je ne jouirois plus lorsque vous recevrez ma lettre. Vous n'avez fait qu'accourcir une vie, qui me promettoit quelques agrémens, mais dont la durée étoit incertaine, & la fin tôt ou tard infaillible. Je vous dois peut-être des remercimens, pour m'avoir garantie de porter ma part d'un joug facheux, avec un homme qui m'auroit causé vraisemblablement autant de chagrins que j'aurois vêcu de jours. Je vous en dois encore plus pour m'avoir ouvert, par un chemin rempli à la verité de douleurs & d'afflictions, l'entrée d'une vie que j'ose me promettre heureuse. Ainsi, quoique je ne sois redevable de rien à vos intentions, vous m'avez rendu, Monsieur, un service réel. Je souhaite votre bonheur en revanche. Mais telles ont été jusqu'à présent votre conduite & vos actions, qu'il ne vous reste pas un moment à négliger pour le repentir.

Vous dire que pendant quelque tems je vous ai donné la préférence sur tous les autres hommes, c'est faire un aveu dont je dois rougir, puisqu'alors même j'étois fort éloignée de vous croire des mœurs reglées. Il est vrai que je l'étois encore plus de vous croire capable, vous

& tout autre homme au monde , des affreux excès dont vous vous êtes noirci. Mais j'emporte la confolation d'avoir été longtems fort au-deffus de vous ; car je vous ai méprifé du fond du cœur, depuis que j'ai connu votre horrible caractère. Et vous ne ferez pas furpris de la contrarieté de ces fentimens , fi j'ajoûte que cette préférence n'étoit pas fondée fur d'aveugles motifs. J'ai eu la préfomption , ou peut-être la foibleffe , de me regarder comme un inftrument que la Providence pouvoit emploier, pour rappeller des voies du vice un homme que je croiois digne de cette entreprife. Vous devez même juger , par l'effort que je fais aujourd'hui pour vous réveiller de votre léthargie fenfuelle , que je n'ai pas renoncé tout-à-fait à mes efpérances.

Ecoutez-moi donc , malheureux Lovelace ! comme un oracle certain , dont la voix s'éleve d'entre les Morts. Vous n'avez pas un moment à perdre. Le Ciel, qui vous exhorte au repentir par ma bouche , vous annonce en même-tems fes vangeances.

Puiffiez-vous trembler de cette ménace ! Puiffe – t'elle vous faire éviter le fort qui attend les hommes abandonnés, & vous faire acquerir des droits à la clé-

mence que vous avez méprisée si longtems ! C'est le vœu sincére de

CL. HARLOVE.

LETTRE CCCXLVI.

Miss CHARLOTTE MONTAIGU,
à M. BELFORD.

Au Château de M. 15 de Septembre

MUne attaque de goute ôtant à Milord
le pouvoir de se servir de sa plume, il
m'ordonne de vous informer qu'avant
l'arrivée de votre lettre, M. Lovelace se
disposoit à passer dans les Païs étrangers.
Nous nous efforcerons, par les motifs
que vous nous représentez, de lui faire
hâter son voyage.

Vous auriez peine à vous imaginer
combien nous sommes pénétrés de la
mort de Miss Harlove. Depuis cette fatale nouvelle, mes deux Tantes n'ont pas
eu un moment de repos & de santé. Nous

nous étions propofé, avec complaifance, de cultiver fa connoiffance & fon amitié après le départ de M. Lovelace ; & nous nous ferions foumifes à toutes les conditions qu'elle auroit voulu nous impofer. La bonté qui l'a fait penfer à nous, dans fes dernières difpofitions, renouvelle nos regrets pour cette irréparable perte ; mais elle ne fauroit les augmenter. Nous ne cefferons jamais de porter les chers gages de fon fouvenir, s'ils refiftent au pouvoir des années, comme nous pouvons l'affurer de notre reconnoiffance & de tous nos autres fentimens.

Tout le monde fe promet ici que vous n'épargnerez rien pour arrêter les fuites de ce malheureux évenement. Milord me charge de vous marquer particuliérement, qu'il fera l'ufage convenable de la lettre que vous confiez à fa difcretion. Je fuis, Monfieur, votre &c.

CHARL. MONTAIGU.

LETTRE CCCXLVII.

M. LOVELACE, à M. BELFORD.

Au Château de M...., Lundi,
18 de Septembre.

DEpuis ce six, le plus funeste de tous les jours, je ne me connois plus moi-même, & je suis abandonné de toutes les joies de la vie. On me parle d'une lettre fort étrange que vous avez reçue de moi. Je me souviens de vous avoir écrit : mais il ne me reste aucune idée du sujet & des termes de ma lettre.

Que j'ai passé par de cruelles épreuves ! Il me semble qu'une vangeance inconnue n'a pas cessé de me tourmenter ! Je n'ai jamais été assez fou pour douter d'une Providence ; mais on ne me fera pas attribuer aisément, au courroux du Ciel, quantité d'évenemens qui ne me paroissent que l'effet du hazard. Cependant, s'il est vrai que toutes nos mauvaises actions doivent être punies, ou dans ce monde ou dans l'autre, je crois volontiers qu'il vaut mieux que ce soit ici. Je trouve mon intérêt à me perfuader, non-feulement que ma punition eft commencée, mais qu'elle eft déja complette ; puifque ce que j'ai fouffert, & ce que je fouffre encore, eft au-deffus de toute defcription. Je ne veux qu'un exemple de ce que j'appelle vangeance : moi, ce barbare qui a fait perdre, pendant une femaine entiére, l'ufage de fes fens à la plus incomparable de toutes les femmes, je me fuis vû puni, pendant dix jours, par la perte des miens. C'eft une préparation.... qui fait à quoi ? Hélas ! hélas ! quand commencerai-je à gouter une heure de joie !

Je fuis dans le plus exceffif abbatement. Cette lettre pofthume de ma trop chere Clariffe ne me fort pas un moment de l'efprit. Toutes les perfections de cette incomparable fille fe préfentent fans ceffe à ma mémoire. Je fens que ma tête eft dans un étrange défordre. Douleur, douleur, douleur ! quand ferai-je quitte de toi ?

Mardi , 19.

Je crois avoir repris un peu de gaieté. Mowbray & Tourville m'ont rejoint ici.

Mais que peuvent Mowbray & Tourville ! Que peut le monde entier, & toute
la race humaine ?

Cependant ils font fort irrités contre
toi , pour la dernière lettre que tu t'es
avifé de leur écrire (*). Tu es un barbare,
difent - ils , un homme fans compaffion
& fans amitié.

Mais rien n'eft capable de me diftrai-
re. Il faut que je quitte encore la plume.
O Belford ! Belford ! je fuis, je ferai toujours dans une miférable abfence de
moi-même. Jamais , jamais je ne rede-
viendrai ce que j'étois.

Jeudi ,

Mowbray,Tourville, n'ont apporté aucun changement à ma fituation. Je me
fens d'une péfanteur que je ne puis comparer à rien;malade jufqu'au fond de l'a-
me , incapable de tout.Il faut que je faffe
l'effai de leur expedient;je veux éprouver
quel fruit un changement de climat pourra produire. Je quitterai ce Roiaume.Ma
Clariffe n'eft plus. L'Angleterre , le
monde entier, ne m'offrent rien qui me-

____
(*) Cette lettre ne s'eft pas retrouvée.

rite le foin qu'on prend de ma vie. Mais dois-je partir fans m'être fignalé par quelque illuftre attentat, pour fa vangeance & pour la mienne ? Il m'eft venu plufieurs fois à l'efprit d'aller mettre le feu de mes propres mains à l'exécrable maifon de la Sinclair, & de faire la garde aux portes & aux fenêtres, pour empêcher que perfonne n'échappe aux flâmmes. Si l'Edifice ne tenoit pas à d'autres, ne doute pas que cette furieufe refolution ne fût deja remplie. Mais il me femble que fans mon fecours, ce vieux monftre touche à fa récompenfe. On me parle d'une lettre qui la regarde, & qui eft peut-être de toi ; mais fi choquante, difent-ils, qu'ils ne peuvent me la communiquer à préfent.

Ils me gouvernent, en vérité, comme un enfant. La fiévre m'a tellement abbatu, que je fuis forcé de le fouffrir, jufqu'à ce que j'aie repris un peu de force. A préfent, mon pauvre Ami, je ne fuis capable ni de manger ni de dormir. Croirois-tu que nuit & jour j'ai la cervelle comme en feu ? Il faut qu'elle foit de la nature de l'asbefte, pour n'être pas confumée. Mes idées n'ont rien de diftinct. Je n'ai devant les yeux que de la confufion & des ténébres. Soit horreur d'ima-

gination, soit trouble de confcience, je
ne roule que des projets funeftes, tels
que de me pendre, de me caffer la tête
ou de me noier. Mes intervalles lucides
font encore pires. Ils me donnent le
tems de refléchir fur ce que j'étois une
heure auparavant, & fur ce que je fuis
menacé de redevenir une heure après, ou
peut-être toute ma vie ; le jouet de mes
ennemis, la raillerie des fots, la proie
de mes valets, qui trouveront quelque
jour leur compte à me lier, à me maltraiter indignement après m'avoir fait
paffer pour fou. Qui foutiendroit de fi
cruelles refléxions ? Quelles horribles
craintes ! & quand je les fuppoferois fort
éloignées, n'eft il pas affreux de s'imaginer qu'on puiffe tomber dans cet état,
& que nos meilleurs amis en foient al-
larmés, jufqu'à fe croire obligés de
prendre des précautions ? Quel moien
d'y penfer ! & quel moien néanmoins de
s'en défendre ! Non, non, je n'y pen-
ferai plus. Je parviendrai bientôt à me
remplir d'idées agréables, où je me
poignarderai demain avant la fin du
jour.

LETTRE CCCXLVIII.

M. LOVELACE, à M. BELFORD.

Samedi, 23 de Septembre.

JE t'écris pour te redemander mes deux
dernières lettres. J'avoue que chaque
fois que j'ai pris la plume, je ne t'ai pas
fait de peinture qui ne fut celle de mon
ame: &, quelque démon qui m'ait poussé,
je n'ai pû m'empêcher de la faire. De
noires exhalaisons, qui ne faisoient que
s'épaissir à mesure que j'écrivois, m'a-
voient tellement troublé le sang, que
malgré moi je ne cessois pas de retomber
dans le lamentable. Il est étrange, extrêmement étrange, que la conscience
puisse forcer les doigts d'un coupable, &
le rappeller continuellement à traiter le
même sujet, dans le tems qu'il s'efforce
de l'oublier. Mais est-il moins surprenant
que sans nouvelle raison, il puisse en un
jour ou deux abandonner l'objet qui l'oc-
cupoit uniquement ; & que tout d'un
coup il se trouve assez éclairé des raions
de la joie & de l'espérance, pour avoir

honte de tout ce qu'il écrivoit ? Une copie de ma dernière lettre , que le hazard
a fait tomber entre mes mains , tirée fans
ma participation par Charlotte Montaigu , m'a fait penfer qu'un ennemi fe
rejouiroit de la voir. Et je confeffe , que
fi j'avois paffé une femaine de plus , dans
l'état où j'étois lorfque j'en ai fait la dernière partie , j'aurois été renfermé le
feptiéme jour , & peut-être enchaînê le
huitiéme : car je me rappelle à préfent
que le mal revenoit avec une violence
irrefiftible, en dépit des faignées & d'une
diete fort rigoureufe.

Il eft vrai que je fuis encore exceffivement affligé que cette admirable femme
ait fait un choix fi contraire à mes defirs. Mais puifque le fort en a decidé,
puifqu'elle étoit déterminée à quitter le
monde , & puifqu'actuellement elle a
ceffé d'exifter, dois-je m'abandonner à
de fi fombres reflexions fur un évenement paffé , fur un évenement qui ne
peut revenir ; moi qui fuis , graces au
Ciel , en poffeffion d'un fond fi riche de
vie & de fanté ? Son exemple même ne
m'apprend-il pas à quoi je devrois m'attendre , fi j'étois capable de cette folie ?
C'en feroit une autre , cher Belford , de
ne pas fentir enfin que je fuis forti trop
longtems de mon caractère.

Pourquoi m'a-t'on accoûtumé dès l'enfance à ne pas souffrir de contradiction ?
Ne devoit-on pas savoir que cette indulgence étoit une cruauté ? Je suis deja
vivement puni, par l'affoiblissement de
ma raison, dont il n'est que trop vrai
que j'ai ressenti les effets pendant plusieurs
jours : & lorsqu'une fois la raison est al-
térée.... mais je ne puis me le rappeller sans frémir. Veux-tu savoir ce que
j'en conclus ? C'est que ce repentir, &
cette reformation pour laquelle ma chere
& rigoureuse Déesse faisoit des vœux si
ardens, ont été justement differés ; &
qui sait pour combien de tems ? Un
fou, un furieux, est-il capable de l'un
ou de l'autre ?

Une fois attaqué, te dis-je, du côté
de la raison, je dois m'efforcer de ban-
nir toutes les reflexions noires, qui auroient pû, sans un incident si facheux, me
conduire à quelque chose de serieux &
d'utile. Mon cher Medecin, le Docteur
Hale, n'a pas eu peu de peine, à force
de saignées, de ventouses & de diete,
me tenant en plein jour dans l'obscurité des plus profondes ténébres,
à me rappeller des portes de la mort ou
de la folie. Aujourd'hui même, il ne
cesse de me dire, pour ma consolation,

que j'en ferai quitte pour quelques re-
tours , au tems des pleines lunes (as-tu
rien entendu de plus horrible !) & que je
ne dois pas avoir moins d'attention fur
moi vers les Equinoxes, que Cefar ne
s'en devoit aux Ides de Mars.

Que je me fens picqué , en jettant les
yeux fur ce que je me fouviens d'avoir
été ! Privé de la vûe du Soleil & de toutes fortes de confolation ; environné d'une
troupe de miférables , dont l'un me pré-
fentoit un bouillon, l'autre un bol cephali-
que , l'autre une potion cordiale ! fe parlant entre-eux à voix baffe ; répondant
de même à vingt impertinens , qui ve-
noient lever les rideaux de mon lit, pour
demander comment je me trouvois &
quel avoit été l'effet des remèdes ! Quelle
vie ! Rien d'actif autour de moi, rien
dans moi-même , excepté le ver qui ne
meurt jamais. Loin , loin tous ces fouvenirs , qui viennent trop fouvent m'af-
fiéger. Adieu Belford.

Mais n'oublie pas de me renvoier ma
dernière lettre , & ne bâtis rien fur les
misères dont elle eft remplie. Je veux ,
je dois, j'ai deja fû triompher de toutes
ces infructueufes vapeurs. Ma conftitution fe fortifie à chaque moment, pour
feconder mes refolutions : & fi j'excepte

quelques foupirs , que je donne par intervalles , à la mémoire de l'objet cheri ,
j'efpère de redevenir bientôt ce que j'é-
tois , c'eft-à-dire , la vivacité , l'en-
joûment , la gaîeté-même. Oui , oui , je
ferai encore une fois le fleau d'un fexe ,
qui n'a pas ceffé d'être le mien , & qui
fera , dans un tems ou dans un autre , celui de tous les hommes du monde.

Recommence donc à mécrire fur l'ancien ton. Je m'imagine que tu dois avoir
mille fingularités curieufes à me communiquer , lorfque je ferai tout-à-fait en
état de lire ou d'entendre comment on a
difpofé de ce qu'il y avoit de mortel dans
ma chere Clariffe. Mais ce que j'ap-
prendrois dans la joie de mon cœur , ce
feroit que fes implacables Parens fuffent
la proie de leurs remords. Voilà ce que
tu peux m'écrire dès aujourd'hui. Il eft
confolant de n'être pas feul miférable ;
fur tout quand c'eft aux objets de fa haîne
qu'on voit partager fa misère. Adieu ,
Belford. Encore une fois , adieu.

LETTRE CCCXLIX.

M. LOVELACE, à M. BELFORD.

JE me prépare à quitter cette île. Mowbray & Tourville me promettent leur compagnie dans six semaines ou deux mois. Je veux te tracer ma route. Je me rens d'abord à Paris, où le desir de m'amuser me fera renouveller mes anciennes connoissances. De-là, je passe dans quelques Cours d'Allemagne, pour me rendre ensuite à Vienne : d'où je descendrai à Venise par la Bavière & le Tirol. Venise m'arrêtera durant tout le Carnaval. De-là, je retourne par Florence & Turin ; je traverse le Mont-Cenis, & je reviens à Paris, où je compte de trouver mon ami Belford, confiné sans doute dans ses projets de pénitence, livré aux mortifications, en un mot un veritable Anacoréte, mais de l'espéce vagabonde, & voiageant dans l'espérance de couvrir une multitude de pechés par son zèle à convertir un vieux compagnon de débauche.

Cependant je dois t'avertir, mon cher

ami, que si les fonds augmentent comme ils ont fait depuis ma dernière lettre, il est à craindre que tu ne trouves dans cette entreprise plus de difficulté que tu ne penses. Et, pour te parler de bonne foi, j'ai peine à me persuader que ta reformation puisse durer. Les vieilles habitudes ne se déracinent pas si facilement. L'Enfer, qui se trouve bien de tes longs & fidelles services, ne te laissera pas sortir patiemment de ses chaînes. Une jolie fille, qu'il jettera dans ton chemin, recommencera bientôt à t'échauffer le sang, à dérider ta triste figure, & je te vois aussi vicieux que jamais. Resisteras-tu, Belford, au pouvoir d'une belle taille, d'un teint charmant, de deux yeux qui te porteront la guerre jusqu'au fond de l'ame! Vas, tu te croiras trop heureux d'être rappellé à tes inclinations favorites. Tu composeras avec ton ancien Maître, que tu promettras de servir jusqu'à l'age de l'impuissance; & lui, qui sera bien sur de te retenir alors par quelque goût d'un autre ordre, qu'il aura l'adresse de te menager pour ce terme, sera fort satisfait du Traité. Tu conserveras le dessein de te reformer, jusqu'à ta vieillesse, qui arrivera douze bonnes années avant que tu t'en apperçoives; & ta tête grise sera moissonnée comme les autres, lorsque tu t'y attendras le moins.

Tu vas croire que je sors ici de mon caractère. Que veux-tu? C'est la force de la verité, qui m'oblige de t'avertir du danger actuel où tu es, & que je crois d'autant plus grand, que tu ne parois pas t'en défier. Ainsi deux mots encore, sur le même sujet:

Tu as formé de bonnes resolutions. Si tu ne les gardes pas, compte que jamais tu ne seras capable d'en garder aucune. Cependant comme tu as contre toi le vieux Satan & ta jeunesse, il y a six à parier contre-un, que tu ne les garderas point. Tu les as formées; n'y eût-il que cette raison, tu ne les garderas point. Or si tu les violes, ne deviens-tu pas le jouet des hommes & le triomphe de l'Enfer? Fais-y bien attention. Que je rirai le premier! car l'avis que je te donne ne vient pas d'un trop bon principe. Je te l'avoue de bonne grace. Peut-être souhaiterois je que la source en fût meilleure: mais je n'ai jamais menti aux hommes, comme je crois pouvoir ajoûter que jamais je n'ai dit la verité aux femmes. Le premier point est un merite, dont tous les libertins ne pourroient pas se vanter. Le second est leur partage commun.

Je redeviens fou , fur ma foi. Mais , graces à mon étoile , ce n'eft plus une folie noire. Je m'occupe actuellement à prendre congé de mes amis. Lundi prochain , je compte de te voir à Londres , & d'y paffer une foirée agréable avec toi, Mowbray & Tourville. Mon départ ne fera pas remis plus loin qu'au jour fuivant. Nos deux amis doivent m'accompagner jufqu'à Douvres , & je me flatte que tu feras de la partie. Je veux vous laiffer bien enfemble. Ils ont pris fort mal, la manière dont tu les a traités dans tes dernières lettres. Tes reproches , difent-ils, attaquent jufqu'à leur jugement. Je me mocque d'eux ; & je leur repons , que ceux qui en ont le moins font les plus prompts à fe choquer qu'on leur en refufe.

Hâte-toi de tenir prêts tous les papiers & les recits que tu me dois avant mon départ. Je veux emporter une copie du Téftament. Qui fait fi les mêmes chofes , qui ferviront, dis-tu , à te foûtenir dans tes honnêtes projets , n'auront pas la force d'opérer ma converfion ?

Tu parles de te marier, Belford. Que penfes-tu de ma coufine Charlotte ? Mais je crains que pour tes vûes de pénitence , fa naiffance & fa fortune n'aient un peu trop d'éclat. L'objection ne te paroît-elle pas juste ? Charlotte est une fille de mérite. Pour la piété, qui est aujourd'hui ta passion, je n'ose trop répondre d'elle. Cependant je la trouve assez serieuse, pour son sexe & pour son âge : peut-être capable aussi, comme toutes les autres, de ne pas se refuser au plaisir, si sa reputation étoit à couvert. Mais il me vient une autre idée, qui me fait craindre encore plus que ce parti ne te convienne mal. Tu es si lourd & si gauche, qu'avec ton air de Matelot, on s'imagineroit qu'elle t'auroit pris dans quelque port à ton arrivée des Grandes-Indes. Non, je ne crois pas que Charlotte te convienne.

Cependant je suis d'avis, comme toi, qu'il faut te marier, si le mariage est nécessaire pour assurer tes mœurs. Attens.... Je crois avoir trouvé ton fait. La veuve Lovick n'a-t'elle pas une fille, ou quelque niéce ? Entre les femmes un peu distinguées par la fortune & la naissance, il n'est pas aisé d'en trouver une qui soit disposée à t'accompagner une ou deux fois le jour à l'Eglise. Mais, puisque tu voudrois une chere moitié qui pût servir à tes mortifications, ferois-tu si mal de prendre la Veuve même ? Elle auroit un double intérêt à ta conversion.

Combien d'agréables foirées d'hiver vous passeriez tête à tête, à comparer votre vie passée, & ce que les bonnes ames appellent *leurs expériences!* Je parle serieusement, Belford; en verité très-serieusement; & j'abandonne mes idées à tes sages considérations.

(*M. Belford répond à cette lettre par des plaintes de l'incroiable legereté de son ami. Il lui dit que dans l'état où son étrange caractère l'a deja fait parvenir, il ne voit plus aucun danger à lui laisser la liberté de lire quelques lettres, que par des ménagemens assez inutiles, il a souhaité qu'on ne lui fit voir qu'après sa guérison. Telle est particulierement celle qui contient l'affreux sort de la Sinclair, dont il lui propose l'exemple comme une redoutable leçon. Il ajoûte que celui de Macdonald, ou du prétendu Capitaine Tomlinson, en est un autre. Cet avanturier, n'aiant pour ressource que son effronterie & ses artifices, s'étoit livré à la contrebande, qui ne s'exerce nulle part avec plus d'audace qu'en Angleterre. Mais, depuis deux jours, il avoit été surpris par les Gardes, contre lesquels il avoit entrepris de se défendre; & dans le combat, il avoit reçu deux coups de fusil, dont il étoit mort quelques heures après;*

assez heureusement néanmoins , puisque cet accident l'avoit sauvé du gibet , auquel il auroit été condamné suivant les Loix. La lettre de M. Eelford contient des reflexions fort sensées sur les suites ordinaires de la débauche & du crime. Elle finit par une aimable peinture de la vertu & de ses fruits , dont il déclare qu'à l'avenir rien n'est capable de lui faire perdre le goût. Cependant il promet de se trouver à Paris dans le tems que M. Lovelace lui a marqué ; quoiqu'avec peu d'espérance de le rappeller alors à des principes plus reglés , si ses réflexions sur tout ce qui est arrivé depuis quelques semaines , n'ont pas produit cet effet lorsqu'il se propose de le rejoindre).

LETTRE CCCL.

M. BELFORD, à M. MORDEN.

Jeudi, 21 de Septembre.

PErmettez , Monsieur , que je m'explique ouvertement sur un point , dont mille raisons me font un devoir si sacré , que rien ne peut & ne doit m'en dispenser.

J'ai promis , à la divine perſonne que nous pleurons , d'emploier tous mes efforts pour prévenir un nouveau malheur, dont la crainte a paru l'occuper juſqu'au dernier moment de ſa vie. Je ne me bornerai donc pas à vous en parler dans des termes obſcurs. C'eſt avec une extrême inquiétude que je viens d'apprendre une déclaration , par laquelle on m'aſſure que vous avez terminé vos adieux au Château d'Harlove , en vous diſpoſant à retourner en Italie. Vous avez dit hautement que vous renonciez au repos , juſqu'au jour où vous auriez vangé votre Couſine.

Je ne penſe point à défendre un coupable Ami , ni même à vous apporter de vaines excuſes pour extenuer ſon crime. Cependant je dois vous rappeller que la famille , par ſes perſecutions dans l'origine , & par l'inflexible dureté qui les a ſuivies , partage au moins le blame. Il y a même aſſez d'apparence qu'une perſonne auſſi vertueuſe que Miſs Harlove , n'aiant rien à ſe reprocher & trouvant dans ſon cœur le témoignage de ſon innocence , auroit paſſé ſur une injure perſonnelle ; ſur tout , lorſqu'elle voioit M. Lovelace diſpoſé à la reparer , & que les inſtances d'une illuſtre famille ſem-

bloient faire tourner l’offense à sa gloire.
La première fois, Monsieur, que j’aurai l’honneur de vous voir, je vous informerai de toutes les circonstances de cette fatale histoire ; & vous verrez que M. Lovelace avoit dabord été fort maltraité par toute la famille, sans autre exception que la divine Clarisse. Cette exception, je le sais, augmente beaucoup son crime : mais comme il ne se proposoit, dans ses caprices, que d’éprouver la vertu d’une femme qu’il aimoit dailleurs jusqu’à l’adoration, & que non-seulement ses instances ont été si humbles & si pressantes pour obtenir sa main, mais que son désespoir, en perdant le pouvoir de reparer le mal, est allé jusqu’à la perte de sa raison, il me semble, Monsieur, qu’il y a beaucoup d’objections à faire contre une resolution telle qu’on vous l’attribue.

Je vous lirai, en même tems, quelques endroits de ses propres lettres, dont plusieurs ne peuvent manquer de vous convaincre que ce malheureux homme, revenu depuis peu à la raison, n’a pas besoin d’autre châtiment que ses propres reflexions. J’ai relû, à ce moment, les copies des lettres postumes. Je vous les envoie toutes, à la reserve de celle qui étoit pour lui , & que je me reserve à vous communiquer dans notre premier entretien. De grace , relisez celle qui vous étoit adressée , & celle qui étoit pour M. James Harlove. Je vous les remets sous les yeux , parce qu'elles regardent particuliérement le sujet qui me porte à vous écrire. Elles me paroissent sans replique. L'impression , du moins , qu'elles font sur moi est assez forte , pour me faire promettre au Ciel , de ne jamais tirer l'épée dans une quérelle particuliére.

Permettez - moi d'ajoûter , que M. Lovelace n'a pas donné de nouveau sujet d'offense , depuis la visite que vous avez rendue à Milord M...; c'est-à-dire, Monsieur , depuis un tems où vous avez été si convaincu vous-même de la sincérité de ses intentions , que vous avez sollicité votre chere Cousine à lui pardonner.

J'ajoûte , Monsieur , j'ajoûte encore , (quoi qu'il n'en soit pas besoin sans doute, lorsque vous y penserez de sang froid) la promesse que vous avez faite à votre Cousine mourante ; une promesse, qui dans la confiance dont elle étoit remplie pour vous, a servi, vous le savez, à rendre ses derniers momens plus tranquilles.

Cher Colonel ! l'outrage la regardoit

fans doute. Sa famille entiére avoit part à la caufe. Elle a tout pardonné. Pourquoi ne pas imiter ce que nous admirons?

Vous me demandiez un jour, s'il étoit poffible qu'un homme de courage fut capable d'une baffeffe préméditée. En général, je crois que le courage & la baffeffe font des qualités incompatibles. Mais, dans l'exemple préfent, le caractère de M. Lovelace prouve la verité de cette obfervation commune, que toute regle à fes exceptions. Je lui dois ce témoignage, qu'il n'y a point de mortel plus brave, ni plus habile, & qui fe poffféde mieux dans l'exercice des armes. Ma penfée n'eft point, que cet éloge puiffe faire impreffion fur le Colonel Morden. Je fais que s'il n'eft pas arrêté par des motifs fupérieurs, autant que par ceux que je prens la liberté de lui rappeller, il me repondra que cette bravoure & cette habileté ne font qu'un adverfaire plus digne de lui. C'eft donc à ces grands motifs que je me reduis; avec d'autant plus de confiance, qu'une pourfuite fanglante ne paroîtroit pas juftifiée aujourd'hui par la premiére chaleur du reffentiment; & qu'après un mal irreparable, elle pafferoit au contraire pour une vangeance froide & déliberée, dont un galant homme ne fera jamais capable.

Pardonnez, Monfieur, des inftances fi libres à ma qualité d'Exécuteur tefta-mentaire ; à mes promeffes formelles ; au fouvenir que je conferve, des dernières volontés d'une perfonne qui me fera toujours chere & refpectable ; fouvenir fortifié par un article exprès du Teftament & par des lettres pofthumes. Ardens, comme nous le fommes tous deux, pour l'exécution de fes précieux ordres, fouvenons-nous qu'elle nous auroit difpenfés plus volontiers de tous les autres, que de celui qui me donne occafion de vous affurer, Monfieur, du parfait dévouement avec lequel je fuis, votre, &c.

BELFORD.

L E T T R E CCCLI.

A Monsieur M O R D E N.

Pour lui être rendue après ma mort.

Mon cher Cousin ,

Comme l'état de ma santé me fait douter , si je serai en état de recevoir la visite que vous me promettez en arrivant à Londres , je me détermine à faire usage des forces qui me restent, pour vous remercier, avec les plus tendres sentimens , de toutes les bontés que vous avez eues pour moi depuis mon enfance, & plus particuliérement de celle qui vous fait emploier, en ma faveur, votre obligeante méditation. Que le Ciel, Monsieur , vous rende à jamais tout le bien , que vous vous efforcez de me faire obtenir !

Une de mes principales vuës dans cette lettre, est de vous supplier, comme je le fais avec l'ardeur la plus pressante , de ne pas souffrir , lorsque vous apprendrez les circonstances de mon

histoire, que votre généreux cœur s'ouvre à des ressentimens *actifs*, & qu'il
croye me devoir d'autres mouvemens que
ceux de la pitié. Souvenez - vous, mon
cher Cousin, que Dieu s'est reservé la
vengeance ! J'espere que vous n'entre-
prendrez point d'usurper ses droits : sur-
tout, lorsque rien ne vous oblige de
purger ma réputation, depuis que l'Offenseur même s'est volontairement offert
à me rendre toute la justice que vous
auriez pû lui arracher si j'avois vécu ; &
lorsque votre vie seroit exposée, dans
le risque égal qu'il faudroit courir avec
un coupable.

Le Duel, Monsieur, qui le sait mieux
que vous? est non-seulement une usurpa-
tion des droits divins, mais une insulte
contre la Magistrature & contre les Loix
d'un sage Gouvernement. C'est un acte
impie. C'est l'entreprise d'arracher une vie
qui ne doit pas dépendre du glaive privé;
un acte dont la conséquence immediate
est de précipiter dans l'abîme sans fin,
une ame toute souillée de ses crimes, &
de mettre dans le même danger celle du
misérable Vainqueur, puisque de deux
hommes qui s'engagent dans un combat
mortel, ni l'un ni l'autre n'a dessein
d'accorder, à son ennemi, ce hazard de

repentir & de confiance à la miséricorde du Ciel, que chacun a la présomption d'esperer pour soi-même.

Gardez-vous donc, Monsieur, je vous en conjure, d'aggraver ma faute par une sanglante entreprise, qui en seroit necessairement l'effet. En suppofant la victoire declarée pour vous, ne donnez point, à un Malheureux, le mérite de pêrir par vos mains. Il est à préfent le Perfide, l'Ingrat qui m'a trompée : mais la perte de sa vie, & probablement celle de son ame, ne seroit-elle pas une horrible expiation pour un malheur de quelques mois dans lequel il m'a jettée, & qui n'a férvi, par la faveur divine, que de voie pour me conduire à des biens éternels ? Dans ce cas, Monsieur, où s'arrêteroit donc le mal ? Qui le vangeroit de vous ? & qui vous vangeroit de son vangeur ?

Laiffez, laiffez ma vangeance à son propre cœur ; tôt ou tard elle est fûre, & peut-être trop rigoureufe, dans fes remords. Laiffez-lui le hazard du repentir. Si le Tout-puiffant lui daigne accorder cette faveur, de quel droit la lui refuferiez-vous ? Qu'il foit encore le coupable Agreffeur. Qu'on ne dife jamais ; Clariffe Harlove eft vangée par la mort d'un Traître : ou si c'étoit la vôtre dont elle fut devenue l'occasion , ne diroit on pas que sa faute , au lieu d'être ensevelie dans son tombeau , s'est perpetuée , s'est aggravée , par un malheur beaucoup plus grand que sa perte ?

On a vû souvent , Monsieur , la Victoire du côté des coupables. Je me souviens d'avoir lû qu'un Comte de Shreusbury , sous le Régne de Charles II. , ayant entrepris de se vanger du plus grand outrage qu'un homme puisse recevoir d'un autre , trouva la mort , à *Barnélms* , par la main du vil Duc qui l'avoit deshonoré. Croiez - vous que le Ciel pût être accusé d'injustice , quand il arriveroit toûjours que l'usurpateur du droit Divin fût puni de sa présomption par l'ennemi qu'il cherche à détruire , & qui , tout criminel qu'on le suppose , se trouve alors dans la necessité d'une juste défense ?

Que le Ciel , Monsieur , vous protege dans tous les instans de votre vie! Je l'en conjure encore une fois. Que ses bontés pour vous m'acquittent de toutes les vôtres ! Devenez le consolateur de mes chers Parens , comme vous avez été le mien ; & puissions-nous un jour nous rejoindre dans cet heureux état dont j'ai l'humble efperance de jouir lorfque vous lirez ma Lettre. Tels feront jufqu'au dernier foupir , mon cher Coufin , mon Ami , mon Gardien , mais non pas mon Vangeur , les vœux de votre , &c.

C L. H A R L O V E.

L E T T R E   CCCLII.

M. MORDEN , à M. BELFORD.

Samedi , 23 Septembre.

JE fuis bien fâché , mon cher Monfieur , qu'il me foit échappé quelque chofe dont vous ayez pû concevoir de l'inquiétude. Pour moi, les Lettres que vous m'avez communiquées m'ont caufé beaucoup de fatisfaction , & tout ce qui a rapport à ma chere Coufine ne m'en caufera jamais moins. J'attens impatiemment les récits que vous me promettez. Ne craignez point qu'ils me faffent prendre aucunes mefures , fur lefquelles j'euffe balancé fans cette communication. Le cas , Monfieur , eft d'une nature qui ne peut recevoir d'aggravation.

Cependant je vous assure que je n'ai pris aucune résolution que je puisse regarder comme un lien. Il est vrai que je me suis exprimé, avec chaleur, sur le fond de cette affaire : qui n'auroit pas fait de même ? Mais je ne suis pas dans l'usage de me déterminer sur des points d'importance , avant que d'avoir l'occasion d'exécuter mes projets. Nous verrons par quel esprit ce jeune homme se laissera gouverner, lorsque sa santé sera bien rétablie ; s'il continue de braver une famille qu'il a mortellement outragée , s'il . . . mais les résolutions, dépendant, comme j'ai dit, de plusieurs circonstances qui sont encore douteuses , appartiennent à l'avenir. J'avoue que jusqu'alors, les argumens de ma Cousine sont sans replique.

A l'égard des vôtres , je me flatte , Monsieur, que vous ne ferez pas difficulté de me croire, lorsque je vous assure que votre avis & vos raisonnemens ne cesseront jamais d'avoir sur mon esprit tout le poids qu'ils méritent, & que cette considération augmente, s'il est possible, par les instances que vous me faites en faveur de l'objet des pieuses intentions de ma Cousine. Elles sont très-convenables de votre part, Mon-

fieur ; non-feulement en qualité d'Exe-
cuteur, qui repréfente celle dont il explique les volontés , mais encore à titre
d'Homme rempli d'humanité , qui fait
des vœux pour l'avantage des deux
Parties.

Je ne fuis pas plus exempt de violentes paffions que votre Ami ; mais je ne
les crois capables d'être foulevées que
par l'infolence d'autrui , & jamais par
ma propre arrogance. S'il peut arriver
que mes reffentimens m'engagent dans
quelque démarche contraire à mon jugement & aux dernieres intentions de
ma Coufine , ce fera quelqu'une des réfléxions fuivantes qui emportera ma
raifon : je vous affure qu'elles me font
toûjours préfentes.

En premier lieu , le renverfement de
mes propres efpérances , moi qui étois
revenu avec celle de paffer le refte de
mes jours dans la focieté d'une fi chere
Parente , à qui j'appartenois par un
double lien , en qualité de Coufin & de
Curateur.

>> Enfuite je confidere , & trop fou-
>> vent peut - être pour l'engagement
>> que j'ai pris à fa derniere heure , que
>> cette chere perfonne n'a pû pardonner
>> que pour elle même. Elle eft fans
doute

» doute heureuse : mais qui pardon-
» nera pour une famille entiere , dont
» le malheur ne peut finir qu'avec la
» vie de tous ceux qui la composent ?
» Que plus les Parens de Mifs Cla-
» risse ont eu pour elle d'injustice & de
» rigueur , plus l'ingratitude est énor-
» me , plus elle est odieuse de la part
» de celui qui s'en est rendu coupable.
» Quoi ? Monsieur ; n'étoit-ce pas affez
» qu'elle eût souffert pour lui ? Étoit-ce à
» ce Barbare à la punir de ses souffrances?
» Le reffentiment affoiblit ici mes ex-
» preffions. C'est quelquefois un de fes
» effets, lorfque la grandeur de l'offenfe
» failit l'ame & l'irrite exceffivement
» à la premiere vûe. Donnez vous-mé-
» me , Monsieur , toute fa force à cette
» refléxion :
» Que l'auteur du crime l'a commis
» avec préméditation. Il s'en est fait
» un amufement dans la gaieté de fon
» cœur. Pour éprouver , dites-vous ,
» Monsieur , la vertu de ma Coufine !
» Pour mettre une Clariffe à l'épreuve!...
» Avoit-il donc fujet de douter de fa
» vertu ? La fuppofition est impoffible.
» S'il la prouve , c'est une autre raifon
» de m'en reffentir : mais alors, je pro-
» mets de la patience.

» Qu'il l'a menée, comme je l'ap-
» prens enfin, dans une Maison d'infa-
» mie, pour l'éloigner de toute reffource
» humaine ; pour fermer l'accès de fon
» propre cœur à tout remord humain :
» & là, que défefpérant de réuffir par les
» rufes & les impoftures communes, il
» a mis en ufage des méthodes indignes
» de l'humanité, pour arriver à fes dé-
» teftables fins.

» Que je ne pouvois être informé du
» fond de l'attentat, lorfque j'ai vû le
» coupable au Château de M...; que
» juftement rempli du mérite de ma
» Coufine, je ne pouvois fuppofer qu'il
» exiftât fur la terre un Monftre tel que
» lui : Qu'il me paroiffoit naturel d'at-
» tribuer le refus qu'elle faifoit de fa
» main à quelque reffentiment paffager,
» au reproche intérieur de fa propre
» foibleffe, à quelque défiance de la
» fincerité des offres, plutôt qu'à d'hor-
» ribles baffeffes qui lui avoient porté
» le coup mortel, & qui l'avoient déja
» jettée dans une fituation à laquelle il
» ne manquoit que peu de jours pour
» la conduire au tombeau.

» Qu'il eft plein de préfomption ; qu'il
» croit en impofer par fes infolentes bra-
» vades, & par l'opinion qui s'eft ré-

» pandue de son courage & de son habi-
» leté dans les Armes :

» Que deshonorant, comme il fait, son
» nom & le caractere de la Noblesse, il y
» auroit peut-être quelque mérite à l'ef-
» facer du nombre de ceux dont il fait la
» honte :

» Que la famille outragée n'a qu'un
» fils, indigne à la verité d'une telle
» sœur, mais fier, violent, emporté,
» & par conséquent peu capable, com-
» me on l'a déjà reconnu, de mesurer ses
« Armes avec un homme de cette
» trempe ; que la perte de ce fils, par
» une main si justement odieuse, met-
» troit le comble à la misere de tous
» ses Proches ; qu'il est résolu néan-
» moins d'en courir les risques, si je ne
» le préviens point, poussé peut-être
» à rendre une justice éclatante à la
» mémoire de sa Sœur par le remord
» même de sa mauvaise conduite, quoi-
» que l'entreprise puisse être fatale à sa
» vie.

Et puis, Monsieur, comptez-vous
pour rien d'être témoin, comme je le
suis à toute heure, de l'infortune & de
la tristesse d'une famille à laquelle j'ap-
partiens de si près par le sang ; de les
voir tous comme ensevelis dans leurs ré-

fléxions ; l'air morne, la tête panchée ; s'évitant l'un l'autre ; se rappellant les perfections de la fille, de la niéce, de la sœur qu'ils ont perdue ; & regardant déformais leur richeffes mêmes comme une malédiction du Ciel ! Vous Monfieur, qui favez mieux que moi les barbares inventions qui ont fait le triomphe du coupable, vous pourriez m'aider, s'il en étoit befoin, à trouver des raifons encore plus fortes, pour me perfuader que le defir de la vangeance, dans un homme qui fe croit fort éloigné de la perfection, paroîtroit excufable à la pluralité des Juges.

Cependant je veux écarter toutes ces idées, & je ne fais pas difficulté de repéter que je n'ai encore pris aucune refolution dont je doive me faire une loi. S'il m'arrive d'en former, je ferai charmé, Monfieur, qu'elles foient d'une nature qui puiffe meriter l'honneur de votre approbation.

Je vous renvoie les copies des lettres pofthumes. Je reconnois l'humanité de votre cœur dans les motifs qui vous ont porté à me les communiquer. C'eft apparemment par les mêmes vûes, que vous avez gardé celle qui s'adreffe à M. Lovelace. Je fuis, Monfieur, votre, &c.

MORDEN.

LETTRE CCCLIII.

Milord M.... , à M. Belford.

Au Château de M..., 29 Septembre.

MOn Neveu, cher M. Belford, est à la veille de partir pour Londres, dans le dessein de vous embrasser & de se rendre aussitôt à Douvres. Que Dieu l'accompagne, & le conduise heureusement hors du Roiaume ! Je crois que vous le verrez Lundi. Faites-moi la grace de m'informer de ses dispositions, & de m'écrire naturellement si vous le croiez tout-à-fait revenu à lui-même. M. Mowbray & M. Tourville l'accompagneront jusqu'à la Mer. Mais ce que je vous recommande instamment, c'est de lui faire éviter la rencontre du Colonel Morden. Je serois au désespoir qu'il arrivât quelque chose entre-eux. Vous m'avez donné avis que le Colonel laisse échapper des menaces. Mon Neveu ne les souffriroit pas. Il faut bien se garder de l'en instruire. Mais je me flatte qu'il n'y a rien à craindre, parce qu'on m'assure d'un autre côté

que le Colonel a ceſſé de ménacer. C'eſt
pour ſon propre intérêt que je m'en rejouis; car au jugement de tout le monde, il
n'y a perſonne qui égale mon Neveu à
toutes ſortes d'armes. J'aimerois autant
qu'il fut moins brave. Il en ſeroit moins
entreprenant.

Nous nous appercevrons bientôt ici
que ce jeune Fou nous manque. Il eſt
certain que perſonne n'eſt de meilleure
compagnie quand il le veut. Mais ne
vous arrive-t'il jamais de faire un voiage
de trente ou quarante milles ? Je ſerois
charmé de vous voir au Château de M...
Ce ſeroit une charité , après le départ
de mon Neveu ; car nous ſuppoſons que
vous ſerez ſon principal correſpondant.
Il a promis néanmoins d'écrire ſouvent
à mes Niéces : mais il oublie facilement
ſes promeſſes , ſur tout celles qu'il fait à
ſes Parens. Que le Ciel nous beniſſe tous.
C'eſt la prière de votre , &c.

M.....

(*Dans pluſieurs lettres ſuivantes , M.
Belford rend compte à Milord M.... de
ce qui s'eſt paſſé à Londres entre M. Lovelace & ſes amis. Quoiqu'il le repréſente aſſez
touché pour laiſſer quelquefois échapper des*

foupirs & de fombres réflexions, il ne diffi-
mule pas que la legéreté de fon caractère prend
plus fouvent le deffus. C'eft un mélange bizarre
de trifteffe & d'enjouement, qui fe fuccédent,
qui fe combattent, & qui marquent encore
du défordre dans fon cœur, quoique fa tête
foit redevenue fort faine. M. Belford le conduit jufqu'à Rochefter, & le laiffe à fes deux
autres amis, qui promettent de ne le pas
quitter jufqu'à fon embarquement & de le
fuivre dans un ou deux mois.

Une autre lettre apprend à Milord que
M. Morden s'eft embarqué peu de jours après,
pour l'Italie. M. Belford felicite ce Seigneur
d'un évenement qui doit diffiper fes craintes.
Le Colonel fe rendant par mer à Florence,
après avoir promis à la memoire de fa Coufine
de ne pas chercher celui qu'il appelle le méchant Homme, & M. Lovelace, qui fe rend
à Paris, pour voiager enfuite en Allemagne,
n'emportant aucune raifon de commencer la
quérelle, M. Belford efpére que le tems fer-
mera toutes les plaies.

On fupprime plufieurs autres lettres, qui
ne contiennent que d'inutiles détails, quoique
toujours mêlées d'excellentes réflexions. L'E-
diteur Anglois facrifie fouvent l'intérêt hifto-
rique au deffein d'inftruire par les plus fages
leçons de religion & de morale.

P iv

M. Lovelace écrit de Paris à M. Belford, pour s'informer des nouvelles de Londres, M. Belford lui répond. On n'a pas cru que des inutilités de cette nature meritaffent plus d'être conservées ; quoiqu'il foit à propos de remarquer que le fouvenir de Mifs Clariffe accompagne toujours M. Lovelace, & ne ceffe pas de faire la guerre à fon repos. Il applique lui-même à fa fituation, le célébre endroit d'Horace :

> Timor & minæ
> Scandunt eodem quo Dominus, neque
> Decedit ærata Triremi,
> Et poft Equitem fedet atra cura.

LETTRE CCCIV.

M. LOVELACE, à M. BELFORD.

A Paris, 28 Octobre.

NE fois pas furpris que cette lettre fuive de fi près ma dernière J'en reçois une de Jofeph Leman. Ce pauvre diable eft troublé par fa confcience, Belford. Il m'affure » qu'il ne dort ni » nuit ni jour, du regret qui le tour-

» mente, & de la crainte d'avoir con-
» tribué à de grands malheurs ; fans
» compter, dit-il, ceux qu'il prévoit en-
» core. Il fouhaiteroit , s'il plaifoit à
» Dieu & à moi , de n'avoir jamais eu
» l'honneur de me connoître (*).

Et d'où viennent fes inquiétudes pour
lui-même ? D'où viendroient-elles , fi ce
n'eft » des marques de mépris qu'il re-
» çoit continuellement de tous les Har-
» loves , fur tout de ceux qu'il s'eft ef-
» forcé de fervir , auffi fidellement que
» fes engagemens avec m i le permet-
» toient ? Je lui avois toujours fait croi-
» re , pauvre Miférable qu'il eft depuis
» le berceau , qu'en me fervant il au-
» roit le bonheur , à la fin , d'avoir
» rendu fervice aux deux parties Mais
» le mépris qu'on lui marque & la mort
» de fa chere jeune Maîtreffe, font deux
» fujets de douleur qui ne l'abandonne-
» ront jamais , dût-il vivre auffi long-
» tems que Mathufalem ; quoiqu'il ne
» fe promette pas plus d'un mois de vie,
» changé comme il eft , avec un eftomac
» qui ne digere plus rien ; & Madame
» Betty le faifant enrager du matin au
» foir, à préfent qu'elle le tient & qu'elle

(*) Il faut fe rappeller le caractère & les fervices
de Leman.

» est Maîtresse d'une bonne Hôtellerie.
» Mais, graces au Ciel, pour sa puni-
» tion, elle n'est guéres en meilleure
» santé que lui. Au reste, son princi-
» pal motif, pour se donner l'honneur
» de m'importuner par une lettre, n'est
» pas son seul chagrin, quoique plus
» grand qu'il n'ose prendre la liberté de
» me le dire ; c'est le desir de prévenir
» un malheur dont je suis menacé moi-
» même : car il peut m'assurer que le
» Colonel Morden est parti dans la
» resolution de ne pas m'épargner, &
» qu'il a juré, assez haut pour être en-
» tendu des domestiques, qu'il auroit
» ma vie ou moi la sienne, avec d'au-
» tres promesses de cette nature, qui
» causent beaucoup de joie à toute la
» famille, parce qu'on s'attend que tôt
» ou tard je reviendrai avec quelque
» membre de moins.

Telle est la substance de cette lettre.
Mowbray m'avoit deja lâché quelques
mots dans une des siennes ; & je me rappelle que dans le dernier souper que nous
avons fait ensemble, tu me pressas, jusqu'à l'importunité, de faire le voiage
d'Espagne, plutôt que celui de France
ou d'Italie.

Ce que j'exige de toi, Belford, & par

le premier ordinaire , c’eſt de m’apprendre fidellement tout ce que tu fais là-deſſus. Il m’eſt impoſſible de ſouffrir des menaces : & quand je ſerai bien inſtruit, nul homme au monde ne ſe donnera, dans mon abſence , les airs de m’avilir ſans que je lui en explique mon ſentiment. Mes amis en ſeroient inquiets. Ils ſeroient portés à ſouhaiter de me voir changer de route ou de plan pour l’éviter. Crois tu qu’à ces viles conditions je fuſſe capable de ſupporter la vie ?

Mais , ſi tel eſt ſon deſſein , pourquoi ne me l’a-t’il pas fait connoître avant que j’euſſe quitté l’Angleterre ? Avoit-il beſoin que je fuſſe hors du Roiaume pour s’affermir dans ſa reſolution ?

Auſſitôt que je ſaurai dans quel lieu mes lettres lui peuvent être adreſſées , je ne manquerai pas de lui écrire , pour m’aſſurer de ſes intentions. Le délai me gêne , dans un cas de cette nature. Fût-il queſtion du mariage ou de l’échaffaut , ce qui doit ſe faire demain me paroît mieux aujourd’hui. Je languis , je meurs d’impatience , en ruminant des ſcénes qui ne peuvent m’offrir ni variété ni certitude. Paſſer vingt jours dans l’attente d’un évenement qui peut être décidé dans un quart-d’heure , c’eſt un ſupplice.

Si le Colonel prend la peine de venir à Paris, il lui fera facile de trouver mon logement. Je vois, chaque jour, quelques Anglois. Je fuis fouvent aux Spectacles ; je parois à la Cour & dans tous les lieux publics. A mon départ, ie laiſſerai mon adreſſe dans pluſieurs Villes, où mes lettres d'Angleterre me feront envoiées. Mais, ſi j'étois bien fur de tout ce que Leman m'écrit, je perdrois l'idée de quitter la France ; ou, dans quelque lieu que ſoit celui qui me cherche, je ne partirois que pour abreger ſa courſe.

Mon unique regret tombe fur cette chere Clariſſe. S'il eſt décidé que nous en venions aux mains, M. Morden & moi, comme il ne m'a fait aucune injure & qu'il cherit la memoire de ſa Couſine, nous engagerons le combat avec les mêmes fentimens pour l'objet de notre quérelle ; & tu conviendras que le cas eſt ſingulier. En un mot, j'ai tort : j'en ſuis auſſi convaincu que lui, & je ne le regrete pas moins ; mais je ne ſouffrirai jamais les ménaces d'aucun Mortel, quelque blâme que je me reproche d'avoir merité. Adieu, Belford. Parle de bonne foi. Point de déguiſement, ſi tu fais cas de ton ami,

LOVELACE.

LETTRE CCCLV.

M. BELFORD, à M. LOVELACE.

A Londres, 27 Octobre.

JE ne saurois croire, mon cher Lovelace, que le Colonel Morden vous ait menacé dans des termes aussi grosfiers que le misérable Leman vous l'écrit, ni qu'il pense à vous chercher. Un tel langage se sent du caractére de l'Ecrivain, & ne peut être celui d'un galant homme. Il n'est pas de M. Morden, j'en suis sur. Observez que Leman ne vous dit point qu'il l'ait entendu lui-même.

Je n'ai pas attendu si tard à sonder le Colonel, non-seulement pour votre intérêt & pour le sien, mais encore par le respect que je dois aux derniers ordres de son excellente Cousine. Il est vivement touché, & vous ne devez pas en être surpris. Il avoue qu'à cette occasion, son ressentiment s'est exprimé avec chaleur. Il m'a dit un jour, que si le cas de sa Cousine étoit une séduction commune, il se croioit capable de vous pardonner,

Mais il ne m'a pas assuré moins formel-
lement qu'il n'avoit pris aucune resolution ; & qu'il ne lui étoit rien échappé
dans la famille „ qui pût l'obliger à la
vangeance. Au contraire, il m'a confessé
que les volontés de sa Cousine avoient eu
sur lui jusqu'à présent toute la force que
je pouvois desirer.

Il est parti peu de jours après vous.
En me faisant ses adieux , il m'a dit que
son dessein étoit de se rendre à Florence,
& qu'après y avoir fini ses affaires il se
proposoit de revenir à Londres , pour y
passer le reste de ses jours. Je craignois
à la vérité que si vous veniez tous deux
à vous rencontrer , il n'arrivât quelque
nouveau malheur ; & sachant de vous-
méme que vous deviez retourner en
France par l'Italie , & vraisemblablement par Florence , j'ai fait mes efforts
pour vous engager à mettre l'Espagne
dans votre plan.   Je le souhaite encore ;
ou si je ne puis l'obtenir de vous , je vous
conjure d'éviter Florence & Livourne ,
deux lieux que vous avez deja visités.
Que jamais, du moins, l'appel ne vienne
de vous.

Quel sujet de refléxions pour moi, si
le Délateur, ce vil Joseph Leman, qui
vous a donné l'occasion de tourner l'artil-

lerie de ſes Maîtres contre eux - mêmes,
& de les jouer l'un par l'autre pour conduire vos artifices avec plus de ſuccès,
devenoit ſans le vouloir un inſtrument
entre les mains de la Providence pour
les vanger tous ! En ſuppoſant la victoire de votre côté , ſeroit - elle la fin du
déſaſtre ? Elle ne feroit qu'augmenter
vos remords, puiſque votre rencontre ne
peut ſe terminer que par la mort de l'un
ou de l'autre ; car je ſuis ſur que le Colonel ne recevroit pas la vie de votre
main. Ajoutez que les Harloves arme-
roient contre vous l'autorité des Loix.
Vous les haïſſez : ils gagneroient par la
mort du Colonel, ils ſe réjouiroient de la
votre ; & n'eſt-ce donc point aſſez de
tout le mal que vous avez deja cauſé ?

Lovelace ! cher Ami ! donnez-moi la
ſatisfaction d'apprendre que vous êtes
reſolu d'éviter M. Morden. Le tems
calmera tous les eſprits. Perſonne ne
doute de votre courage , & jamais on ne
ſaura que votre plan ait été changé par
perſuaſion. Le jeune Harlove parle de
vous demander raiſon : c'eſt une preuve
aſſez claire que M. Morden n'a pas pris ſur
lui la quérelle de la famille. Je ne crains
que lui. Je ſais que ce n'eſt pas le moien
de faire impreſſion ſur vous , que de

vanter son courage & son adresse. On
assure néanmoins que son épée est redoutable, & qu'il s'en sert avec autant de
sang-froid que d'habileté. Si je faisois cas
de la vie, il seroit de tous les hommes,
à l'exception de vous, celui que j'aimerois le moins pour adversaire.

Mes explications sont d'aussi bonne foi
que vous l'avez désiré. Je ne vous dé-
guise rien. Si vous ne cherchez pas le
Colonel, je suis persuadé qu'il ne vous
cherchera point. C'est un homme rempli de principes. Mais si vous le cherchez, je ne crois pas qu'il vous évite.

Souffrez, Lovelace, que par le mouvement d'une veritable amitié, je vous
représente encore, que vous devez vous
sentir coupable dans cette affaire, &
qu'il ne vous convient point d'être l'a-
gresseur. Quelle pitié qu'un aussi galant
homme que le Colonel perît par vos
mains! D'un autre côté, il seroit terrible que vous fussiez appellé en compte
sans aucune préparation, & dans la
chaleur d'une nouvelle violence. Malheureux ami! ne vois-tu pas, dans la
mort de tes deux principaux Agens, les
caractères tracés contre toi sur le mur!

Mon zèle, dans cette occasion, peut
me jetter dans un excès de franchise. Il

me rend coupable, au moins, d'un grand
nombre de répétitions ; mais j'ai peine,
en verité, à quitter un sujet dont je suis
si touché. Cependant, si ce que je viens
d'écrire, joint aux mouvemens de votre
propre cœur & sans doute à vos remords,
n'a pas l'effet que j'ose encore espérer,
tout ce que je pourrois ajouter seroit inutile. Adieu donc, Lovelace. Puisse ton
cœur s'ouvrir au regret du passé ! Puissent
tes mains se garantir d'une nouvelle violence, qui augmenteroit le poids de tes
reflexions, & qui te raviroit peut-être tes
espérances pour l'avenir! C'est le souhait
de ton veritable ami,

BELFORD.

LETTRE CCCLVI.

M. LOVELACE, à M. BELFORD.

A Munick, 22 Novembre.

VOtre lettre arrive, au moment que
j'allois partir pour Vienne.

Pour ce qui regarde le voiage de Ma-
drid, ou le moindre pas hors de ma
route, dans la vûe d'éviter le Colonel
Morden, que je perisse si je le fais ! Tu

ne peux me croire l'ame si basse.

Ainsi donc , tu avoues qu'il m'a menacé : mais non pas , dis-tu , dans des termes grossiers, indignes par conséquent d'un galant homme. S'il m'a menacé noblement , mon ressentiment sera noble. Mais il n'a pas fait le rolle d'un homme d'honneur , s'il lui est échappé la moindre menace derrière moi. Quel mepris j'aurois pour moi-même , si j'avois été capable de menacer quelqu'un , à qui je saurois le moien de m'adresser de bouche ou par écrit !

A l'égard de mes remords , de tes caractères tracés sur le mur , de l'autorité des Loix , de son adresse , de son sang-froid , de son courage , & d'autres lieux communs de poltronerie ; que veux-tu dire ? Assurément tu ne saurois croire que des insinuations de cette nature puissent affoiblir mon cœur ou ma main. Epargne moi , je t'en prie , toutes ces impertinences dans tes lettres.

Il n'avoit pris aucune resolution , dis-tu , lorsqu'il a fait ses adieux. Il en prendra , de manière ou d'autre ; & bientôt, suivant toute apparence : car je lui écrivis hier , sans attendre ta réponse. Je n'ai pû m'en défendre. Il m'étoit impossible , comme je te l'ai marqué , de vivre en fufpens. J'ai adreffé ma lettre à Florence. Je ne pouvois fupporter, nonplus, que mes amis fuffent inquiets pour ma fureté, ou par d'autres raifons. Mais ma lettre eft dans des termes qui lui laiffent abfolument la liberté du choix. Il fera l'agreffeur, s'il la prend dans un fens fur lequel il peut fi honêtement fermer les yeux. S'il le fait, il deviendra très-clair que la malignité & la vangeance étoient deux paffions qui le dominoient, & qu'il n'a penfé qu'à regler fes affaires, pour prendre *enfuite fes refolutions*, comme tu t'exprimes. Cependant fi nous devons nous rencontrer (car, toute civile qu'eft ma lettre, je fais quel choix elle me feroit faire à fa place), je fouhaiterois que fa caufe ne fût pas fi bonne, & que la mienne fût meilleure. Ce feroit une douce vangeance pour lui, fi je tombois fous fes coups. Mais que me reviendroit-il de l'avoir tué ?

Je t'envoie la copie de ma lettre.

En relifant la tienne de fang-froid, je ne puis refufer des remercimens à ton amitié, ni même à tes vûes. Depuis le premier inftant de notre liaifon, je n'ai jamais été trompé dans l'opinion que j'ai de toi, du moins si je considére tes intentions ; car tu avoueras que j'ai plus d'une sottise à te reprocher, dans le rolle que tu as joué entre ma chere Clarisse & moi. Mais tu es réellement un honnête Homme, & tout à la fois un ami ardent & sincère. Je regreterois volontiers d'avoir écrit à Florence, depuis que j'ai reçu ta lettre, qui est actuellement fous mes yeux. Mais la mienne est partie. Qu'elle marche. Si Morden souhaite la paix, je lui donne une belle occasion de l'embrasser. Si-non, qu'il ne s'en prenne qu'à lui-même.

A tout évenement, cherche le moien de faire favoir au jeune Harlove, (car il se méle aussi de ménacer) que je serai en Angleterre vers le commencement d'Avril au plus tard.

Cette Cour de Baviére est galante & polie. Cependant, comme je suis incertain si ma lettre trouvera le Colonel à Florence, je ne laisse pas de partir pour Vienne, après avoir donné des ordes pour tout ce qui peut m'étre adressé à Munick. Je ne serois pas longtems à revenir ici, ou dans tout autre lieu qu'on choisiroit pour me voir. Tout à toi,

LOVELACE.

A M. MORDEN.

A Munick, 21 de Novembre.

M

J'ai appris, avec beaucoup d'étonnement, qu'il vous étoit échappé contre
moi quelques expreffions menaçantes.
Il m'auroit été fort agréable que vous
m'euffiez crû affez puni par mes propres peines, du tort que j'ai fait à la plus
excellente de toutes les femmes, & que
nos fentimens étant les mémes à fon
égard, fur tout lorfque j'ai défiré fi ardemment de reparer mes injuftices, nous
euffions pû vivre, fi non dans les termes
de l'amitié, du moins, d'une manière
qui n'expofât pas l'un ou l'autre au chagrin d'entendre qu'on jette contre-lui,
dans fon abfence, des ménaces qui le
rendroient méprifable s'il n'y croioit pas
fon honneur intéreffé.

Je dois, Monfieur, vous expliquer
mes veritables difpofitions. Si ce que
j'apprens n'eft venu que d'une chaleur
foudaine, tandis qu'une perte que je

ne cesserai jamais de déplorer étoit ré-
cente , non-seulement je le trouve ex-
cusable , mais je n'y vois rien qui ne
merite mes louanges & mon approbation. Si vous êtes réellement déterminé
à me voir sous quelque autre prétexte ,
quoique je vous avoue que rien n'est
plus éloigné de mes desirs , je me rendrois blâmable , & tout-à-fait indigne
du caractère que je veux soûtenir aux
yeux des honnêtes gens , si je vous faisois
trouver quelque difficulté à vous satisfaire.

Dans l'incertitude où je suis du lieu
où vous recevrez ma lettre , je pars demain pour Vienne. Tout ce qui pourra
m'être adressé à la poste de cette Ville,
ou chez M. le Baron de Windisgratz,
dont j'ai l'honneur d'être ami , me sera
rendu fidellement.

Comme je vous crois trop de générosité pour interprêter mal ce qui me reste
à vous déclarer, & que je sais l'extrême
considération que la plus chere de toutes
les femmes avoit pour vous , je ne ferai
pas difficulté de vous assurer que la plus
agréable réponse que je puisse recevoir
de M. Morden feroit le choix de la paix,
plutôt que de tout autre parti , avec son
admirateur sincère & son très-humble
serviteur ,   LOVELACE.

LETTRE CCCLVII.

M. LOVELACE , à M. BELFORD.

A Lint , 9 Décembre.

JE suis en chemin vers Trente , pour y rencontrer le Colonel Morden , suivant la reponse que j'ai reçue de lui à Vienne. La voici , dans ses propres termes.

A Munick , 2 de Décembre.

M Votre lettre étoit à Florence , quatre jours avant mon arrivée. Je suis parti dès le lendemain , pour me rendre digne de cette faveur ; & je ne desespérois pas que les agrémens de la Cour de Bavière n'eussent pû retenir au-delà de ses intentions un jeune Voiageur , qui ne cherche que de l'amusement. Mais n'aiant pas l'honneur de vous y trouver , il me convient de vous déclarer , Monsieur , que dans l'impatience où je suis de meriter l'estime

d'un homme tel que vous, je ne puis
héfiter un moment à faire le choix que
M. Lovelace feroit furement dans ma
fituation, s'il lui étoit propofé comme
à moi.

J'avoue, Monfieur, que dans toutes
les occafions où j'ai parlé du traitement
que vous avez fait à ma Coufine, j'ai
tenu le langage qu'il méritoit. Il feroit
fort furprenant que j'en euffe pû tenir
un autre. A préfent que vous m'offrez
fi noblement l'occafion de m'expliquer
moi-même, je dois vous convaincre
qu'il n'eft rien forti de mes lévres par
la feule raifon que vous étiez abfent.
Apprenez donc, Monfieur, que je n'attens que le nom du lieu, & que vous
m'y verrez promptement, fut-ce à l'ex-
trémité de la terre.

Je m'arrêterai quelques jours à Munick. Si vous avez la bonté de m'y ad-
dreffer votre réponfe chez M. Klienfort,
foit qu'elle m'y trouve ou non, vos ordres arriveront avec autant de fûreté
que de diligence entre les mains, Monfieur, de votre très-humble Serviteur,

MORDEN.

Ainfi

Ainsi vous voyez , Belford , par la promptitude & l'ardeur mêmes du Colonel , que ses *résolutions étoient prises* , &c. Ne vaut-il pas mieux finir une affaire de cette nature , que d'inquiéter mes amis, ou de demeurer moi-même en suspens ? Voici ma replique :

A Vienne ce 10 Decembre.

M

Je suspens un petit voyage que j'étois prêt à faire en Hongrie , & je pars aujourd'hui pour Munick. Si vous n'y êtes plus , je me rendrai droit à Trente. Cette Ville , qui est sur les confins de l'Italie , vous sera plus commode pour votre retour en Toscane , & j'espere vous y trouver dans quatre jours. Je n'aurai , avec moi , qu'un Valet de chambre François. Les autres circonstances s'arrangeront aisément lorsque j'aurai l'honneur de vous voir. Je suis , Monsieur , Votre très-humble Serviteur ,

LOVELACE.

A présent , Belford , il ne me reste aucun embarras sur l'évenement de cette entrevûe ; & je puis dire avec verité , c'eſt lui qui me cherche. Ainſi, que le mal retombe ſur ſa tête.

Ce qui me touche de plus près au cœur, c'eſt mon ingratitude pour la plus parfaite de toutes les femmes. ... mon ingratitude préméditée ! Cependant en ai je moins diſtingué, en ai-je moins adoré toutes ſes perfections, malgré la mauvaiſe opinion que j'avois toûjours eue de ſon ſexe ? Elle m'a forcé de reconnoître la dignité de ce Sexe : elle l'a glorieuſement exalté à mes yeux ; quoiqu'aſſurément il ſoit impoſſible, comme je l'ai dit mille fois, comme je l'ai mille fois écrit, qu'il exiſte jamais une femme qui l'égale.

Mais lorſque je pers, en elle, plus qu'un homme n'a jamais perdu ! lorſqu'elle me touche de ſi près, & lorſqu'il eſt certain que dans un tems heureux elle a ſouhaité d'être à moi, quelle inſolence, dans un autre homme, de s'attaquer à moi pour la vanger ? Heureux, heureux à la verité, ſi j'avois ſenti la gloire & les charmes de cette préference, Je ne veux pas aggraver, par mes refléxions, ce motif du Colonel pour *me demander compte de la maniére dont je l'ai traitée* ; de peur qu'à l'approche de l'entrevûe, mon cœur ne ſe rallentiſſe en faveur d'un homme qui lui étoit lié par le fang, & qui croit au fond rendre honneur & juſtice à ſa mémoire. Cette idée lui donneroit des avantages, qu'il ne peut avoir autrement. Je ne ſerai que trop porté à me repoſer ſur mon adreſſe, pour ſauver un homme à qui je connois tant d'eſtime & de reſpect pour elle. J'oublierai le reſſentiment que ſes menaces doivent m'avoir inſpiré : & c'eſt par cette ſeule raiſon que je m'afflige de ſon habileté & de ſon courage, dans la crainte d'être obligé, pour ma propre défenſe, d'ajoûter une nouvelle victime à celles qui ſont déjà tombées par mes mains.

Je ne puis me dégager des noires idées qui m'affligent. En verité, Belford, je ſuis, & je ſerai, juſqu'au dernier moment de ma vie, le plus miſérable de tous les êtres. Quelle généroſité dans cette adorable femme ! Pourquoi m'as-tu donné la copie de ſon Teſtament ? Pourquoi m'avoir envoié ſa Lettre poſthume ? Devois-tu les accorder à mes inſtances ? Tu ſcavois ce que j'y devois trouver, & je l'ignorois. Tu ſavois qu'il étoit cruel de m'obliger.

Q ij

Vingt Colonels Morden , si j'en avois vingt à combattre successivement , ne me causeroient pas un moment d'inquiétude. Mais ces réfléxions forcées , sur ma vile ingratitude , feront éternellement mon malheur. Je ne vois , dans le passé , que mes détestables inventions qui m'aient empêché d'être heureux. Dès les prémiers tems, ne te souviens-tu pas combien de fois j'ai jetté de l'eau sur sa flâme naissante , en faisant tourner ingratement contre elle la délicatesse de ses sentimens , & toutes les loix que je recevois de sa vertu ? Ne m'a - t'elle pas souvent répeté , & ne savois-je pas, sans qu'elle prit la peine de m'en assurer (*) *qu'elle n'étoit capable ni d'affectation ni de tirannie, pour un homme dont elle se proposoit d'être la femme* ? Je savois , comme elle me l'a reproché , *qu'après lui avoir fait quitter la maison de son Pere , il ne restoit qu'un chemin ouvert devant moi.* Elle me disoit avec raison , & j'avois la folie de m'en faire un triomphe , *que depuis ce jour, j'avois tenu cent fois son ame en suspens.* Ma seule épreuve de l'Ypécacuana suffisoit pour me convaincre, qu'elle avoit un cœur où l'amour & la tendresse auroient

____

(*) Citations de ce qu'on a lû dans plusieurs anciennes lettres.

préfidé, fi j'avois permis à ces deux fentimens de germer & d'éclore.

Elle *n'aurois pas eu de reſerve*, m'a-t'elle dit une fois, *ſi je ne lui avois cauſé des doutes.* Et ne t'a-t'elle pas confeſſé à toi même, *qu'elle s'étoit ſentie capable de m'aimer, & qu'elle m'auroit rendu heureux ſi elle avoit pû me rendre bon ?* O Belford ! Quel amour! Quelle nobleſſe! Un amour, comme elle n'a pas craint de le faire entendre dans ſa lettre poſthume, qui s'étendoit à l'ame, & que non-feulement elle a déclaré dans les derniers momens de ſa vie, mais qu'elle a trouvé le moien de me faire connoître après ſa mort, par une lettre remplie d'avertiſſemens, & d'exhortations, qui n'ont pas d'autre objet que mon bonheur éternel !

Ces réflexions, dont le tems ne fait qu'aiguiſer la pointe, me ſuivent dans tous les lieux où le déſeſpoir me conduit, m'accompagnent dans tout ce que je fais, & ſe mêlent dans tous les amuſemens auxquels j'eſſaie de me livrer. Cependant je ne cherche que des compagnies gaies & brillantes. J'ai fait de nouvelles liaiſons dans les différentes Cours que j'ai viſitées. Je jouis de quelque eſtime, & je me vois recherché de tout ce qu'il y a de gens de mérite & de diftinction. Je vifite les Palais, les Bibliotheques & les Eglifes. Je fréquente le Théatre. J'affifte à toutes les Fêtes publiques. Je revois tout ce qui m'étoit échappé dans les Cabinets des Curieux. Je fuis admis à la toilette des Belles, & je m'attire quelque attention dans les affemblées. Mais rien, mais perfonne, ne me caufe autant de plaifir que la délicieufe idée de ma Clariffe. Si je fais quelque remarque à l'avantage d'une autre femme, c'eft parce que je trouve dans fa taille, dans fon port, dans fa voix ou dans quelqu'un de fes traîts, un air de reffemblance avec le charme, le feul charme de mon cœur.

Quel plus affreux châtiment que d'avoir fans ceffe toutes fes perfections préfentes, lorfqu'il ne me refte que l'immortel regret d'avoir privé le monde & moi-même, d'un fi précieux tréfor ! Quelquefois, à la vérité, j'entre-vois un raion de joie & de confolation, dont ma générofité s'applaudit ; parce qu'il me vient de la certitude morale, que, malgré tous mes coupables efforts pour ternir fa vertu, elle jouit des fruits de fa victoire dans un éternel triomphe.

Si je continue, cher Belford, de mener une vie si misérable dans mes cour-
ses, tu me reverras bientôt en Angleterre, disposé sans doute à suivre ton exemple; que fais-je? à me faire Hermite
peut-être, ou quelque chose d'aussi détestable, pour essaier ce que je puis attendre de la pénitence & de la mortification. Je ne puis vivre dans l'état où je
suis. Que je périsse, si je le puis!

S'il m'arrivoit quelque malheur, tu en
serois informé par mon Valet-de-Cham-
bre. Il ne sait pas un mot d'Anglois;
mais toutes les langues modernes te sont
familiéres, La Tour, c'est son nom, est
homme d'esprit & de confiance. A tout
hazard, je lui laisserai quelques papiers
cachetés, qu'il t'enverroit pour Milord
M....: & puisque tu es si expert & de
si bonne volonté pour les exécutions tes-
tamentaires, je te prie, Belford, d'accepter cet office pour moi, comme pour
ma Clarisse; ma *Clarisse Lovelace*, laisse
moi le plaisir de lui donner ce nom. Par
tout ce qu'il y a de saint, c'est quelque
charme, qui la rappelle sans cesse à ma
mémoire. Son nom joint au mien me

ravit l'ame , & me paroît plus délicieux
que la plus douce mélodie.

Que ne l'ai-je menée dans tout autre
lieu que chez cette exécrable femme!
J'en reviens aux récriminations : mais il
eſt certain que le breuvage étoit l'invention & l'ouvrage de la Sinclair , & que
je n'ai perſiſté dans le projet de la vio.
lence qu'à l'inſtigation de cette furie,
dont la ruine ne laiſſe pas d'être ample-
ment vangée , puiſqu'aujourd'hui je me
trouve menacé de la mienne.

Je m'apperçois que ce langage reſſem-
ble un peu à celui d'un Coupable ſur l'é-
chaffaut Il pourroit te faire croire que je
ſuis intimidé par l'approche de l'entre-
vûe. Mais tu ne me rendrois pas juſtice.
Au contraire , je te jure , que je vais
joieuſement au devant du Colonel; & je
m'arracherois le cœur de mes propres
mains , s'il étoit capable ici du moindre
mouvement de crainte ou d'inquiétude.
Je ſais ſeulement que ſi je le tue,
(ce que je ne ferai point, ſi je puis l'éviter)
je ferai fort éloigné d'en être plus tranquille. La paix du cœur n'eſt plus faite
pour moi. Mais comme notre rencontre
eſt une occaſion qu'il a cherchée , malgré le choix que je lui ai laiſſé , & qu'il
n'eſt plus en mon pouvoir de l'éviter , j'y

penſerai après l'action ; quitte pour faire
penitence de tout à la fois : car, tout habile que je le ſuppoſe, je ſuis auſſi ſur de
la victoire, que je le ſuis actuellement d'é-
crire. Tu ſais que l'uſage des armes,
lorſque j'y ſuis provoqué, eſt un jeu charmant pour moi. D'ailleurs je ſerai auſſi
calme, auſſi peu troublé qu'un Prêtre à
l'Autel ; tandis que mon Adverſaire,
comme on en peut juger par ſa lettre,
ſera tranſporté de colère & de vangeance.
Ne doute donc pas, Ami Belford, que
je ne te rende un fort bon compte de cette
affaire; & crois-moi ton fidelle Serviteur,

LOVELACE.

LETTRE CCCLVIII.

M. LOVELACE, à M. BELFORD.

A Trente, 14 Décembre.

DEmain eſt le jour qui fera paſſer probablement une ou deux ames dans
un autre ordre de choſes, pour ſervir de
cortége aux Manes de ma Clariſſe.

J'arrivai hier à Trente ; & m'étant in-

formé auſſitôt de la demeure d'un Gentil homme Anglois, nommé M. Morden, je n'eus pas de peine à la trouver.
Le Colonel, qui étoit dans la Ville depuis deux jours, avoit laiſſé ſon nom
dans tous les lieux où je pouvois m'adreſſer. Il étoit ſorti à cheval. Je laiſſai mon
nom chez lui. Vers le ſoir, il me rendit
une viſite.

Il avoit l'air extrèmement ſombre. Le
mien fut très-ouvert. Cependant, il
me dit, que ma lettre étoit celle
d'un homme d'honneur, & que j'avois
ſoûtenu le même caractère en lui accordant de ſi bonne grace l'occaſion de nous
rencontrer. Il auroit ſouhaité, ajoûtat'il, que j'euſſe tenu la même conduite
ſur d'autres points, & nous nous ferions
vûs avec des ſentimens fort oppoſés.

Je répondis que le paſſé ne pouvoit
recevoir de changement; & que je regretois, comme lui, que certaines
choſes fuſſent arrivées.

Les récriminations, reprit-il, ne pouvoient ſervir qu'à nous aigrir inutilement;
& puiſque je lui avois offert ſi volontiers
cette occaſion de me voir, les paroles
devoient faire place à l'action. Votre
choix, M. Lovelace, pour le tems, le
lieu & les armes, ſera le mien.

Sur les deux derniers points , M. Morden , il dépendra de vous-même. Le tems , ce fera , s'il vous plaît , demain ou le jour d'après.

Après-demain donc , Monſieur ; & nous monterons demain à cheval , pour fixer le lieu.

D'accord , Monſieur.

Dites , M. Lovelace ; quel choix faites-vous pour les armes ?

Je lui dis que l'avantage devoit être égal en nous ſervant de nos épées : mais que s'il en jugeoit autrement , je n'avois pas d'objection contre le piſtolet.

Je vous ferai remarquer ſeulement , repliqua-t'il , que le hazard ſeroit peutêtre plus égal à l'épée , parce que nous devons être également accoutumés à la manier. Je craindrois qu'il ne le fut un peu moins au piſtolet. Cependant je n'ai pas laiſſé d'en apporter deux , dont vous auriez le choix. Mais je dois vous avertir qu'à la diſtance ordinaire , je n'ai jamais manqué un but , depuis que je me connois.

J'applaudis à ſa généroſité : mais je lui répondis auſſitôt que j'entendois aſſez l'uſage de cette arme , pour ne pas la refuſer s'il la choiſiſſoit ; quoique je ne me cruſſe pas auſſi ſur que lui de ne pas manquer un but. Cependant , ajoûtai-je en souriant , comme il m'est arrivé quelquefois de fendre une balle en deux sur le tranchant d'un couteau , il seroit malheureux, Colonel, que je manquasse mon homme. Ainsi, Monsieur , je n'ai pas d'objection contre le pistolet , si c'est votre choix. Personne , j'ose le dire, n'a l'œil & la main plus fermes que moi.

L'un & l'autre , Monsieur , vous seront utiles , à l'épée comme au pistolet. Ce sera donc l'épée , s'il vous plaît.

De tout mon cœur.

Nous nous quittâmes avec une sorte de civilité majestueuse.

Aujourd'hui , ma visite a prévenu la sienne ; & nous sommes sortis à cheval pour convenir du lieu. Nos sentimens étant les mêmes , & n'aimant point à remettre au lendemain ce qui pouvoit être décidé sur le champ , nous serions descendus aussitôt. Mais la Tour & le Valet du Colonel , qui nous suivoient tous deux , & que nous n'avions pû éviter de mettre dans le secret , se sont joints, pour nous demander la permission d'avoir le lendemain avec eux un Chirurgien. Ils se sont chargés de l'engager à sortir de la Ville , sous le prétexte d'une saignée qu'ils lui proposeront dans une cabane voisine , & de l'amener assez proche de nous pour être appellé au besoin , sans qu'il se défie du ministère auquel il doit être emploié. La Tour étant , comme je l'ai dit au Colonel , un garçon fort adroit , auquel j'ai donné ordre de lui obéïr comme à moi-même , si le sort se déclare en sa faveur ; nous sommes convenus de remettre la décision à demain , & d'abandonner tout ce qui regarde le Chirurgien à la discretion de nos Valets. Ensuite, nous sommes rentrés dans la Ville par des chemins differens.

Le champ que nous avons choisi est un Vallon écarté. Le tems sera dix heures du matin ; & le signal, ou le mot, l'*épée simple*. Cependant , j'ai repété à M. Morden que cette arme m'étoit extrémement familiére , & que je lui conseillois de faire tout autre choix. Il m'a répondu que c'étoit l'arme d'un Gentilhomme , & que celui qui n'en connoissoit pas l'usage , manquant d'une qualité nécessaire , en devoit porter la peine ; mais que pour lui , toutes les armes étoient égales.

Ainsi , Belford , vous voiez que je n'ai voulu prendre aucun avantage. Mais je suis fort trompé , si demain , avant onze heures , ce brave Ennemi ne reçoit pas la vie ou la mort de mes mains.

Son Valet & le mien doivent être préfens ; mais avec l'ordre le plus abfolu, comme vous n'en doutez pas, de demeurer dans l'inaction. En revanche pour une civilité de la même nature, le Colonel a commandé au fien de m'obéir, fi la fortune eft pour moi. Nous devons nous rendre à cheval, au lieu du combat. Une Chaife, qui fera préte à quelque diftance, conduira le Vainqueur fur les terres de Venife, fi l'un des deux périt ; ou fervira, fuivant l'occafion, à fecourir le plus malheureux.

Tels font nos arrangemens. La pluie ne m'aiant pas laiffé d'autre amufement que ma plume, je t'ai fait cette longue lettre ; quoique je puffe auffi-bien remettre à t'écrire demain à midi car je ne doute pas que je ne me trouve en état de t'affurer, que je fuis avec tous les fentimens que tu me connois pour toi, &c.

LOVELACE.

LETTRE CCCLIX.

LA TOUR, à M. BELFORD.

A Trente, 19 Décembre.

M.

J'ai de triftes nouvelles à vous communiquer, par l'ordre de M. le Chevalier de Lovelace, qui a rendu le dernier foupir entre mes bras. Il m'avoit fait lire fa dernière lettre, par laquelle il vous informoit qu'il devoit terminer le lendemain fa quérelle avec le Colonel Morden. Vous favez fi bien le fujet de ce différend, que vous n'attendez pas de moi d'autres lumières.

J'avois pris foin d'amener, à peu de diftance, un Chirurgien, à qui j'avois confié le fond des circonftances, fous le ferment du fecret ; quoique je me fuffe bien gardé de l'avouer aux deux combattans. Il étoit fourni de bandages & des inftrumens de fa profeffion ; car fi je connoiffois parfaitement le courage & l'adreffe de mon Maître, je n'avois pas entendu moins vanter le caractère de son Ennemi; & je savois quelle étoit leur animosité mutuelle. Une Chaise de poste étoit préte à cens pas.

Les deux Adversaires arriverent à l'heure dont ils étoient convenus, sans autre suite que M. Margate, Valet de chambre du Colonel, & moi, que M. le Chevalier avoit honoré du même rang à son service. Ils nous repétérent l'ordre qu'ils nous avoient donné la veille, d'observer entre-eux une exacte neutralité: & si l'un de deux périssoit, ils nous firent jurer de regarder tous deux le survivant comme notre Maître, & de respecter ses volontés.

Après quelques complimens, ils se dépouillerent de leurs habits, avec une tranquillité surprénante; & mettant l'épée à la main, ils se porterent plusieurs bottes, qui nous firent admirer leur présence d'esprit & leur adresse. Mon Maître fut le premier qui tira du sang, par un coup désespéré, dont son Adversaire devoit être percé à jour, s'il ne s'en étoit garanti par un mouvement si heureux qu'il ne le reçut que dans la partie charnue du côté droit. Mais aiant pris M. Le Chevalier sur le tems, il le blessa sous le bras gauche, assez près de

Ja. Jo. Pasquier inv.
Pelletier Sculp. 1751

l’épaule ; & l’épée, qui effleura l’eſtomac dans ſon paſſage, en aiant fait couler beaucoup de ſang , le Colonel lui dit ; Monſieur , je crois que ç’en eſt aſſez.

Mon Maître jura qu’il n’étoit pas bleſſé; que ce n’étoit qu’une picqûure légere : ſur quoi faiſant une autre paſſe, le Colonel la reçut ſous le bras avec une dextérité merveilleuſe , & lui enfonça ſon épée au milieu du corps. Il tomba auſſitôt, en diſant , la fortune eſt pour vous , Monſieur.... Je n’entendis pas quelques autres mots, qu’il ne put prononcer entiérement. Son épée ſortit de ſes mains. M. Morden jetta la ſienne , & courut à lui , en lui diſant en François : Monſieur , vous êtes un homme mort ; implorez la bonté du Ciel. Nous donnâmes le ſignal au Chirurgien , qui accourut à l’inſtant. Le Colonel ne me parut que trop accoutumé à ces expéditions ſanglantes ; il étoit auſſi tranquille que s’il n’étoit rien arrivé d’extraordinaire ; & quoiqu’il perdit lui-même beaucoup de ſang , il ne penſoit qu’à ſeconder le Chirurgien. Mais mon Maître s’évanouit deux fois pendant l’opération , & rendoit d’ailleurs du ſang par la bouche. Cependant, le premier appareil aiant été mis fort heureuſement , nous l’aidâmes à

monter dans la voiture. Alors le Colonel
souffrit que sa propre blessure fut pansée,
& parut s'affliger que dans quelques intervalles , M. le Chevalier s'emportât
furieusement , lorsqu'il retrouvoit la
force de parler. Hélas ! il s'étoit crû sûr
de la victoire.

Malgré l'avis du Chirurgien , le Colonel prit le parti de monter à cheval,
pour passer dans l'Etat de Venise. Il me
força généreusement d'accepter une
bourse remplie d'or , avec ordre d'en emploier une partie à paier le Chirurgien ,
& de garder le reste, comme une marque,
me dit-il , de la satisfaction qu'il avoit
de ma conduite , & des tendres soins
qu'il me voioit rendre à mon Maître. Le
Chirurgien l'assura , que M. le Chevalier ne pouvoit vivre jusqu'à la fin du
jour. Lorsqu'il fut prêt à partir , M.
Lovelace lui dit en François ; vous avez
bien vangé ma chere Clarisse ! J'en conviens, répondit le Colonel dans la même
langue ; & peut-être gemirai-je toute ma
vie de n'avoir pû resister à vos offres,
lorsque je balançois sur l'obeïssance que
je croiois devoir à cet Ange. Attribuez
votre victoire au destin, repliqua mon
Maître , à l'ascendant d'un cruel destin ; sans quoi, ce qui vient d'arriver étoit

impoſſible. Mais vous, reprit-il, en s'a-
dreſſant au Chirurgien, à M. Margate
& à moi, ſoiez témoins tous trois, que je
me ſuis attiré mon ſort, & que je péris
par la main d'un homme d'honneur.

Monſieur ! Monſieur ! lui dit le Colonel, avec la piété d'un Confeſſeur,
& lui ſerrant affectueuſement la main,
profitez de ces précieux momens, & re-
commandez-vous au Ciel. Il s'éloigna
auſſitôt.

Je fis marcher fort doucement la Chaiſe.
Cependant mon Maître eut beaucoup à ſouffrir du mouvement. Le
ſang recommença bientôt à couler de ſes
deux bleſſures, & ce ne fut pas ſans difficulté qu'on l'arrêta. Nous le conduiſî-
mes en vie juſqu'à la premiére Cabane.
Il m'ordonna de vous envoier les papiers
cachetés, que vous trouverez ſous cette
enveloppe, & de vous faire le recit de
ſon malheur, avec des remercimens
pour la conſtance & la fidélité de votre
amitié.

Contre toute attente, il vêcut juſqu'au
jour ſuivant. Mais il ſouffrit beaucoup,
de ſon impatience & de ſes regrets, autant que de la douleur de ſes bleſſures;
car il ne pouvoit ſe reſoudre à quitter la
vie. La raiſon paroiſſoit quelquefois l'a-

bandonner, fur tout pendant les deux dernières heures de fa vie. Il s'écrioit par intervalles : éloignez la de mes yeux, éloignez-la de mes yeux ; mais il ne nommoit perfonne. Quelquefois, il adreffoit des expreffions fort tendres à quelque femme, qui étoit apparemment la même Clariffe, qu'il avoit nommée en récevant le coup mortel. Il l'appelloit, Fille excellente ! Divine Créature ! Malheureufe Innocente ! Je lui entendis repéter particuliérement : jettez les yeux fur moi, bienheureux Efprit! daignez jetter les yeux fur moi. Il s'arrêtoit aprcs ces quatre mots; mais il continuoit de remuer les levres.

A neuf heures du matin, il fut faifi de convulfions violentes ; & perdant tout-à-fait la connoiffance, il demeura dans cet état plus d'un quart-d'heure. Lorfqu'il revint à lui-même, je ne dois pas oublier fes dernières paroles, qui femblent marquer un efprit plus compofé, & qui peuvent être par confequent de quelque confolation pour fes amis. Quelles graces je dois.... prononça-t'il diftinctement, en s'adreffant fans doute au Ciel, car il y tenoit les yeux levés : mais une forte convulfion ne lui permit pas d'achever. Enfuite, revenant à lui, il recommença les mêmes mots avec beaucoup de ferveur, les yeux levés encore, & les deux mains étendues. Ils furent fuivis de quelque apparence de priéres, prononcées d'une voix intérieure, qui ne laiſſoit rien entendre de diftinct. Enfin, j'entendis clairemens ces trois mots, qui furent les derniers : Reçois cette expia-tion. Alors, ſa téte s'étant enfoncée dans ſon oreiller, il expira vers dix heures & demie.

Hélas ! il ne ſe croioit pas ſi proche de ſa fin. Auſſi n'a-t'il donné aucun ordre pour ſa fepulture. Je l'ai fait embaumer, pour attendre les volontés de ſa famille, & j'ai obtenu que le corps fut dépoſé dans un caveau. C'eſt une faveur qu'on ne m'a pas accordée ſans peine, & qu'on m'auroit peut-être refuſée, malgré la dif-tinction de ſa naiſſance, dans un tems où la Nation Angloiſe ſeroit moins reſpec-tée du Gouvernement Autrichien. J'ai trouvé auſſi quelques difficultés, de la part du Magiſtrat, ſur la cauſe de ſa mort. Il en a coûté de l'argent pour arrêter les informations. Mais c'eſt un recit que je remets au premier ordinai-re;avec le compte des effets de monMaî-tre, qui feront repréſentés fidellement. J'attens vos ordres dans cette Ville , & j'ai l'honneur, d'être, Monſieur, votre, &c.

De la Tour.

C O N C L U S I O N.   (*)

ON croit devoir ajoûter quelques éclaircissemens à ce Recueil de Lettres historiques, pour la satisfaction de ceux qui ont pris un peu d'intêret à la fortune des principaux Acteurs.

La nouvelle du malheur de M Lovelace fut reçue, dans sa Famille, avec autant de douleur qu'elle causa de joye dans celle des Harloves. Mylord M… & les Dames de sa Maison étoient d'autant plus à plaindre, qu'après avoir déja beaucoup souffert, de l'injustice de leur Neveu pour une personne qu'ils avoient sincerement admirée, ils voioient croître leurs peines, par la perte du seul Héritier mâle de leur fortune & de leur Nom. Au contraire, les Harloves, plus implacables que jamais, & Miss Howe même, dans le vif ressentiment qu'elle conservoit de la mort de son Amie, triompherent d'un évenement où la main du Ciel paroissoit marquée pour leur vangeance. Mais cette con-

[*] L'Editeur Anglois, l'attribue à M. Belford.

folation fut paſſagere ; du moins pour la famille des Harloves, qui trouverent toûjours un ſujet de trouble & de remords dans leur ancienne conduite.

Madame Harlove ne ſurvêcut que deux ans & demi à la mort de ſon excellente Fille. M. Harlove la ſuivit au tombeau , environ ſix mois après. Ils moururent tous deux avec le nom de leur *bienheureuſe fille* à la bouche. Ils ne l'avoient pas nommée autrement, depuis qu'ils avoient reçu ſes dépouilles mortelles ; & loin de regreter le monde , ils marquerent de l'empreſſement pour la rejoindre dans une meilleure vie. Cependant ils vêcurent aſſez , pour voir leur fils *James* & leur fille *Arabelle* mariés : mais ils ne trouverent pas une grande ſource de joie dans l'établiſſement de l'un & de l'autre.

M. James Harlove épouſa une fille de bonne maiſon , avec laquelle il vit encore. C'étoit une Orpheline , dont le bien étoit conſidérable ; & cette raiſon, lui avoit fait jetter les yeux ſur elle. Mais il s'eſt vû obligé à d'extrêmes dépenſes pour ſoutenir ſes droits, qui ne ſont point encore éclaircis. Ses Parties ſont puiſſantes. Il eſt queſtion d'un titre fort litigieux ; & M. Harlove n'a pas reçu en

partage toute la patience néceſſaire
pour conduire un long procès. Ce qu'il
y a de plus remarquable dans ſa ſituation,
c'eſt que ce mariage eſt venu purement
de lui, contre le ſentiment de ſon pere,
de ſa mere & de ſes oncles, qui l'avoient
averti des embarras auxquels il s'expo-
ſoit. Sa conduite à l'égard de ſa femme,
qui n'eſt coupable de rien,& qui ne peut
empêcher un mal dont elle ſouffre autant
que lui, eſt devenue entre-eux l'occaſion
de pluſieurs differends, qui ne lui promettent pas un heureux avenir, quand
ſes affaires ſe termineroient plus favorablement qu'il n'a lieu de l'eſpérer. Lorſqu'il s'ouvre à ſes amis, qui ſont en petit
nombre, il attribue toutes ſes diſgraces
au cruel traitement qu'il a fait à ſa ſœur.
Il avoue qu'elles ſont juſtes; mais la
force lui manque, pour ſe ſoumettre à
des diſpoſitions dont il reconnoit la juſtice. Tous les ans, il reprend le deuil au
6 de Septembre; & pendant le mois entier, il ſe dérobbe à toutes ſortes d'a-
muſemens & de compagnies. En un
mot, il paſſe dans le monde, & lui-
même ſe regarde, comme le plus miférable de tous les Êtres.

La fortune de Miſs Arabelle Harlove
aiant tenté un homme de qualité, l'éclat
du

du titre la dispofa facilement à recevoir fes foins. Le mariage fuivit bientôt. Mais les freres & les fœurs, qui ne font pas portés à s'aimer, deviennent ordinairement de mortels ennemis. M. Harlove jugea que dans les articles, on avoit trop fait pour fa fœur. Elle crût, au contraire, qu'on n'avoit pas fait affez : & depuis quelques années, ils fe haïffent de fi bonne foi, que l'un n'a de vraie fatisfaction qu'en apprenant quelque infortune ou quelque chagrin de l'autre. Il eft vrai qu'avant cette rupture ouverte, ils ne ceffoient pas de fe foulager mutuellement par de continuels reproches, qui ne fervoient pas peu à l'entretien du trouble dans toute la famille ; & qu'à chaque inftant, l'un accufoit l'autre d'avoir été la principale caufe du défaftre de leur admirable fœur. On fouhaite que certains bruits, qui font mal augurer du bonheur de cette Dame dans l'intérieur de fa maifon, foient tout-à-fait mal fondés ; particuliérement ceux qui feroient fuppofer qu'elle ne fe loüe pas des mœurs de fon mari, quoique d'abord elle n'ait pas trouvé cette objection infurmontable, & qui font même entendre qu'elle en eft traitée avec beaucoup de hauteur & de mépris. Quel feroit

le cœur affez dur, pour lui fouhaitter autant de chagrin qu'elle s'eft efforcée d'en
caufer à fa fœur ? fur tout, lorfqu'elle
regrette fa cruauté, & qu'elle paroit difpofée, comme fon frere, à lui attribuer
fes propres infortunes.

M. Jules & M. Antonin Harlove con-
tinuent de vivre dans leurs Terres ; mais
ils déclarent fouvent qu'ils ont perdu,
avec leur chere Niéce, toute la joie de
leur vie : & dans toutes les compagnies
ils déplorent tous deux, fans ménagement,
la part qu'on les a forcés de prendre à des
injuftices, qu'ils ne ceffent pas de fe reprocher.

M. Solmes vit encore ; du moins,
fi l'on peut compter un homme de fon
caractère au nombre des vivans; car fa
conduite & fes manières juftifient, aux
yeux du Public, l'averfion que la plus
aimable de toutes les femmes avoit pour
lui. Malgré fes richeffes, il a vû fes offres rejettées de plufieurs femmes, d'une
fortune extrêmement inférieure à celle
où d'indignes vûes lui avoient donné la
préfomption d'afpirer.

M. Mowbray & M. Tourville, après
avoir perdu leur chef & l'ame de leur
fociété, tomberent, par diverfes avan-
tures, dans des embarras de fortune qui

fervirent autant que leurs reflexions à leur
faire porter un autre jugement de leurs
goûts & de leurs plaifirs. Comme ils
avoient toujours été moins propres à
donner le mouvement qu'à le fuivre, ils
prirent enfin l'avis de leur ami M. Belford,
qui leur confeilla de convertir le refte de
leur bien en rentes viageres, & de fe retirer, l'un dans Yorckfhire, & l'autre
dans Nottinghamshire, qui font les lieux
de leur naiflance. Leur ami, continuant
de s'intéreffer à leur fituation par fes lettres, & de les voir à Londres une fois ou
deux l'année, c'eft-à-dire, chaque fois
qu'ils y viennent, a la fatisfaction de les
trouver, de jour en jour, plus dignes de leurs noms & de leur origine.

Madame Norton a paffé le refte de fes
jours auffi heureufement qu'elle pouvoit
le défirer, dans la Terre de fa chere Eleve:
bonheur, on le repête, tel qu'elle pouvoit
le défirer ; car elle afpiroit trop ardemment aux biens d'un autre état, pour
être fort attachée à la petite fortune dont
elle jouiffoit. Elle emploioit la meilleure
partie de fon tems à repandre fes bienfaits autour d'elle ; & le refte, au foin du
fond qui lui avoit été confié. Après avoir
mené une vie exemplaire, & vû fon fils
heureufement établi, elle eft morte de-

puis peu , dans le sein de la paix , sans douleur , sans agonie , comme un voïageur fatigué , qui s'endort d'un sommeil doux & tranquille. Ses dernières expressions n'ont respiré que le desir & l'espérance de rejoindre la fille de son cœur, sa tendre & généreuse Bienfaictrice.

Miss Howe ne put consentir à quitter le deuil de sa chere Amie , que six mois après sa mort; & ce fut à la fin de ce terme, qu'elle rendit M. Hickman un des plus heureux hommes du monde. Ils ont deja deux aimables fruits de leur mariage , dont le premier est une fille charmante, à laquelle ils ont donné de concert le nom de *Clariffe*. Madame Hickman dit quelquefois à son mari , avec autant d'agrément que de générosité , qu'elle ne doit pas tout-à-fait oublier d'avoir été Miss Howe , parce que s'il ne l'avoit pas aimée sous ce nom , avec tous ses foibles, elle ne seroit jamais devenue Madame Hickman. Cependant elle confesse sérieusement , dans toutes les occasions, qu'elle n'a pas moins d'obligation à M. Hickman pour sa patience , lorsqu'elle étoit maîtresse d'elle-même , que pour sa généreuse conduite depuis qu'il regne à son tour. Sa tendresse & son estime semblent augmenter pour lui , lorsqu'elle se

rappelle combien il étoit affectioné à sa
chere Amie, & quelle part il avoit aussi
à l'affection de Miss Harlove. Elle ne
trouve pas moins de douceur, à voir cet
honnête homme toujours prêt à se joindre
avec elle, dans ces tendres & respec-
tueuses peintures du passé, qui rendent
la memoire des Morts si précieuse à ceux
qui leur survivent.

M. Belford n'est pas assez dépourvû de
tendresse & d'humanité, pour n'avoir
pas été vivement touché du malheureux
sort de son meilleur ami. Mais, lorsqu'il
fait réfléxion à la fin prématurée de plusieurs de ses associés ; aux terreurs & à la
mort de M Belton; au cours signalé de la
justice du Ciel, qui est tombée sur le misérable Tomlinson ; à l'horrible catastrophe de l'infâme Sinclair; aux profonds
remords de l'homme qu'il aimoit le plus;
& d'un autre côté, à l'exemple qu'il a
reçu de la plus excellente personne de
son sexe, à ses préparatifs pour le dernier
passage, à sa mort, digne d'admiration
& d'envie ! .... lorsqu'il considére,
comme il le fait quelquefois en tremblant,
que le vice étoit enraciné dans son cœur,
que tous ces avis & cet aimable exemple étoient nécessaires pour lui donner la force de le vaincre, & que ces fa-

veurs du Ciel font rarement accordées aux perfonnes du même ordre, ou du moins qu'elles font peu d'impreffion dans la fleur de la jeuneffe & dans la pleine force du tempéramment ; lorfque toutes ces idées fe préfentent à fa raifon, il adore la bonté qui a raffemblé tant de moiens, pour l'arracher, comme un tifon enflammé, du milieu de la fournaife ; il fe croit obligé d'emploier tous fes efforts & tous fes foins à rappeller ceux que fon exemple peut avoir égarés, & de réparer, non-feulement tout le mal qu'il a commis, mais celui dont il peut avoir été l'occafion.

A l'égard du dépôt facré, dont il avoit été chargé par une femme célefte, il a repondu à cet honneur avec autant de plaifir que de fidelité ; il ofe dire, à la fatisfaction de tout le monde, & même à celle de la malheureufe famille, qui lui a fait faire des remercimens à cette occafion. On lui permettra de déclarer auffi, qu'en rendant fes comptes, il a renoncé au legs que la généreufe Teftatrice lui avoit affigné dans la bonté de fon cœur. Il l'a remis à la famille, pour être emploié fuivant d'autres vûes du Teftament.

Il ne reftoit qu'une bénédiction terreſte à déſirer pour M. Belford , parce qu'il la croioit capable de lui aſſurer la poſſeſſion de toutes les autres. C'étoit le plus grands de tous les biens ſenſibles, une femme vertueuſe & prudente. Après une vie auſſi libre que la ſienne, il ne s'eſt pas jugé digne d'un ſi grand bien, ſans s'être aſſuré, par un examen de bonne foi , que ſes nouvelles reſolutions & ſon horreur pour ſes anciens goûts étoient ſi ſincéres , qu'il ne devoit pas les croire capables de changer. Dans cette confiance, s'étant rappellé quelques ouvertures flatteuſes de M. Lovelace , & ſa bonne fortune lui aiant offert l'occaſion d'obliger Milord M..... & toute cette illuſtre Maiſon par un ſervice important, il a demandé à ce Seigneur la permiſſion de rendre ſes ſoins à Miſs Charlotte Montaigu, l'aînée de ſes deux Niéces. Les conditions qu'il a propoſées lui ont fait obtenir l'approbation de Milord ; & Miſs Charlotte, qui n'avoit pas d'engagement, lui a fait l'honneur d'accepter ſa main. Il s'eſt trouvé tout d'un coup le plus heureux de tous les hommes. Milord, ne mettant pas de bornes à ſa bonté , s'eſt fait un plaiſir d'ajoûter , pendant le tems même de ſa vie, un bien conſidérable à la fortune naturelle de Miſs Montaigu.

Milady Lawrance & Milady Sadleir ont suivi son exemple : & le Ciel aiant donné, avant sa mort, qui est arrivée trois ans après celle de son Neveu, un fils à M. Belford, il s'est déterminé à faire tomber sur ce fils, le plus proche de son sang, l'héritage de tous ses droits, avec la moitié de son bien réel, dont il a laissé l'autre moitié à sa seconde Niéce, Miss Patty Montaigu. Cette jeune Demoiselle, à laquelle il ne manque aucune vertu, demeure actuellement avec sa sœur, & doit être mariée cet hiver à l'Héritier d'une grande Maison, qui arrive de ses voiages, & pour lequel on n'a pas crû que la Grande-Bretagne offrit un meilleur choix.

Le Colonel Morden, avec tant de vertus & de lumières, ne peut être malheureux dans aucun païs du monde. Cependant son affaire avec M. Lovelace, lui a fait perdre le dessein de venir résider en Angleterre aussitôt qu'il se l'étoit proposé. Dans la correspondance qu'il continue d'entretenir avec l'Exécuteur Testamentaire de sa Cousine, il lui a déclaré plusieurs fois que s'il s'est cru obligé d'accepter l'offre de son adversaire, parce qu'il ne pouvoit prendre d'autre parti sans reconnoître qu'il oublioit les malheurs

malheurs de fa Coufine, & fans demander pardon, en quelque forte, à M. Lovelace, de quelques difcours libres qui lui
étoient échappés, il ne laiſſoit pas de
fentir la vérité des argumens de fa Coufine contre les duels; & qu'en réflechiſſant
de fang froid, à ce qu'il en coute vrai-
femblablement au malheureux Lovelace,
il fouhaiteroit d'avoir péſé, avec plus
d'attention, cette idée de la lettre pof-
tume : *Si le Ciel lui accorde du tems pour
fe répentir, de quel droit le lui refuferiez-vous ?*

Fin du dernier Tome.

PRINCIPALES FAUTES
A CORRIGER.
Tome IV. Premiere Partie.

PAGE 15. lig. 12. revenu, *lisez* revenue.

Page 16. ligne 4. déclare, *lisez* déclarée.

Page 20. ligne 4. devenue, *lisez* devenu.

SECONDE PARTIE.

Page 15. ligne 27. pensé qu'à polir, *lisez* pensé à polir.

Page 44. ligne 14. ignore, *lisez* ignorent.

Page 54. ligne 11. finir, *lisez* fuir.

Page 56. ligne 1. le regarde, *lisez* la regarde.

Page 58. ligne 24. avec moi, *lisez* sa conduite avec moi.

Page 59. ligne 8. Orphelin, *lisez* Orpheline.

Page 64. ligne 6. vetu, *lisez* vetüe.

Page 99. ligne 6. Norton, *lisez* Horton.

Page 249. ligne 17. on demande, *lisez* un Etranger demande.

Page 268. ligne 5. imperieux, *lisez* injurieux.

Tome V. Premiere Partie.

Pag. 106. derniere l. affectation, *lisez* affection.

Page 129. ligne 19. telle, *lisez* cette.

Page 182. à la Note, l'omission *lisez* l'original.

Page 248. ligne 2. *lisez* que cette

SECONDE PARTIE.

Page 36. ligne 21. de village, *lisez* du village.

Page 234. ligne 6. si je t'apprenois, *lisez* si je ne t'apprenois.

Tome VI. Premiere Partie.

Page 6. ligne 9. joyaux, *lisez* bijoux.

Page 97. ligne 21. Freith, *lisez* Smith.

Page 173. ligne 2. que hier, *lisez* qu'hier.